Kael Nira

Führer der Bewegung zur Trennung symbiotischer Geister auf Zarinia

Kai Gonzalez

ISBN: 9781998610457
Imprint: Telephasic Workshop
Copyright © 2024 Kai Gonzalez.
All Rights Reserved.

Contents

Einleitung

Die Welt von Zarinia

Geographie und Klima

Die Welt von Zarinia ist ein faszinierendes Beispiel für die Vielfalt der Geographie und die Komplexität des Klimas, das die Lebensbedingungen und Kulturen der dort lebenden Wesen prägt. Zarinia ist ein Planet, der sich durch seine atemberaubenden Landschaften und ein reichhaltiges, dynamisches Klima auszeichnet.

Geographie

Zarinia ist in mehrere geografische Regionen unterteilt, die sich durch ihre einzigartigen Merkmale und Ökosysteme unterscheiden. Die Hauptregionen sind:

+ **Die Nordregion:** Diese Region ist geprägt von schneebedeckten Bergen und tiefen Tälern. Hier finden sich die höchsten Gipfel des Planeten, die oft von Gletschern umgeben sind. Die Flora und Fauna dieser Region hat sich an die kalten Temperaturen und die dünne Luft angepasst.

+ **Die Südregion:** Im Gegensatz zur Nordregion ist die Südregion von tropischen Regenwäldern und fruchtbaren Ebenen geprägt. Diese Region ist bekannt für ihre Biodiversität und die Vielzahl an symbiotischen Geistern, die hier leben.

+ **Die Westregion:** Diese Region ist von trockenen Wüstenlandschaften und kargen Felsen geprägt. Die extremen Temperaturen und der Mangel an Wasser haben die Lebensbedingungen hier erschwert, doch einige Arten haben sich erfolgreich angepasst.

+ **Die Ostregion:** Diese Region ist bekannt für ihre Küsten und Ozeane. Die Strände sind von Korallenriffen gesäumt, die eine reiche marine Biodiversität beherbergen. Die Küstenregionen sind auch ein wichtiger Lebensraum für viele der symbiotischen Geister.

Die geografische Vielfalt Zarinia hat nicht nur Auswirkungen auf die Umwelt, sondern auch auf die Kulturen der dort lebenden Wesen. Die unterschiedlichen klimatischen Bedingungen haben verschiedene Lebensstile, Traditionen und soziale Strukturen hervorgebracht.

Klima

Das Klima auf Zarinia variiert stark zwischen den verschiedenen Regionen. Die klimatischen Bedingungen werden durch mehrere Faktoren beeinflusst, darunter die geografische Lage, die Höhenlage und die Nähe zu Gewässern.

- **Nordregion:** Hier herrscht ein kaltes, gemäßigtes Klima mit langen, kalten Wintern und kurzen, milden Sommern. Die Temperaturen können im Winter bis zu -30 ° C fallen, während sie im Sommer selten über 20 ° C steigen.

- **Südregion:** Diese Region hat ein tropisches Klima mit hohen Temperaturen und viel Niederschlag. Die durchschnittlichen Temperaturen liegen zwischen 25 und 35 ° C, und die Regenzeit bringt oft heftige Stürme mit sich.

- **Westregion:** Das Klima hier ist arid, mit extremen Temperaturschwankungen zwischen Tag und Nacht. Die Temperaturen können tagsüber bis zu 40 ° C erreichen, während sie nachts auf unter 0 ° C fallen können.

- **Ostregion:** Diese Region hat ein maritimes Klima, das durch milde Temperaturen und hohe Luftfeuchtigkeit gekennzeichnet ist. Die Temperaturen schwanken zwischen 15 und 25 ° C, und die Region erhält regelmäßige Niederschläge, die das Wachstum der Küstenvegetation unterstützen.

Die klimatischen Bedingungen auf Zarinia haben auch Auswirkungen auf die symbiotischen Geister, die in diesen Regionen leben. Diese Geister haben sich an die jeweiligen klimatischen Bedingungen angepasst und interagieren auf unterschiedliche Weise mit der Umwelt.

Theoretische Grundlagen

Die Geographie und das Klima Zarinia können durch verschiedene theoretische Rahmenwerke analysiert werden, darunter die klimatische Zonierung und die ökologische Nische. Die klimatische Zonierung hilft, die verschiedenen Klimazonen zu klassifizieren und deren Auswirkungen auf die Flora und Fauna zu verstehen.

Die ökologische Nische beschreibt die Rolle und den Lebensraum einer Art innerhalb eines Ökosystems. Auf Zarinia gibt es zahlreiche Nischen, die von den symbiotischen Geistern besetzt werden, und diese Nischen beeinflussen die Interaktionen zwischen den Arten und ihre Anpassungsstrategien.

Probleme und Herausforderungen

Trotz der Schönheit und Vielfalt Zarinia gibt es auch erhebliche Herausforderungen, die sowohl die Umwelt als auch die Gesellschaft betreffen. Klimatische Veränderungen, verursacht durch externe Faktoren wie den Einfluss der Erde, haben zu extremen Wetterbedingungen geführt, die das Gleichgewicht der Ökosysteme stören.

Ein Beispiel hierfür ist die Zunahme von extremen Wetterereignissen, wie Stürme und Überschwemmungen, die die Lebensräume der symbiotischen Geister bedrohen. Diese Veränderungen haben nicht nur ökologische, sondern auch soziale Auswirkungen, da sie die Lebensgrundlagen der zarinianischen Bevölkerung gefährden.

Zusammenfassend lässt sich sagen, dass die Geographie und das Klima Zarinia nicht nur die Lebensbedingungen und die Kulturen der dort lebenden Wesen prägen, sondern auch die Herausforderungen, mit denen sie konfrontiert sind. Die Wechselwirkungen zwischen diesen Faktoren sind entscheidend für das Verständnis der sozialen und politischen Dynamiken auf Zarinia und bilden den Hintergrund für die Bürgerrechtsbewegung, die von Kael Nira angeführt wird.

Die Bevölkerung und ihre Kulturen

Die Bevölkerung von Zarinia ist ein faszinierendes Mosaik aus verschiedenen Ethnien, Traditionen und kulturellen Praktiken, das sich über Jahrhunderte entwickelt hat. Die Vielfalt der Kulturen auf Zarinia ist nicht nur ein Ergebnis der natürlichen Gegebenheiten, sondern auch der historischen Interaktionen zwischen den verschiedenen Gruppen und den symbiotischen Geistern, die eine zentrale Rolle im Leben der Zarinianer spielen.

Demografische Struktur

Die Bevölkerung Zarinia setzt sich aus mehreren Hauptgruppen zusammen, darunter die *Zarinians*, die *Nerathianer* und die *Thalorianer*. Jede dieser Gruppen hat ihre eigenen sprachlichen, kulturellen und sozialen Merkmale. Laut den letzten Erhebungen beläuft sich die Gesamtbevölkerung auf etwa 10 Millionen Zarinianer, wobei die Zarinians die größte Gruppe mit etwa 60% der Bevölkerung ausmachen.

Die Altersstruktur ist ebenfalls bemerkenswert, da etwa 40% der Bevölkerung unter 18 Jahre alt sind. Dies hat Auswirkungen auf die kulturellen Praktiken, da viele Traditionen und Feste auf die Jugend ausgerichtet sind, um die nächsten Generationen zu erziehen und zu inspirieren.

Sprache und Kommunikation

Die Hauptsprache auf Zarinia ist *Zarinisch*, eine melodische Sprache, die durch ihre zahlreichen Dialekte geprägt ist. Die Nerathianer sprechen *Nerath*, während die Thalorianer *Thalor* verwenden. Diese sprachliche Vielfalt ist ein Ausdruck der kulturellen Identität und ist tief in den Traditionen und Geschichten der jeweiligen Gruppen verwurzelt. Die Kommunikation zwischen den Gruppen erfolgt häufig durch Übersetzer oder durch die Verwendung von *Lingua Franca*, einem vereinheitlichten Dialekt, der Elemente aller drei Hauptsprachen kombiniert.

Kulturelle Praktiken und Traditionen

Die Kulturen auf Zarinia sind reich an Traditionen, die oft durch Feste und Zeremonien zum Ausdruck kommen. Ein Beispiel ist das Fest der *Lichter*, das einmal im Jahr gefeiert wird und die Einheit der verschiedenen Kulturen symbolisiert. Während dieses Festes werden Lichter in den Himmel geschickt, um die Verbindung zwischen den Zarinianern und den symbiotischen Geistern zu ehren.

Ein weiteres wichtiges kulturelles Element ist die *Erzählkunst*. Geschichten über die Vergangenheit, die Helden und die symbiotischen Geister werden von Generation zu Generation weitergegeben. Diese Erzählungen sind nicht nur Unterhaltungsformate, sondern auch Mittel zur Vermittlung von Werten und Normen.

Religiöse Überzeugungen

Die religiösen Überzeugungen auf Zarinia sind vielfältig und reichen von animistischen Glaubenssystemen, die die Natur und die symbiotischen Geister verehren, bis hin zu monotheistischen Religionen, die einen einzigen Schöpferglauben propagieren. Die meisten Zarinianer glauben an die *Kraft der Geister*, die als Beschützer und Führer in ihrem Leben fungieren. Diese Überzeugungen beeinflussen die täglichen Praktiken, Rituale und sogar die politischen Entscheidungen auf der Insel.

Soziale Struktur und Gemeinschaft

Die soziale Struktur in Zarinia ist stark gemeinschaftlich geprägt. Die Zarinianer legen großen Wert auf Familie und Gemeinschaft. Entscheidungen werden oft im Konsens getroffen, und die Stimme jedes Einzelnen wird respektiert. Dies ist besonders wichtig in der Bürgerrechtsbewegung, wo die Mobilisierung der Gemeinschaft entscheidend für den Erfolg ist.

Die Rolle der Frauen in der zarinianischen Gesellschaft hat sich über die Jahre gewandelt. Während sie traditionell für die Pflege der Familie und die Weitergabe von Wissen verantwortlich waren, sind sie zunehmend in Führungspositionen innerhalb der Bewegung und der Gesellschaft vertreten. Feministische Bewegungen haben dazu beigetragen, die Gleichstellung der Geschlechter zu fördern und die Stimmen der Frauen zu stärken.

Herausforderungen und Konflikte

Trotz der kulturellen Vielfalt und des Reichtums sieht sich die Bevölkerung Zarinia Herausforderungen gegenüber. Vorurteile und Diskriminierung sind in der Gesellschaft präsent, insbesondere gegenüber Minderheiten und den symbiotischen Geistern. Diese Probleme werden oft durch politische Spannungen und wirtschaftliche Ungleichheiten verstärkt.

Ein Beispiel für solche Spannungen ist der Konflikt zwischen den Zarinians und den Nerathianern, der in der Vergangenheit zu gewaltsamen Auseinandersetzungen geführt hat. Um diesen Konflikten entgegenzuwirken, ist es wichtig, den interkulturellen Dialog zu fördern und die Bedeutung von Empathie und Verständnis zu betonen.

Fazit

Die Bevölkerung und ihre Kulturen auf Zarinia sind ein faszinierendes Beispiel für die Komplexität menschlicher Interaktionen und den Einfluss von Geschichte, Sprache und Traditionen auf die Gesellschaft. Die Herausforderungen, denen sich die Zarinianer gegenübersehen, erfordern ein gemeinsames Verständnis und eine Zusammenarbeit, um eine gerechtere und inklusivere Zukunft zu gestalten. In der Bürgerrechtsbewegung von Kael Nira wird diese Vielfalt als Stärke angesehen, die die Gemeinschaft zusammenbringt, um für die Rechte aller Zarinianer zu kämpfen.

Symbiotische Geister: Definition und Bedeutung

Symbiotische Geister sind eine zentrale Komponente der zarinianischen Kultur und Gesellschaft. Sie repräsentieren nicht nur ein einzigartiges Phänomen in der Welt von Zarinia, sondern sind auch entscheidend für das Verständnis der sozialen Dynamiken und der politischen Strukturen, die das Leben der Zarinianer prägen. In diesem Abschnitt werden wir die Definition von symbiotischen Geistern, ihre kulturelle Bedeutung sowie die Herausforderungen, die mit ihrer Existenz verbunden sind, näher betrachten.

Definition von symbiotischen Geistern

Symbiotische Geister sind Wesenheiten, die in einer symbiotischen Beziehung zu den Zarinianern leben. Diese Beziehung ist nicht nur physischer Natur, sondern umfasst auch emotionale und spirituelle Dimensionen. Die Zarinianer glauben, dass jeder Mensch einen symbiotischen Geist hat, der seine Persönlichkeit, Emotionen und sogar seine Entscheidungen beeinflusst. Die Geister sind oft mit bestimmten Eigenschaften oder Kräften verbunden, die den Individuen helfen, ihre Herausforderungen zu meistern.

Mathematisch betrachtet kann die Beziehung zwischen einem Zarinianer und seinem symbiotischen Geist als Funktion $f : X \to Y$ beschrieben werden, wobei X die individuellen Eigenschaften und Erfahrungen des Zarinianers darstellt und Y die manifestierten Eigenschaften des Geistes. Diese Funktion ist dynamisch und ändert sich im Laufe der Zeit, abhängig von den Lebensumständen und den Entscheidungen des Individuums.

$$f(x) = y \tag{1}$$

Hierbei stellt x die spezifischen Erfahrungen dar, die ein Zarinianer gemacht hat, und y die entsprechenden Eigenschaften oder Fähigkeiten, die sein Geist verkörpert. Diese Interaktion ist entscheidend für die Identität und das Selbstverständnis der Zarinianer.

Kulturelle Bedeutung der symbiotischen Geister

Die symbiotischen Geister haben eine tiefgreifende kulturelle Bedeutung auf Zarinia. Sie sind nicht nur Teil des individuellen Lebens, sondern auch integraler Bestandteil der Gemeinschaft. Die Zarinianer feiern regelmäßig Feste, die den symbiotischen Geistern gewidmet sind, um ihre Dankbarkeit auszudrücken und die Verbindung zu diesen Wesenheiten zu stärken. Diese Feste fördern den sozialen Zusammenhalt und das Gemeinschaftsgefühl.

Ein Beispiel für eine solche Feier ist das jährliche Fest der *Geistervereinigung*, bei dem die Zarinianer zusammenkommen, um die besonderen Eigenschaften ihrer Geister zu ehren. Während dieses Festes teilen die Teilnehmer Geschichten über ihre Geister und deren Einfluss auf ihr Leben, was zu einem verstärkten Gefühl der Solidarität und des Verständnisses innerhalb der Gemeinschaft führt.

Herausforderungen im Zusammenhang mit symbiotischen Geistern

Trotz ihrer Bedeutung stehen die symbiotischen Geister auch vor Herausforderungen. In den letzten Jahren hat der Einfluss der Technologie auf das tägliche Leben der Zarinianer zugenommen, was zu Spannungen zwischen den traditionellen Glaubenssystemen und modernen Lebensweisen geführt hat. Viele Zarinianer fühlen sich durch die zunehmende Technologisierung entfremdet von ihren Geistern. Diese Entfremdung kann zu einem Verlust des Selbstbewusstseins und der Identität führen, was sich negativ auf die Gemeinschaft auswirkt.

Darüber hinaus gibt es auch gesellschaftliche Vorurteile gegenüber bestimmten symbiotischen Geistern. Einige Geister werden als weniger wertvoll oder sogar gefährlich angesehen, was zu Diskriminierung und Ungerechtigkeit innerhalb der Gesellschaft führt. Diese Vorurteile können die gesellschaftliche Struktur destabilisieren und das Vertrauen zwischen den Zarinianern und ihren Geistern untergraben.

Zusammenfassung

Zusammenfassend lässt sich sagen, dass symbiotische Geister eine fundamentale Rolle im Leben der Zarinianer spielen. Sie sind nicht nur spirituelle Begleiter, sondern auch Träger von kulturellen Werten und Identität. Die

Herausforderungen, die mit der modernen Welt und gesellschaftlichen Vorurteilen einhergehen, erfordern ein Umdenken und eine Rückbesinnung auf die traditionellen Werte, um die Verbindung zu diesen essenziellen Wesenheiten zu bewahren. Die Auseinandersetzung mit der Bedeutung und den Herausforderungen der symbiotischen Geister ist entscheidend für die Zukunft der zarinianischen Gesellschaft und deren Streben nach Gleichheit und Gerechtigkeit.

Die Rolle der Technologie auf Zarinia

Die Technologie spielt eine entscheidende Rolle in der Gesellschaft von Zarinia, sowohl als Werkzeug für Fortschritt als auch als Quelle für Konflikte. In dieser Sektion werden wir die verschiedenen Facetten der Technologie auf Zarinia untersuchen, ihre Auswirkungen auf das tägliche Leben der Bürger, die Herausforderungen, die sie mit sich bringt, und die Möglichkeiten, die sie für die Zukunft bietet.

Technologische Fortschritte und ihre Auswirkungen

Auf Zarinia hat die technologische Entwicklung in den letzten Jahrzehnten exponentiell zugenommen. Die Bevölkerung hat sich zunehmend auf digitale Technologien und Automatisierung verlassen, um ihre Lebensqualität zu verbessern. Diese Fortschritte haben nicht nur die Art und Weise verändert, wie Informationen verbreitet werden, sondern auch, wie die Menschen miteinander interagieren. Beispielsweise ermöglicht die Nutzung von holografischen Kommunikationssystemen den Zarinianern, in Echtzeit mit anderen auf der ganzen Welt zu kommunizieren, ohne physisch anwesend sein zu müssen.

Ein Beispiel für den Einfluss der Technologie auf das tägliche Leben ist die Einführung von *Intelligenten Städten* (Smart Cities), in denen IoT (Internet der Dinge) und KI (Künstliche Intelligenz) genutzt werden, um städtische Dienstleistungen zu optimieren. Diese Systeme helfen dabei, Verkehrsflüsse zu steuern, Energieverbrauch zu überwachen und öffentliche Sicherheit zu gewährleisten.

Herausforderungen durch technologische Abhängigkeit

Trotz der positiven Auswirkungen bringt die Abhängigkeit von Technologie auch erhebliche Herausforderungen mit sich. Die zarinianische Gesellschaft sieht sich mit Fragen der Privatsphäre und Datensicherheit konfrontiert. Die Regierung hat beispielsweise ein Überwachungssystem eingeführt, das auf der Analyse von Daten aus sozialen Medien basiert, um potenzielle Bedrohungen für die öffentliche Ordnung zu identifizieren. Dies wirft Bedenken hinsichtlich der individuellen Freiheiten und der Möglichkeit von Missbrauch auf.

Ein weiteres Problem ist die digitale Kluft, die zwischen verschiedenen sozialen Schichten und Regionen auf Zarinia besteht. Während städtische Gebiete Zugang zu den neuesten Technologien haben, kämpfen ländliche Gemeinschaften oft mit unzureichender Infrastruktur und mangelndem Zugang zu digitalen Ressourcen. Dies verstärkt bestehende Ungleichheiten und führt zu Spannungen innerhalb der Gesellschaft.

Technologie als Werkzeug für Aktivismus

Technologie hat sich auch als ein mächtiges Werkzeug für den Aktivismus etabliert. Kael Nira und die Bewegung zur Trennung symbiotischer Geister haben soziale Medien genutzt, um ihre Botschaft zu verbreiten und Unterstützer zu mobilisieren. Plattformen wie *ZariniaNet* ermöglichen es Aktivisten, sich zu vernetzen, Informationen auszutauschen und Proteste zu organisieren.

Ein bemerkenswerter Erfolg war die Verwendung von *virtuellen Demonstrationen*, bei denen Zarinianer aus verschiedenen Regionen an einem digitalen Protest teilnehmen konnten, ohne ihre physischen Standorte zu verlassen. Diese Form des Aktivismus hat es ermöglicht, eine breitere Öffentlichkeit zu erreichen und das Bewusstsein für die Anliegen der Bewegung zu schärfen.

Zukünftige Entwicklungen und Visionen

Die Zukunft der Technologie auf Zarinia wird voraussichtlich von weiteren Innovationen geprägt sein. Die Integration von *Künstlicher Intelligenz* und *Maschinellem Lernen* in verschiedene Lebensbereiche könnte neue Möglichkeiten für die Gesellschaft schaffen. Beispielsweise könnten intelligente Algorithmen dazu beitragen, soziale Probleme zu identifizieren und Lösungen zu entwickeln, die auf den spezifischen Bedürfnissen der Gemeinschaft basieren.

Dennoch muss die zarinianische Gesellschaft auch die ethischen Implikationen dieser Technologien berücksichtigen. Es ist entscheidend, dass die Entwicklung und Implementierung neuer Technologien unter Berücksichtigung von Bürgerrechten und sozialer Gerechtigkeit erfolgt. Die Herausforderung wird darin bestehen, ein Gleichgewicht zwischen technologischen Fortschritten und dem Schutz individueller Freiheiten zu finden.

Fazit

Zusammenfassend lässt sich sagen, dass die Rolle der Technologie auf Zarinia sowohl positive als auch negative Aspekte umfasst. Während sie das Potenzial hat, das Leben der Menschen zu verbessern und den Aktivismus zu unterstützen, bringt sie auch Herausforderungen mit sich, die angegangen werden müssen. Die zarinianische Gesellschaft steht vor der Aufgabe, eine Technologie zu entwickeln, die inklusiv und gerecht ist, um eine bessere Zukunft für alle zu gewährleisten. Es ist eine Zeit des Wandels, in der die Bürger von Zarinia aufgefordert sind, sich aktiv an der Gestaltung ihrer technologischen Landschaft zu beteiligen, um sicherzustellen, dass diese im Einklang mit ihren Werten und Bedürfnissen steht.

Politische Strukturen und Machtverhältnisse

Die politischen Strukturen und Machtverhältnisse auf Zarinia sind komplex und vielschichtig, geprägt von der einzigartigen Beziehung zwischen den zarinianischen Bürgern und den symbiotischen Geistern. In diesem Abschnitt werden wir die verschiedenen politischen Institutionen, die Machtverteilung sowie die Herausforderungen und Dynamiken, die diese Strukturen beeinflussen, untersuchen.

Politische Institutionen

Die politische Landschaft Zarinia ist in mehrere Institutionen unterteilt, die jeweils spezifische Funktionen und Verantwortlichkeiten haben. An der Spitze steht der *Zarinianische Rat*, der aus Vertretern der verschiedenen kulturellen Gruppen und symbiotischen Geistern besteht. Dieser Rat ist verantwortlich für die Gesetzgebung und die Überwachung der Regierungspolitik. Die Mitglieder des Rates werden durch Wahlen gewählt, die alle vier Jahre stattfinden. Die Wahlprozesse sind jedoch oft umstritten, da Vorurteile und Diskriminierung gegen bestimmte Gruppen die Teilnahme und Repräsentation beeinflussen können.

Eine weitere wichtige Institution ist die *Exekutive*, die von einem *Präsidenten* geleitet wird, der ebenfalls alle vier Jahre gewählt wird. Der Präsident hat weitreichende Befugnisse, darunter die Durchsetzung von Gesetzen und die Verwaltung der staatlichen Ressourcen. Allerdings wird seine Macht durch den Rat und die *Judikative*, die für die Wahrung der Gesetze und die Rechtsprechung zuständig ist, eingeschränkt. Diese drei Institutionen bilden zusammen das politische System Zarinia, das auf der Idee der *Checks and Balances* basiert.

Machtverhältnisse

Die Machtverhältnisse auf Zarinia sind jedoch nicht gleichmäßig verteilt. Historisch gesehen haben bestimmte ethnische Gruppen und die symbiotischen Geister mehr Einfluss auf die politischen Entscheidungen gehabt als andere. Diese Ungleichheit hat zu Spannungen und Konflikten geführt, insbesondere in Bezug auf die Rechte der Minderheiten und die Vertretung in politischen Ämtern.

Ein Beispiel hierfür ist die *Kampagne für Gleichheit*, die von Kael Nira initiiert wurde, um die Stimmen der unterrepräsentierten Gruppen zu stärken. Diese Kampagne zielte darauf ab, die Wahlgesetze zu reformieren, um sicherzustellen, dass alle Stimmen gleich gewichtet werden. In ihren ersten Phasen war die Bewegung mit erheblichem Widerstand konfrontiert, da die bestehenden Machtstrukturen die Veränderungen nicht unterstützen wollten.

Herausforderungen und Probleme

Die politischen Strukturen Zarinia sind auch mit einer Reihe von Herausforderungen konfrontiert. Eine der größten Schwierigkeiten ist die *Korruption*, die in verschiedenen Bereichen der Regierung weit verbreitet ist. Korruption untergräbt das Vertrauen der Bürger in die Institutionen und führt zu einer Entfremdung von der politischen Beteiligung. Dies ist besonders problematisch in einer Gesellschaft, die auf die aktive Teilnahme ihrer Bürger angewiesen ist, um eine gerechte und inklusive Politik zu fördern.

Darüber hinaus gibt es das Problem der *Politischen Apathie*. Viele Zarinianer, insbesondere jüngere Generationen, fühlen sich von den politischen Prozessen entfremdet und glauben, dass ihre Stimmen nichts bewirken können. Diese Apathie kann zu einer weiteren Stärkung der bestehenden Machtverhältnisse führen, da weniger Menschen bereit sind, sich aktiv für Veränderungen einzusetzen.

Beispiele für politische Mobilisierung

Trotz dieser Herausforderungen gab es auch bedeutende Beispiele für politische Mobilisierung und Aktivismus auf Zarinia. Die *Bewegung für die Rechte der Symbiotischen Geister* ist ein herausragendes Beispiel, das die Stimmen der Geister in den politischen Diskurs einbrachte. Diese Bewegung hat nicht nur das Bewusstsein für die Rechte der symbiotischen Geister geschärft, sondern auch konkrete politische Veränderungen herbeigeführt, wie die Anerkennung der Geister als gleichberechtigte Bürger im politischen System.

Ein weiteres Beispiel ist die *Jugendbewegung für Veränderung*, die sich für eine stärkere Einbeziehung junger Menschen in die Politik einsetzt. Diese Bewegung nutzt soziale Medien, um ihre Botschaften zu verbreiten und mobilisiert eine neue Generation von Aktivisten, die bereit sind, gegen Ungerechtigkeiten zu kämpfen.

Fazit

Zusammenfassend lässt sich sagen, dass die politischen Strukturen und Machtverhältnisse auf Zarinia von einer Vielzahl von Faktoren beeinflusst werden, darunter historische Ungleichheiten, Korruption und politische Apathie. Dennoch gibt es eine wachsende Bewegung für Veränderungen, die das Potenzial hat, die politischen Landschaften zu transformieren und eine inklusivere Gesellschaft zu schaffen. Die Herausforderungen sind groß, aber die Entschlossenheit der Bürger, für ihre Rechte zu kämpfen, ist stärker denn je. Dies zeigt, dass die politische Landschaft Zarinia in einem ständigen Wandel begriffen ist, in dem jeder Einzelne eine Rolle spielen kann.

Die Geschichte der symbiotischen Geister

Die Geschichte der symbiotischen Geister auf Zarinia ist eine facettenreiche Erzählung, die tief in die kulturellen, sozialen und politischen Strukturen dieser einzigartigen Welt verwoben ist. Diese Geister, die als essentielle Begleiter der zarinianischen Bevölkerung gelten, haben nicht nur das tägliche Leben der Zarinianer geprägt, sondern auch ihre Identität und ihr Verständnis von Gemeinschaft und Individuum.

Ursprünge und Mythologie

Die Ursprünge der symbiotischen Geister sind in der zarinianischen Mythologie verankert. Man glaubt, dass diese Geister vor Äonen von den ersten Zarinianern, die in Harmonie mit der Natur lebten, entdeckt wurden. Legenden erzählen von einem großen Geist namens *Nerath*, der die ersten symbiotischen Geister erschuf, um den Zarinianern sowohl Schutz als auch Weisheit zu bringen. Diese Geister sind nicht nur spirituelle Wesen, sondern auch Träger von Wissen und Kultur. In vielen zarinianischen Traditionen wird der Prozess der Verbindung zwischen einem Zarinianer und einem symbiotischen Geist als heilig angesehen und oft in Ritualen gefeiert.

Die Rolle der symbiotischen Geister in der Gesellschaft

Die symbiotischen Geister haben im Laufe der Jahrhunderte eine zentrale Rolle im sozialen Gefüge Zarinia gespielt. Sie fungieren als Berater, Beschützer und manchmal auch als Vermittler in Konflikten. Diese Geister sind für die Zarinianer von unschätzbarem Wert, da sie nicht nur individuelle Fähigkeiten verstärken, sondern auch die kollektive Intelligenz der Gemeinschaft fördern. Die Verbindung zwischen einem Zarinianer und seinem Geist wird oft als eine Art *Symbiose* beschrieben, in der beide Parteien voneinander profitieren. Mathematisch lässt sich diese Beziehung durch die Gleichung:

$$S = \frac{C_1 + C_2}{2} \tag{2}$$

darstellen, wobei S die Stärke der Symbiose, C_1 die individuellen Fähigkeiten des Zarinianers und C_2 die Fähigkeiten des Geistes repräsentiert.

Konflikte und Herausforderungen

Trotz ihrer positiven Rolle waren die symbiotischen Geister nicht immer unangefochten. Im Laufe der Geschichte gab es Perioden, in denen die Beziehung zwischen Zarinianern und ihren Geistern durch äußere Konflikte und interne Spannungen belastet wurde. Eine der größten Herausforderungen war die Ankunft von technologischen Einflüssen von der Erde, die die traditionelle Sichtweise der Zarinianer auf die Geister in Frage stellten. Viele Zarinianer begannen, die Geister als überflüssig zu betrachten, da sie sich auf technologische Lösungen verließen, um ihre Probleme zu lösen.

Diese Veränderung führte zu einem signifikanten Rückgang der Anzahl der aktiven Symbiosen. Die folgende Gleichung beschreibt den Rückgang der Symbiosen über die Zeit t:

$$N(t) = N_0 e^{-\lambda t} \tag{3}$$

Hierbei ist $N(t)$ die Anzahl der aktiven Symbiosen zu einem Zeitpunkt t, N_0 die ursprüngliche Anzahl der Symbiosen und λ die Rate des Rückgangs.

Renaissance der symbiotischen Geister

In den letzten Jahrzehnten hat jedoch eine Renaissance der symbiotischen Geister stattgefunden. Diese Wiederbelebung wurde durch eine wachsende Bewegung von Zarinianern angestoßen, die die Bedeutung ihrer kulturellen Wurzeln und die Weisheit ihrer Geister wiederentdeckten. Die Bürgerrechtsbewegung, angeführt von Aktivisten wie Kael Nira, hat eine entscheidende Rolle dabei gespielt, das Bewusstsein für die Bedeutung der symbiotischen Geister zu schärfen. Durch Veranstaltungen, Bildungsinitiativen und künstlerische Ausdrucksformen wurde die Beziehung zwischen Zarinianern und ihren Geistern neu definiert und gefestigt.

Fazit

Die Geschichte der symbiotischen Geister auf Zarinia ist ein Spiegelbild der zarinianischen Gesellschaft selbst – komplex, dynamisch und stets im Wandel. Diese Geister sind nicht nur Teil der Vergangenheit, sondern spielen auch eine entscheidende Rolle in der Zukunft Zarinia. Ihre Rückkehr in das Bewusstsein der Zarinianer signalisiert eine tiefere Verbindung zu den Wurzeln ihrer Kultur und eine Hoffnung auf eine harmonischere Koexistenz zwischen Tradition und Fortschritt. Der Fortbestand der symbiotischen Geister wird entscheidend dafür sein, wie Zarinia die Herausforderungen der Zukunft meistern wird, und sie bleibt ein zentraler Bestandteil der Identität und der Bürgerrechtsbewegung.

Der Einfluss der Erde auf Zarinia

Der Einfluss der Erde auf Zarinia ist ein faszinierendes Thema, das die komplexe Beziehung zwischen den beiden Welten beleuchtet. Diese Beziehung ist sowohl historisch als auch kulturell und hat weitreichende Auswirkungen auf die zarinianische Gesellschaft, die Technologie und die Symbiose mit den Geistern. In diesem Abschnitt werden wir die verschiedenen Facetten dieses Einflusses untersuchen, einschließlich der technologischen Entwicklungen, der kulturellen Austauschprozesse und der politischen Dynamiken.

Historischer Kontext

Die ersten Kontakte zwischen der Erde und Zarinia fanden vor Jahrhunderten statt, als intergalaktische Reisende die Welt entdeckten. Diese Begegnungen führten zu einem Austausch von Ideen, Technologien und Kulturen. Die zarinianische Gesellschaft war fasziniert von den Errungenschaften der Erde, insbesondere in den Bereichen Wissenschaft, Medizin und Technologie. Diese Faszination führte dazu, dass viele zarinianische Forscher begannen, erdliche Techniken zu studieren und zu adaptieren.

Technologischer Einfluss

Ein zentraler Aspekt des Einflusses der Erde auf Zarinia ist die Einführung erdlicher Technologien, die die Lebensweise der Zarinianer revolutionierten. Die ersten Technologien, die übernommen wurden, waren einfache Maschinen und Kommunikationsgeräte. Mit der Zeit entwickelte sich dieser Austausch zu komplexeren Technologien, wie beispielsweise:

+ **Medizinische Technologien:** Die Einführung von erdlichen medizinischen Praktiken führte zu einer signifikanten Verbesserung der Gesundheitsversorgung auf Zarinia. Impfstoffe und moderne chirurgische Techniken wurden in die zarinianische Medizin integriert.

+ **Nachhaltige Energiequellen:** Die Erde brachte Konzepte wie Solarenergie und Windkraft mit, die auf Zarinia adaptiert wurden. Diese Technologien halfen, die Abhängigkeit von fossilen Brennstoffen zu reduzieren und die Umwelt zu schützen.

+ **Kommunikationstechnologien:** Die Entwicklung von intergalaktischen Kommunikationssystemen ermöglichte es Zarinianern, in Echtzeit mit der Erde zu kommunizieren. Dies führte zu einem intensiven Austausch von Informationen und Ideen.

Die mathematische Beschreibung dieser technologischen Entwicklungen kann durch die Gleichung der Energieeffizienz, $E_{\text{eff}} = \frac{E_{\text{nutz}}}{E_{\text{gesamt}}}$, dargestellt werden, wobei E_{nutz} die nutzbare Energie und E_{gesamt} die gesamte aufgewendete Energie ist. Die Verbesserung der Energieeffizienz in zarinianischen Technologien ist ein direktes Ergebnis des Einflusses der Erde.

Kultureller Austausch

Der kulturelle Austausch zwischen der Erde und Zarinia hat ebenfalls tiefgreifende Auswirkungen auf die zarinianische Gesellschaft gehabt. Die Kunst, Musik und Literatur der Erde fanden ihren Weg in die zarinianische Kultur und bereicherten sie. Zarinianische Künstler begannen, erdliche Stile zu adaptieren und neue Formen der Kunst zu schaffen, die Elemente beider Kulturen vereinten.

+ **Kunst:** Die Einführung von erdlichen Maltechniken und -stilen führte zu einer neuen Ära der zarinianischen Kunst, die durch lebendige Farben und komplexe Themen gekennzeichnet ist.

+ **Musik:** Die Fusion von erdlicher Musik mit traditionellen zarinianischen Klängen führte zu neuen Musikrichtungen, die die kulturelle Identität der Zarinianer stärkten.

+ **Literatur:** Zarinianische Autoren begannen, Geschichten zu schreiben, die sowohl zarinianische als auch erdliche Elemente beinhalteten, was zu einem reichen literarischen Erbe führte.

Die Theorie des interkulturellen Dialogs, formuliert von Edward Said, beschreibt, wie kulturelle Interaktionen zur Schaffung neuer Identitäten führen können. Auf Zarinia manifestierte sich dies in der Form einer hybriden Kultur, die sowohl Elemente der Erde als auch lokale Traditionen umfasst.

Politische Dynamiken

Der Einfluss der Erde auf die politischen Strukturen Zarinia ist ein weiteres wichtiges Thema. Die Einführung demokratischer Konzepte und Menschenrechte, die auf der Erde entwickelt wurden, beeinflusste die zarinianische Politik erheblich. Zarinianische Aktivisten begannen, sich für Bürgerrechte und soziale Gerechtigkeit einzusetzen, inspiriert von den Bewegungen auf der Erde.

Die politischen Theorien von John Locke und Jean-Jacques Rousseau, die die Grundlagen der modernen Demokratie bilden, fanden Anklang bei den zarinianischen Führungspersönlichkeiten. Diese Theorien betonen die Bedeutung von Freiheit, Gleichheit und dem Gesellschaftsvertrag, was zu einer verstärkten politischen Mobilisierung führte.

Herausforderungen und Probleme

Trotz der positiven Einflüsse gab es auch Herausforderungen und Probleme, die aus der Beziehung zwischen Erde und Zarinia resultierten. Einige der zentralen Probleme sind:

+ **Kulturelle Aneignung:** Der Einfluss der Erde führte zu Vorwürfen der kulturellen Aneignung, wobei einige Zarinianer das Gefühl hatten, dass ihre Traditionen nicht ausreichend respektiert wurden.

+ **Technologische Abhängigkeit:** Die Abhängigkeit von erdlichen Technologien führte zu Bedenken hinsichtlich der Nachhaltigkeit und der Fähigkeit Zarinia, eigenständig zu bleiben.

+ **Politische Spannungen:** Die Einführung erdlicher politischer Konzepte führte zu Spannungen zwischen traditionellen zarinianischen Werten und den neuen Idealen der Demokratie und Freiheit.

Diese Herausforderungen erforderten einen kritischen Dialog zwischen den Kulturen und eine Reflexion über die zukünftige Beziehung zwischen Erde und Zarinia.

Fazit

Zusammenfassend lässt sich sagen, dass der Einfluss der Erde auf Zarinia vielschichtig und tiefgreifend ist. Von technologischen Innovationen über kulturellen Austausch bis hin zu politischen Veränderungen hat dieser Einfluss die zarinianische Gesellschaft geprägt. Es ist wichtig, sowohl die positiven Aspekte als auch die Herausforderungen zu erkennen, um eine harmonische und respektvolle Beziehung zwischen den beiden Welten zu fördern. Die Zukunft Zarinia wird in hohem Maße von der Fähigkeit abhängen, aus der Vergangenheit zu lernen und eine ausgewogene, inklusive Gesellschaft zu schaffen, die sowohl lokale als auch erdliche Einflüsse wertschätzt.

Zarinianische Traditionen und Feste

Die Kultur von Zarinia ist reich an Traditionen und Festen, die nicht nur die Identität der Zarinianer prägen, sondern auch die Verbindung zu den symbiotischen Geistern, die ein zentrales Element ihrer Gesellschaft sind. Diese Feste sind nicht nur Gelegenheiten für Feiern, sondern auch bedeutende Rituale, die tief in der Geschichte und den Glaubenssystemen der Zarinianer verwurzelt sind.

Die Bedeutung von Festen

Feste auf Zarinia dienen mehreren Zwecken. Sie sind Zeitpunkte der Gemeinschaft, in denen die Zarinianer zusammenkommen, um ihre Kultur zu feiern und ihre Traditionen zu bewahren. Darüber hinaus sind sie Gelegenheiten, um die symbiotischen Geister zu ehren, die als Beschützer und Führer der Zarinianer angesehen werden. Diese Geister repräsentieren die Verbindung zwischen den Zarinianern und der Natur, und ihre Verehrung ist ein zentraler Bestandteil der zarinianischen Spiritualität.

Wichtige Feste

Das Fest der Harmonien   Das Fest der Harmonien ist eines der bedeutendsten Feste auf Zarinia und wird jährlich gefeiert. Es findet im Frühling statt, wenn die Natur zu neuem Leben erwacht. Während dieses Festes kommen die Zarinianer zusammen, um die Rückkehr der symbiotischen Geister zu feiern. Es beinhaltet traditionelle Tänze, Musik und das Zubereiten von speziellen Gerichten, die aus lokalen Zutaten hergestellt werden. Ein zentrales Element dieses Festes ist die Zeremonie der „Harmonie", bei der die Zarinianer in einem symbolischen Akt der Einheit ihre Hände in einen großen Kreis legen und ihre Wünsche für die Zukunft äußern.

Das Fest der Erinnerungen   Das Fest der Erinnerungen wird im Herbst gefeiert und ist eine Zeit des Gedenkens an die Verstorbenen. Die Zarinianer glauben, dass die symbiotischen Geister während dieses Festes besonders nahe sind und den Verstorbenen helfen, in die nächste Welt überzutreten. Familien stellen Altäre mit Fotos und Erinnerungsstücken ihrer verstorbenen Angehörigen auf und bringen Geschenke, um ihre Liebe und Dankbarkeit auszudrücken. Dieses Fest fördert die Reflexion über das Leben und die Werte, die die Zarinianer hochhalten.

Das Fest der Ernte   Das Fest der Ernte ist ein weiteres wichtiges Ereignis, das die Dankbarkeit der Zarinianer für die Gaben der Natur zum Ausdruck bringt. Es wird gefeiert, nachdem die Ernte eingebracht wurde, und umfasst große Feiern mit Musik, Tanz und Festessen. Die Zarinianer beten um den Segen der symbiotischen Geister für eine reiche Ernte im kommenden Jahr und teilen ihre Nahrungsmittel mit der Gemeinschaft, um den Zusammenhalt zu stärken.

Traditionelle Bräuche

Die zarinianischen Traditionen sind durch eine Vielzahl von Bräuchen gekennzeichnet, die von Generation zu Generation weitergegeben werden. Dazu gehören:

- **Rituale der Dankbarkeit:** Vor jeder Mahlzeit wird ein Dankgebet an die symbiotischen Geister gesprochen, um ihre Gaben zu würdigen.

- **Kunst und Handwerk:** Traditionelles Handwerk, wie das Weben und Töpfern, spielt eine zentrale Rolle in der Kultur. Diese Kunstformen sind oft mit symbolischen Bedeutungen verbunden, die die Beziehung zwischen Mensch und Natur reflektieren.

◆ **Geschichten und Erzählungen:** Die mündliche Überlieferung von Geschichten über die symbiotischen Geister und die Geschichte Zarinia ist ein wichtiger Bestandteil der zarinianischen Traditionen. Diese Geschichten vermitteln Werte wie Mut, Solidarität und die Bedeutung von Gemeinschaft.

Herausforderungen und Veränderungen

In der modernen Zeit sieht sich Zarinia jedoch Herausforderungen gegenüber, die die Traditionen und Feste bedrohen. Die Globalisierung und der Einfluss der Erde haben zu einer zunehmenden Homogenisierung der Kulturen geführt. Viele junge Zarinianer fühlen sich von den traditionellen Festen entfremdet und ziehen es vor, westliche Feste zu feiern. Dies hat zu einem Rückgang der Teilnahme an traditionellen Feierlichkeiten geführt und stellt eine Bedrohung für das kulturelle Erbe Zarinia dar.

Die Rolle der Bildung Um diesen Herausforderungen entgegenzuwirken, spielt Bildung eine entscheidende Rolle. Initiativen zur Förderung des Verständnisses und der Wertschätzung zarinianischer Traditionen und Feste sind notwendig, um das kulturelle Erbe zu bewahren. Schulen und Gemeinschaftsorganisationen arbeiten zusammen, um Programme zu entwickeln, die die jüngeren Generationen in die Traditionen einführen und ihnen die Bedeutung dieser Feste näherbringen.

Fazit

Die zarinianischen Traditionen und Feste sind nicht nur eine Feier der Kultur, sondern auch eine Möglichkeit, die Verbindung zu den symbiotischen Geistern und zur Gemeinschaft zu stärken. In Zeiten des Wandels ist es entscheidend, diese Traditionen zu bewahren und an die nächste Generation weiterzugeben. Nur so können die Zarinianer sicherstellen, dass ihre Identität und ihr Erbe auch in Zukunft lebendig bleiben.

Die Bedeutung von Bürgerrechten auf Zarinia

Die Bedeutung von Bürgerrechten auf Zarinia kann nicht hoch genug eingeschätzt werden, da sie das Fundament einer gerechten und inklusiven Gesellschaft bilden. Bürgerrechte sind die Rechte, die jedem Individuum zustehen, unabhängig von seiner Herkunft, seinem Geschlecht oder seiner sozialen Stellung. Diese Rechte sind entscheidend für die Förderung von Gleichheit, Freiheit und Gerechtigkeit auf Zarinia, wo die Bevölkerung aus verschiedenen Kulturen und Ethnien besteht.

Theoretische Grundlagen der Bürgerrechte

Bürgerrechte basieren auf den Prinzipien der Menschenwürde und der Gleichheit vor dem Gesetz. Laut der *Allgemeinen Erklärung der Menschenrechte*, die auch auf Zarinia als Leitfaden dient, hat jeder Mensch das Recht auf Leben, Freiheit und Sicherheit der Person. Diese Prinzipien sind nicht nur theoretisch, sondern auch praktisch relevant, da sie als Grundlage für die Schaffung von Gesetzen und politischen Strukturen dienen, die die Rechte der Bürger schützen.

Die *Theorie der sozialen Gerechtigkeit*, wie sie von Philosophen wie John Rawls formuliert wurde, betont die Notwendigkeit, dass soziale und wirtschaftliche Ungleichheiten so gestaltet werden, dass sie den am wenigsten begünstigten Mitgliedern der Gesellschaft zugutekommen. Diese Theorie hat auf Zarinia Einfluss auf die Diskussionen über Bürgerrechte und die Notwendigkeit von Reformen in der Politik und Gesellschaft genommen.

Probleme und Herausforderungen

Trotz der theoretischen Grundlagen sind die Bürgerrechte auf Zarinia nicht immer gewährleistet. Vorurteile und Diskriminierung sind weit verbreitet, insbesondere gegenüber den symbiotischen Geistern, die oft als weniger wertvoll oder sogar als Bedrohung angesehen werden. Diese Diskriminierung äußert sich in verschiedenen Formen, einschließlich:

+ **Gesetzliche Benachteiligung:** Bestimmte Gesetze auf Zarinia schränken die Rechte von Minderheiten ein, was zu einer ungleichen Behandlung führt.

+ **Soziale Ausgrenzung:** Symbiotische Geister erfahren oft soziale Isolation und werden von Gemeinschaften ausgeschlossen, was ihre Fähigkeit einschränkt, aktiv an der Gesellschaft teilzunehmen.

+ **Wirtschaftliche Ungleichheit:** Der Zugang zu Ressourcen und Möglichkeiten ist für verschiedene Gruppen ungleich verteilt, was zu einer Verstärkung der bestehenden Ungleichheiten führt.

Diese Probleme haben zur Entstehung von Bewegungen geführt, die sich für die Rechte der symbiotischen Geister einsetzen und auf die Notwendigkeit von Reformen hinweisen.

Beispiele für Bürgerrechtsbewegungen

Ein herausragendes Beispiel für den Kampf um Bürgerrechte auf Zarinia ist die Bewegung zur Trennung der symbiotischen Geister. Diese Bewegung entstand aus der Notwendigkeit, die Stimmen der symbiotischen Geister zu stärken und ihre Rechte zu schützen. Die Gründung dieser Bewegung wurde von verschiedenen Faktoren beeinflusst:

- **Persönliche Geschichten:** Viele Aktivisten, darunter Kael Nira, haben persönliche Erfahrungen mit Ungerechtigkeit gemacht, die sie motiviert haben, sich für Veränderungen einzusetzen.

- **Gemeinschaftliche Mobilisierung:** Die Bewegung hat sich auf die Mobilisierung von Gemeinschaften konzentriert, um ein starkes Netzwerk von Unterstützern aufzubauen, die sich für die Rechte der symbiotischen Geister einsetzen.

- **Internationale Unterstützung:** Die Bewegung hat auch von internationaler Unterstützung profitiert, die auf die Missstände auf Zarinia aufmerksam macht und Druck auf die Regierung ausübt.

Die Rolle von Bildung und Aufklärung

Bildung spielt eine entscheidende Rolle bei der Förderung von Bürgerrechten auf Zarinia. Durch Aufklärung über die Rechte und Pflichten der Bürger können Vorurteile abgebaut und das Bewusstsein für die Bedeutung von Gleichheit und Gerechtigkeit geschärft werden. Initiativen, die sich auf Bildung konzentrieren, haben gezeigt, dass sie in der Lage sind, das Verständnis für Bürgerrechte zu erweitern und die Akzeptanz für Vielfalt zu fördern.

Ein Beispiel für eine erfolgreiche Bildungsinitiative ist das Programm *Zarinia für alle*, das Workshops und Schulungen anbietet, um das Bewusstsein für Bürgerrechte zu fördern und den Dialog zwischen verschiedenen Gemeinschaften zu stärken. Diese Programme haben dazu beigetragen, das Verständnis für die Herausforderungen zu vertiefen, mit denen symbiotische Geister konfrontiert sind, und haben den Weg für eine inklusivere Gesellschaft geebnet.

Fazit

Zusammenfassend lässt sich sagen, dass die Bedeutung von Bürgerrechten auf Zarinia nicht nur in der Theorie, sondern auch in der Praxis von entscheidender Bedeutung ist. Die Herausforderungen, mit denen die Bevölkerung konfrontiert

ist, erfordern eine kontinuierliche Auseinandersetzung mit den Themen
Gleichheit, Gerechtigkeit und Inklusion. Die Bewegung zur Trennung der
symbiotischen Geister ist ein Beispiel dafür, wie Bürgerrechte verteidigt und
gefördert werden können. Es ist entscheidend, dass alle Bürger, unabhängig von
ihrer Herkunft, die Möglichkeit haben, ihre Stimme zu erheben und an der
Gestaltung einer gerechteren Gesellschaft mitzuwirken.

$$\text{Bürgerrechte} = \text{Gleichheit} + \text{Freiheit} + \text{Gerechtigkeit} \qquad (4)$$

Vorurteile und Diskriminierung in der zarinianischen Gesellschaft

Die Gesellschaft von Zarinia ist, wie viele andere Kulturen, von Vorurteilen und
Diskriminierung geprägt. Diese Phänomene sind nicht nur gesellschaftliche
Probleme, sondern auch tief verwurzelte psychologische und kulturelle Aspekte,
die das tägliche Leben der Zarinianer beeinflussen. Vorurteile entstehen oft aus
Unkenntnis oder Missverständnissen über andere Gruppen, während
Diskriminierung sich in konkreten Handlungen zeigt, die darauf abzielen,
bestimmte Gruppen zu benachteiligen oder zu marginalisieren.

Theoretische Grundlagen

Um Vorurteile und Diskriminierung zu verstehen, ist es hilfreich, verschiedene
theoretische Ansätze zu betrachten. Die **Soziale Identitätstheorie** (Tajfel &
Turner, 1979) besagt, dass Individuen ihre Identität stark mit Gruppen
identifizieren, zu denen sie gehören. Diese Zugehörigkeit führt oft zu einem
Ingroup-Bias, bei dem die eigene Gruppe (Ingroup) bevorzugt und andere Gruppen
(Outgroup) abgewertet werden. Dies kann zu einem Gefühl der Überlegenheit
führen, das Vorurteile und Diskriminierung fördert.

Ein weiterer relevanter Ansatz ist die **Stereotypisierung**. Stereotype sind
vereinfachte und oft übertriebene Vorstellungen über bestimmte Gruppen. Diese
Stereotype können sowohl positiv als auch negativ sein, jedoch führen negative
Stereotype häufig zu Diskriminierung. In Zarinia sind beispielsweise symbiotische
Geister oft mit negativen Attributen behaftet, die ihre Rechte und ihre
gesellschaftliche Stellung beeinträchtigen.

Formen der Diskriminierung

In der zarinianischen Gesellschaft äußern sich Vorurteile und Diskriminierung in
verschiedenen Formen:

+ **Rassistische Diskriminierung:** Symbiotische Geister, die eine andere Herkunft oder Erscheinung haben, werden oft als minderwertig angesehen. Dies kann sich in der Arbeitsplatzvergabe, im Bildungswesen und in sozialen Interaktionen zeigen.

+ **Genderdiskriminierung:** Frauen und nicht-binäre Individuen, insbesondere solche, die mit symbiotischen Geistern verbunden sind, erleben oft doppelte Diskriminierung. Ihre Stimmen werden in politischen und sozialen Angelegenheiten häufig ignoriert.

+ **Kulturelle Diskriminierung:** Die Zarinianer haben eine Vielzahl von Kulturen, und oft werden die Traditionen und Bräuche von Minderheitengruppen nicht respektiert oder sogar aktiv unterdrückt.

+ **Institutionelle Diskriminierung:** Diese Form der Diskriminierung ist in den politischen und sozialen Strukturen Zarinia verankert. Gesetze und Vorschriften können unbewusst oder absichtlich Gruppen benachteiligen, was zu einer systematischen Ungleichheit führt.

Beispiele aus der zarinianischen Gesellschaft

Ein prägnantes Beispiel für Diskriminierung in Zarinia ist die Behandlung von *Rohani*, einer Gruppe von symbiotischen Geistern, die in den ländlichen Gebieten leben. Trotz ihrer wichtigen Rolle in der Landwirtschaft werden sie oft als weniger wertvoll angesehen, was zu einem Mangel an Zugang zu Ressourcen und Bildung führt. Die Rohani werden häufig in der Öffentlichkeit diskriminiert und sind Ziel von Vorurteilen, die sie als faul oder ungebildet darstellen.

Ein weiteres Beispiel ist die *Kampagne gegen die Diskriminierung von Frauen*, die von Kael Nira ins Leben gerufen wurde. Diese Kampagne zielt darauf ab, die Gleichstellung der Geschlechter zu fördern und die Stimmen von Frauen in der Politik zu stärken. Trotz der Fortschritte, die durch diese Kampagne erzielt wurden, sind viele Frauen weiterhin mit Vorurteilen konfrontiert, die ihre Fähigkeiten und ihren Wert in der Gesellschaft in Frage stellen.

Psychologische Auswirkungen

Die psychologischen Auswirkungen von Diskriminierung und Vorurteilen sind erheblich. Betroffene Gruppen erleben häufig **Stress**, **Angst** und **Depression**. Diese psychologischen Belastungen können sich negativ auf die Lebensqualität und das allgemeine Wohlbefinden auswirken. Studien zeigen, dass Diskriminierung auch zu einem Rückgang des Selbstwertgefühls führen kann, was die Fähigkeit der Individuen einschränkt, aktiv an der Gesellschaft teilzunehmen.

Der Weg zur Veränderung

Um Vorurteile und Diskriminierung in Zarinia zu bekämpfen, ist es wichtig, auf Bildung und Aufklärung zu setzen. Programme, die das Bewusstsein für die Vielfalt der Kulturen und die Bedeutung der Gleichheit fördern, können helfen, Vorurteile abzubauen. Der Einsatz von **Kunst** und **Kultur** als Mittel zur Sensibilisierung ist ebenfalls entscheidend. Kunst hat die Kraft, Empathie zu fördern und Menschen zusammenzubringen, um ein besseres Verständnis füreinander zu entwickeln.

Ein weiterer wichtiger Schritt ist die **Politik der Inklusion**. Durch die Schaffung von Gesetzen und Richtlinien, die Diskriminierung aktiv bekämpfen, kann die zarinianische Gesellschaft einen signifikanten Wandel herbeiführen. Dies erfordert jedoch den Willen und das Engagement der gesamten Gesellschaft, einschließlich der Regierung, um eine gerechtere und inklusivere Zukunft zu gestalten.

Zusammenfassend lässt sich sagen, dass Vorurteile und Diskriminierung in der zarinianischen Gesellschaft tief verwurzelt sind, aber durch Bildung, Kunst und inklusive Politiken überwunden werden können. Der Weg zur Veränderung ist lang und herausfordernd, aber er ist notwendig für die Schaffung einer gerechteren Gesellschaft für alle Zarinianer.

Einführung in Kael Nira

Herkunft und Kindheit

Kael Nira wurde in den sanften Hügeln von Zarinia geboren, einem Planeten, der von schimmernden Wäldern und glitzernden Seen geprägt ist. Seine Familie lebte in einem kleinen, aber lebhaften Dorf namens Lurana, das für seine harmonische Koexistenz mit den symbiotischen Geistern bekannt war. Diese Geister, die als spirituelle Begleiter und Beschützer der Zarinianer fungieren, sind ein zentraler Bestandteil der Kultur und Identität des Planeten.

Kaels Eltern, beide engagierte Mitglieder der Gemeinschaft, waren tief in die Traditionen und Bräuche des Dorfes verwurzelt. Seine Mutter, eine Heilerin, vermittelte ihm von klein auf die Bedeutung der Empathie und des Mitgefühls. Sie lehrte ihn, wie man die Energien der symbiotischen Geister wahrnimmt und wie wichtig es ist, diese Verbindungen zu respektieren. Sein Vater, ein Geschichtenerzähler, brachte ihm die alten Legenden bei, die die Kämpfe und

Triumphe der Zarinianer dokumentierten. Diese Geschichten waren nicht nur Unterhaltungsformate, sondern auch Lehrmittel, die Kael ein Gefühl für Gerechtigkeit und die Notwendigkeit des Widerstands gegen Ungerechtigkeiten vermittelten.

In seiner Kindheit erlebte Kael jedoch auch die Schattenseiten dieser harmonischen Welt. Das Dorf war von der politischen Instabilität betroffen, die durch die zunehmende Kontrolle der Regierung über die symbiotischen Geister verursacht wurde. Diese Kontrolle führte zu einem Verlust der Autonomie und der kulturellen Identität der Zarinianer. Kael wurde Zeuge, wie seine Nachbarn und Freunde unter dieser Unterdrückung litten, was in ihm einen tiefen inneren Konflikt auslöste.

Die ersten Begegnungen mit Ungerechtigkeit trugen dazu bei, Kaels Charakter zu formen. Er sah, wie die Regierung versuchte, die symbiotischen Geister zu manipulieren, um ihre eigenen politischen Ziele zu erreichen. Diese Erlebnisse hinterließen einen bleibenden Eindruck in seinem jungen Geist und führten zu einem unermüdlichen Streben nach Gerechtigkeit.

In der Schule war Kael ein neugieriger Schüler, der sich für die Geschichten der Vergangenheit und die Philosophie der Gerechtigkeit interessierte. Er wurde von Lehrern gefördert, die seine Leidenschaft für das Lernen erkannten und ihn dazu ermutigten, kritisch über die Welt um ihn herum nachzudenken. Diese akademische Umgebung half ihm, seine Gedanken und Ideen zu formulieren und zu artikulieren, was sich später als entscheidend für seine Rolle in der Bürgerrechtsbewegung herausstellen sollte.

Zusätzlich zu seiner formalen Bildung war Kaels Kindheit von einer tiefen Verbindung zur Natur geprägt. Er verbrachte Stunden damit, in den Wäldern zu spielen und die symbiotischen Geister in ihrer natürlichen Umgebung zu beobachten. Diese Erfahrungen förderten nicht nur seine Wertschätzung für die Umwelt, sondern halfen ihm auch, eine spirituelle Verbindung zu den Geistern aufzubauen, die er später als Teil seiner Identität und seines Aktivismus nutzen würde.

Ein prägendes Erlebnis in Kaels Kindheit war ein Vorfall, bei dem ein Freund von ihm aufgrund seiner Beziehung zu einem symbiotischen Geist diskriminiert wurde. Diese Ungerechtigkeit öffnete Kaels Augen für die tief verwurzelten Vorurteile in der zarinianischen Gesellschaft und verstärkte seinen Wunsch, für Gleichheit und Anerkennung zu kämpfen.

Zusammenfassend lässt sich sagen, dass Kael Niras Herkunft und Kindheit von einem starken Einfluss seiner Familie, der Gemeinschaft und den Herausforderungen der zarinianischen Gesellschaft geprägt waren. Diese frühen Erfahrungen bildeten das Fundament für seine späteren Bestrebungen als

Bürgerrechtsaktivist und seine Vision für eine gerechtere Welt auf Zarinia.

Frühe Einflüsse und Inspirationen

Die frühen Einflüsse und Inspirationen von Kael Nira sind entscheidend für das Verständnis seiner späteren Rolle als Bürgerrechtsaktivist auf Zarinia. In dieser Phase seines Lebens formten sich die Werte, Überzeugungen und die Vision, die ihn dazu motivierten, für die Rechte der symbiotischen Geister zu kämpfen. Diese Einflüsse lassen sich in mehrere Schlüsselbereiche unterteilen: familiäre Werte, kulturelle Einflüsse, historische Ereignisse und persönliche Begegnungen.

Familiäre Werte

Kaels Familie spielte eine zentrale Rolle in seiner frühen Entwicklung. Seine Eltern, beide aktive Mitglieder der zarinianischen Gesellschaft, lehrten ihn von klein auf die Bedeutung von Gerechtigkeit und Gleichheit. Sie betonten, dass jeder Zarinianer, unabhängig von seiner Herkunft, das Recht auf ein erfülltes Leben habe. Diese Werte wurden in zahlreichen Gesprächen am Abendtisch vermittelt, wo Themen wie Diskriminierung und Ungerechtigkeit regelmäßig diskutiert wurden.

Ein prägendes Erlebnis war der Verlust eines engen Familienmitglieds, das aufgrund der Diskriminierung gegenüber symbiotischen Geistern leidete. Dieses Ereignis hinterließ bei Kael einen tiefen Eindruck und verstärkte seinen Wunsch, sich für die Rechte dieser oft übersehenen Gruppe einzusetzen. Die Trauer um den Verlust verwandelte sich in Entschlossenheit, und Kael erkannte, dass er nicht nur für seine Familie, sondern für die gesamte Gemeinschaft kämpfen musste.

Kulturelle Einflüsse

Die Kultur Zarinia, reich an Traditionen und Geschichten, hatte einen tiefgreifenden Einfluss auf Kaels Weltanschauung. Die zarinianische Mythologie, die häufig von der Harmonie zwischen Menschen und symbiotischen Geistern erzählt, inspirierte Kael, die Verbindung und den Respekt zwischen den beiden Gruppen zu fördern. Er war besonders von den Erzählungen über die „Ersten Symbionten" fasziniert, die in der zarinianischen Geschichte als Vorbilder für Zusammenarbeit und gegenseitigen Respekt gelten.

Die Kunst und Musik Zarinia, oft geprägt von Themen der Freiheit und des Widerstands, motivierten Kael ebenfalls. Er besuchte zahlreiche kulturelle Veranstaltungen, bei denen Künstler ihre Werke präsentierten, die die Herausforderungen der Gesellschaft reflektierten. Diese Erfahrungen schärften sein Bewusstsein für soziale Ungerechtigkeiten und ermutigten ihn, seine Stimme zu erheben.

Historische Ereignisse

Die Geschichte Zarinia ist von Konflikten und Kämpfen um Rechte geprägt. Ein besonders einflussreiches Ereignis war die „Revolution der Symbioten", ein Aufstand, der sich gegen die Unterdrückung der symbiotischen Geister richtete. Kael wuchs in einer Zeit auf, in der die Nachwirkungen dieser Revolution spürbar waren. Die Geschichten von Mut und Entschlossenheit der damaligen Aktivisten inspirierten ihn, selbst aktiv zu werden.

Zusätzlich wurde Kael von den internationalen Bewegungen auf der Erde beeinflusst, die sich für Bürgerrechte einsetzten. Berichte über die Bürgerrechtsbewegung in den Vereinigten Staaten und die Kämpfe gegen Apartheid in Südafrika motivierten ihn, Parallelen zu den Herausforderungen auf Zarinia zu ziehen. Er begann zu erkennen, dass der Kampf für Gerechtigkeit universelle Züge hat und dass Solidarität über interplanetare Grenzen hinweg möglich ist.

Persönliche Begegnungen

Ein weiterer wesentlicher Einfluss auf Kael waren die Menschen, die er in seiner Kindheit traf. Besonders prägend war seine Begegnung mit einer älteren Aktivistin, die während der Revolution der Symbioten eine Schlüsselrolle spielte. Sie erzählte ihm von ihren Erfahrungen, den Herausforderungen und der Bedeutung des Kampfes für die Rechte der symbiotischen Geister. Ihre Geschichten waren nicht nur inspirierend, sondern auch lehrreich; sie vermittelte ihm wichtige Lektionen über die Notwendigkeit von Geduld, Ausdauer und strategischem Denken im Aktivismus.

Darüber hinaus stellte Kael fest, dass viele seiner Freunde ähnliche Erfahrungen gemacht hatten. Diese geteilten Geschichten und die kollektive Entschlossenheit, Veränderungen herbeizuführen, schufen eine starke Gemeinschaft, die ihn weiter motivierte. Die Unterstützung und der Rückhalt seiner Freunde gaben ihm den Mut, sich für die Bewegung einzusetzen und seine Stimme zu erheben.

Schlussfolgerung

Zusammenfassend lässt sich sagen, dass die frühen Einflüsse und Inspirationen, die Kael Nira prägten, ein komplexes Geflecht aus familiären Werten, kulturellen Erlebnissen, historischen Ereignissen und persönlichen Begegnungen darstellen.

Diese Elemente führten zu einer tiefen Überzeugung, dass jeder das Recht auf Gleichheit und Gerechtigkeit hat. Kaels Weg in die Bürgerrechtsbewegung war somit nicht nur ein individueller Prozess, sondern auch das Ergebnis eines kollektiven Erbes, das ihn dazu inspirierte, für eine bessere Zukunft auf Zarinia zu kämpfen.

Die ersten Begegnungen mit Ungerechtigkeit

Die ersten Begegnungen von Kael Nira mit Ungerechtigkeit prägten nicht nur seine persönliche Entwicklung, sondern auch den Verlauf der Bürgerrechtsbewegung auf Zarinia. Diese Erfahrungen führten ihn auf einen Weg des Aktivismus und der Empathie, die für die Gestaltung seiner Identität und Vision von entscheidender Bedeutung waren.

Die Ungerechtigkeit der Symbiose

Auf Zarinia leben die symbiotischen Geister in einer engen Verbindung mit den zarinianischen Bürgern. Diese Verbindung ist jedoch nicht immer harmonisch. Kael erlebte zum ersten Mal Ungerechtigkeit, als er Zeuge wurde, wie einige seiner Freunde und Nachbarn aufgrund ihrer symbiotischen Geister diskriminiert wurden. Die zarinianische Gesellschaft war geprägt von Vorurteilen, die sich in der Art und Weise äußerten, wie Menschen mit unterschiedlichen Symbiosen behandelt wurden.

Ein Beispiel ist die Behandlung von Individuen, die mit weniger anerkannten Geistern verbunden waren. Diese Menschen wurden oft als weniger wertvoll angesehen und hatten eingeschränkten Zugang zu Ressourcen und Möglichkeiten. Kael sah, wie eine seiner besten Freundinnen, die mit einem weniger populären Geist verbunden war, von der Gemeinschaft ausgeschlossen wurde. Diese Ungerechtigkeit führte zu einem tiefen Gefühl der Empörung in Kael und weckte in ihm den Wunsch, für die Rechte dieser unterdrückten Gruppe einzutreten.

Die Rolle der Bildung

Die Ungerechtigkeiten, die Kael erlebte, wurden durch seine Bildung verstärkt. In der Schule wurde er mit einer verzerrten Darstellung der Geschichte konfrontiert, die die positiven Aspekte der symbiotischen Beziehungen über die negativen Erfahrungen der Diskriminierung stellte. Diese einseitige Sichtweise führte dazu, dass viele Schüler die Ungerechtigkeiten in der Gesellschaft nicht hinterfragten. Kael begann, sich aktiv mit der Geschichte der symbiotischen Geister auseinanderzusetzen und erkannte, dass die Diskriminierung nicht nur ein individuelles Problem, sondern ein strukturelles war.

Die Theorie der kritischen Pädagogik, die von Philosophen wie Paulo Freire entwickelt wurde, spielte eine entscheidende Rolle in Kaels Verständnis von Bildung und Ungerechtigkeit. Freire argumentiert, dass Bildung nicht neutral ist, sondern ein Werkzeug zur Aufrechterhaltung oder Veränderung von Machtverhältnissen. Kael erkannte, dass er nicht nur für seine eigenen Rechte, sondern auch für die Rechte anderer kämpfen musste, um eine gerechtere Gesellschaft zu schaffen.

Erste Schritte in den Aktivismus

Kaels erste Schritte in den Aktivismus waren oft von Unsicherheit und Angst geprägt. Er war sich bewusst, dass er gegen tief verwurzelte Vorurteile und Machtstrukturen ankämpfte. Dennoch motivierten ihn die Ungerechtigkeiten, die er beobachtet hatte, dazu, sich einer Gruppe von Gleichgesinnten anzuschließen, die sich für die Rechte der symbiotischen Geister einsetzten. Diese Gruppe traf sich regelmäßig, um Strategien zu entwickeln und sich über die verschiedenen Formen der Diskriminierung auszutauschen.

Ein prägendes Ereignis war eine öffentliche Versammlung, bei der Kael und seine Mitstreiter die Möglichkeit hatten, ihre Erfahrungen zu teilen. Die Resonanz war überwältigend. Viele Menschen, die ähnliche Erfahrungen gemacht hatten, fühlten sich ermutigt, ihre Stimme zu erheben. Diese ersten Begegnungen mit Ungerechtigkeit und die anschließende Mobilisierung führten dazu, dass Kael den Mut fand, seine eigene Stimme zu erheben und für Veränderungen zu kämpfen.

Die Bedeutung von Empathie

Ein zentraler Aspekt von Kaels Erfahrungen war die Entwicklung von Empathie. Er erkannte, dass die Ungerechtigkeiten, die er erlebte, nicht isoliert waren, sondern Teil eines größeren Systems. Die Fähigkeit, sich in die Lage anderer zu versetzen, wurde zu einem grundlegenden Prinzip seines Aktivismus. Diese Empathie half ihm, Brücken zu bauen und Allianzen mit anderen Gruppen zu bilden, die ebenfalls für Gleichheit und Gerechtigkeit kämpften.

Kael verstand, dass die Bekämpfung von Ungerechtigkeit nicht nur das Ziel war, die eigenen Rechte zu verteidigen, sondern auch das Ziel, eine solidarische Gemeinschaft zu schaffen, die sich gegenseitig unterstützt. Diese Erkenntnis führte zu einem verstärkten Fokus auf Gemeinschaftsbildung und kollektives Handeln, das die Grundlage seiner späteren Aktivitäten bilden sollte.

Reflexion über die ersten Begegnungen

Die ersten Begegnungen von Kael Nira mit Ungerechtigkeit waren entscheidend für seine Entwicklung als Bürgerrechtsaktivist. Sie schärften sein Bewusstsein für die Probleme der Diskriminierung und Ungleichheit und motivierten ihn, aktiv zu werden. Diese Erfahrungen führten ihn nicht nur zu einem tieferen Verständnis der gesellschaftlichen Strukturen, sondern auch zu einer klaren Vision für eine gerechtere Zukunft auf Zarinia.

In der Reflexion über diese frühen Erfahrungen wird deutlich, dass Ungerechtigkeit nicht nur eine individuelle Erfahrung ist, sondern ein kollektives Problem, das gemeinsames Handeln erfordert. Kaels Engagement für die Rechte der symbiotischen Geister war nicht nur ein persönlicher Kampf, sondern auch ein Aufruf zur Solidarität und zur Schaffung einer inklusiven Gesellschaft.

Diese ersten Begegnungen mit Ungerechtigkeit waren der Ausgangspunkt für eine Bewegung, die darauf abzielte, die Stimmen der Unterdrückten zu erheben und die Strukturen der Diskriminierung zu hinterfragen. Kaels Reise war geprägt von Herausforderungen, aber auch von Hoffnung und der Überzeugung, dass Veränderung möglich ist, wenn Menschen zusammenkommen, um für das einzutreten, was richtig ist.

Kaels Bildung und Mentoren

Kael Nira wuchs in einer Zeit auf, in der die gesellschaftlichen Spannungen auf Zarinia immer deutlicher wurden. Seine Bildung spielte eine entscheidende Rolle in der Entwicklung seiner Identität und seiner Vision für die Zukunft seiner Welt. Die akademische Umgebung, die Kael umgab, war geprägt von einer Vielzahl von Einflüssen, die ihn dazu anregten, kritisch zu denken und sich aktiv für die Rechte der symbiotischen Geister einzusetzen.

Frühe Bildung und Inspiration

Kaels frühe Schulbildung fand in einer kleinen, aber dynamischen Gemeinschaftsschule statt, die sich auf die Vermittlung von interkulturellem Verständnis konzentrierte.   Hier lernte er nicht nur die Grundlagen der Wissenschaften und der Mathematik, sondern auch die Bedeutung von Geschichte und Ethik. Die Lehrer in dieser Schule waren leidenschaftliche Pädagogen, die oft über den Lehrplan hinausgingen, um den Schülern ein Gefühl für soziale Gerechtigkeit zu vermitteln.

Ein prägendes Erlebnis war der Unterricht von Frau Lira, einer Lehrerin, die sich für die Rechte der Minderheiten auf Zarinia einsetzte.   Sie erzählte den

Schülern Geschichten von mutigen Aktivisten, die für Veränderungen kämpften. Diese Geschichten hinterließen einen bleibenden Eindruck bei Kael und inspirierten ihn, selbst aktiv zu werden. Frau Lira betonte oft das Zitat von Mahatma Gandhi: „Sei du selbst die Veränderung, die du dir wünschst für diese Welt." Diese Worte wurden zu einem Leitmotiv in Kaels Leben.

Einfluss von Mentoren

Neben Frau Lira spielte auch Kaels Großvater, ein ehemaliger Kämpfer für die Rechte der symbiotischen Geister, eine zentrale Rolle in seiner Bildung. Er vermittelte Kael die Werte von Mut und Entschlossenheit. Die Geschichten von seinem Großvater über die Herausforderungen und Triumphe der Vergangenheit gaben Kael ein tiefes Verständnis für die gegenwärtigen Probleme und die Notwendigkeit, für Gerechtigkeit zu kämpfen.

Ein weiterer wichtiger Mentor in Kaels Leben war Professor Arion, ein angesehener Wissenschaftler und Aktivist, der an der Universität von Zarinia lehrte. Professor Arion war bekannt für seine kritische Analyse der politischen Strukturen und der Rolle der Technologie in der Gesellschaft. Er ermutigte Kael, Fragen zu stellen und die bestehenden Machtverhältnisse zu hinterfragen. In einem seiner berühmtesten Vorträge erklärte er:

$$\text{Wissen} = \text{Macht} \implies \text{Bildung ist der Schlüssel zu sozialer Gerechtigkeit} \quad (5)$$

Diese Gleichung wurde zu einem zentralen Element von Kaels Philosophie. Er erkannte, dass Bildung nicht nur das individuelle Wachstum fördert, sondern auch als Werkzeug zur Bekämpfung von Unterdrückung dienen kann.

Akademische Herausforderungen

Trotz dieser positiven Einflüsse war Kael mit zahlreichen Herausforderungen konfrontiert. Die Bildungseinrichtungen auf Zarinia waren oft von politischen Spannungen betroffen. In einer Zeit, in der die Regierung versuchte, die Stimmen der Bürger zu unterdrücken, war die akademische Freiheit gefährdet. Kael erlebte, wie einige seiner Kommilitonen für ihre Ansichten bestraft wurden, was ihn zusätzlich motivierte, sich für die Rechte anderer einzusetzen.

Ein Beispiel hierfür war die Schließung einer Fakultät, die sich mit den Rechten der symbiotischen Geister beschäftigte. Diese Entscheidung führte zu Protesten und stellte Kael vor die Frage, wie er sich in einem solchen Klima des Widerstands positionieren sollte. Er entschloss sich, eine Gruppe von

Gleichgesinnten zu gründen, um die Schließung zu bekämpfen und die Bedeutung der Bildung für die Gesellschaft zu betonen.

Schlussfolgerung

Kaels Bildung und die Mentoren, die ihn begleiteten, waren entscheidend für seine Entwicklung als Bürgerrechtsaktivist. Die Kombination aus persönlichem Engagement, akademischer Exzellenz und dem Einfluss von inspirierenden Persönlichkeiten formte Kaels Charakter und seine Vision für Zarinia. Diese Erfahrungen legten den Grundstein für seine zukünftigen Schritte in der Bürgerrechtsbewegung und prägten seine Überzeugung, dass Bildung der Schlüssel zu einem gerechteren und inklusiveren Zarinia ist.

$$\text{Bildung} + \text{Mentorship} = \text{Aktivismus} \tag{6}$$

Kael Nira verstand, dass die Verbindung zwischen Bildung und aktivem Handeln essenziell ist, um Veränderungen in der Gesellschaft zu bewirken. Diese Erkenntnis wurde zu einem zentralen Element seiner Mission, die Rechte der symbiotischen Geister zu verteidigen und eine gerechtere Zukunft für alle zu schaffen.

Die Entstehung von Kaels Identität

Die Entstehung von Kaels Identität ist ein vielschichtiger Prozess, der sowohl durch persönliche als auch durch gesellschaftliche Einflüsse geprägt wird. In dieser Phase seines Lebens wird deutlich, wie sich Kael als Individuum innerhalb der komplexen sozialen Strukturen von Zarinia formt. Um die Entwicklung seiner Identität zu verstehen, ist es wichtig, verschiedene theoretische Ansätze zu betrachten, die in der Sozialpsychologie und der Identitätsforschung diskutiert werden.

Ein zentraler Aspekt der Identitätsentwicklung ist das Konzept der sozialen Identität, das von Henri Tajfel und John Turner in den 1970er Jahren formuliert wurde. Laut der sozialen Identitätstheorie (SIT) definieren Menschen ihre Identität durch die Zugehörigkeit zu sozialen Gruppen. In Kaels Fall ist die Zugehörigkeit zu den symbiotischen Geistern sowie zu den zarinianischen Bürgerrechtsbewegungen entscheidend. Diese Zugehörigkeiten bieten nicht nur ein Gefühl der Identität, sondern auch eine Plattform für das Verständnis seiner Rolle in der Gesellschaft.

$$I = S + S_c + S_p \tag{7}$$

Hierbei steht I für die Identität, S für das Selbstkonzept, S_c für die soziale Identität und S_p für die persönliche Identität. Kael beginnt, diese Dimensionen zu integrieren, was zu einem tieferen Verständnis seiner selbst führt.

Ein weiterer wichtiger theoretischer Rahmen ist Erik Eriksons Konzept der psychosozialen Entwicklung. Erikson postuliert, dass Individuen in verschiedenen Lebensphasen spezifische Entwicklungsaufgaben bewältigen müssen. In der Jugend, der Phase, in der sich Kael befindet, ist die zentrale Aufgabe die Identitätsbildung. Diese Phase ist geprägt von der Suche nach dem eigenen Platz in der Welt und dem Streben nach einem kohärenten Selbstbild. Kael kämpft mit Fragen wie: „Wer bin ich?" und „Wie passe ich in die Gesellschaft von Zarinia?"

Die Herausforderungen, die Kael in seiner Kindheit erlebt, tragen wesentlich zur Formung seiner Identität bei. Der Einfluss seiner Familie, insbesondere die Werte und Überzeugungen, die ihm vermittelt wurden, spielen eine entscheidende Rolle. Seine Eltern, die selbst Aktivisten waren, prägten seine Sicht auf Gerechtigkeit und Gleichheit. Diese frühen Einflüsse führten dazu, dass Kael ein starkes Bewusstsein für soziale Ungerechtigkeiten entwickelte. Er erinnert sich an die Geschichten seiner Eltern über den Kampf gegen Diskriminierung und die Bedeutung von Bürgerrechten, die tief in seinem Gedächtnis verankert sind.

Ein konkretes Beispiel für die Herausforderungen, mit denen Kael konfrontiert ist, ist die Diskriminierung, die er und seine Freunde aufgrund ihrer Zugehörigkeit zu den symbiotischen Geistern erfahren. Diese Erfahrungen führen zu einem Gefühl der Entfremdung und verstärken seinen Wunsch, für die Rechte seiner Gemeinschaft zu kämpfen. Kael erkennt, dass seine Identität nicht nur durch seine persönlichen Erfahrungen, sondern auch durch die gesellschaftlichen Strukturen, die ihn umgeben, geformt wird.

Ein weiterer Schlüsselfaktor in der Entstehung von Kaels Identität ist die Rolle von Vorbildern und Mentoren. Während seiner Schulzeit trifft er auf bedeutende Persönlichkeiten, die ihn inspirieren und ihm helfen, seine eigene Stimme zu finden. Diese Mentoren, die oft selbst Teil der Bürgerrechtsbewegung sind, bieten ihm nicht nur Unterstützung, sondern auch wertvolle Perspektiven, die seine Sichtweise erweitern.

Zusätzlich sind die sozialen Medien ein entscheidendes Element in Kaels Identitätsentwicklung. In der digitalen Welt findet er Gleichgesinnte, die seine Ansichten teilen und ihn ermutigen, aktiv zu werden. Plattformen wie ZariniaNet ermöglichen es ihm, sich mit anderen Aktivisten zu vernetzen und Ideen auszutauschen. Diese Interaktionen tragen dazu bei, sein Selbstbewusstsein zu stärken und seine Rolle innerhalb der Bewegung zu definieren.

Die Entstehung von Kaels Identität ist somit ein dynamischer Prozess, der von persönlichen Erfahrungen, sozialen Interaktionen und kulturellen Einflüssen geprägt ist. Die Herausforderungen, die er auf diesem Weg meistert, formen nicht nur seine individuelle Identität, sondern auch seine Vision für eine gerechtere Gesellschaft. Kaels Reise zur Selbstfindung ist ein Spiegelbild der größeren sozialen Bewegungen, die in Zarinia stattfinden, und zeigt, wie Identität und Aktivismus untrennbar miteinander verbunden sind.

Insgesamt ist die Entstehung von Kaels Identität ein komplexes Zusammenspiel von inneren und äußeren Faktoren. Die Theorie der sozialen Identität, die psychosoziale Entwicklung nach Erikson sowie die Einflüsse seiner Familie und Gemeinschaft bilden die Grundlage für sein Verständnis von sich selbst und seiner Rolle in der Welt. Diese Erkenntnisse sind entscheidend für sein späteres Engagement in der Bürgerrechtsbewegung und prägen die Werte, für die er einsteht.

Erste Schritte in der Bürgerrechtsbewegung

Die ersten Schritte in der Bürgerrechtsbewegung sind oft die entscheidendsten und prägendsten Phasen für jeden Aktivisten. Für Kael Nira, den Führer der Bewegung zur Trennung symbiotischer Geister auf Zarinia, bedeuteten diese Schritte nicht nur die Gründung einer Bewegung, sondern auch die Entstehung einer neuen Identität und die Formulierung einer Vision für eine gerechtere Gesellschaft.

Die Suche nach Gleichgesinnten

Zu Beginn seiner Reise stellte Kael fest, dass er nicht allein war. In der Bevölkerung Zarinia gab es viele, die ebenfalls unter den Vorurteilen und der Diskriminierung litten, die symbiotische Geister betrafen. Kael begann, kleine Versammlungen zu organisieren, um Gleichgesinnte zu finden. Diese Treffen waren oft informell und fanden in den Hinterhöfen und Gemeinschaftsräumen der Stadt statt. Die ersten Unterstützer waren oft Freunde und Familienmitglieder, die Kaels Leidenschaft teilten und bereit waren, sich für Veränderungen einzusetzen.

Die Theorie des *kollektiven Handelns* (Olson, 1965) spielt hier eine zentrale Rolle. Diese Theorie besagt, dass Individuen in Gruppen zusammenarbeiten, um ein gemeinsames Ziel zu erreichen, auch wenn sie persönliche Kosten tragen müssen. In Kaels Fall war die Bildung dieser ersten Gruppe entscheidend, um eine kritische Masse zu schaffen, die für die Bewegung von Bedeutung war.

Die Formulierung einer Vision

Kaels Vision für Zarinia war klar: eine Gesellschaft, in der symbiotische Geister nicht nur akzeptiert, sondern auch gefeiert werden. Er sah eine Zukunft vor sich, in der die Unterschiede zwischen den Wesen als Stärke und nicht als Schwäche betrachtet werden. Diese Vision wurde in den ersten Versammlungen formuliert und diente als Leitstern für die Bewegung.

Ein Beispiel für diese Vision war die Idee, ein jährliches Festival zu organisieren, das die kulturellen Beiträge der symbiotischen Geister feierte. Dieses Festival sollte nicht nur die Vielfalt zelebrieren, sondern auch das Bewusstsein für die Herausforderungen schärfen, mit denen diese Gemeinschaft konfrontiert war. Kael und seine Mitstreiter begannen, Pläne zu schmieden, um dieses Festival zu realisieren, was eine erste praktische Umsetzung ihrer Vision darstellte.

Herausforderungen und Widerstände

Die ersten Schritte waren jedoch nicht ohne Herausforderungen. Kael und seine Unterstützer sahen sich schnell Widerständen gegenüber, sowohl von der Regierung als auch von Teilen der Gesellschaft, die die Bewegung als Bedrohung ansahen. Die Regierung von Zarinia hatte ein starkes Interesse daran, den Status quo aufrechtzuerhalten und die bestehende Ordnung zu schützen.

Ein Beispiel für diesen Widerstand war die erste öffentliche Versammlung, die Kael organisierte. Trotz der sorgfältigen Planung wurde die Veranstaltung von der Polizei aufgelöst, und viele der Teilnehmer wurden verhaftet. Diese Erfahrung war schmerzhaft, aber sie schweißte die Gruppe noch enger zusammen. Sie erkannten, dass der Kampf für Bürgerrechte nicht einfach sein würde und dass sie bereit sein mussten, für ihre Überzeugungen zu kämpfen.

Die Rolle der sozialen Medien

In dieser frühen Phase entdeckte Kael die Macht der sozialen Medien. Diese Plattformen ermöglichten es ihm und seinen Unterstützern, ihre Botschaft schnell und weitreichend zu verbreiten. Sie nutzten soziale Medien, um Informationen über ihre Versammlungen zu teilen, Geschichten von Diskriminierung zu erzählen und Unterstützung aus der breiteren Bevölkerung zu mobilisieren.

Die Theorie der *Diffusion von Innovationen* (Rogers, 2003) erklärt, wie neue Ideen und Technologien in einer Gesellschaft verbreitet werden. Kael nutzte diese Theorie, um strategisch Influencer und Meinungsführer auf Zarinia zu gewinnen, die bereit waren, die Bewegung zu unterstützen und ihre Botschaft weiterzugeben.

Erste Erfolge und Mobilisierung

Trotz der vielen Herausforderungen erzielte die Bewegung in ihren ersten Monaten einige bemerkenswerte Erfolge. Die erste große Demonstration, die Kael organisierte, zog Hunderte von Teilnehmern an und wurde von den Medien weitreichend berichtet. Diese Berichterstattung half, das Bewusstsein für die Anliegen der Bewegung zu schärfen und neue Unterstützer zu gewinnen.

Ein weiterer wichtiger Erfolg war die Gründung eines Netzwerks von Unterstützungsgruppen, die sich für die Rechte der symbiotischen Geister einsetzten. Diese Gruppen arbeiteten eng zusammen, um Ressourcen zu teilen, Schulungen anzubieten und rechtliche Unterstützung zu leisten. Die Bildung dieser Netzwerke war ein entscheidender Schritt in der Entwicklung der Bewegung.

Die Bedeutung von Gemeinschaft und Solidarität

In dieser frühen Phase wurde die Bedeutung von Gemeinschaft und Solidarität für Kael und seine Mitstreiter immer deutlicher. Sie erkannten, dass der Kampf für Bürgerrechte nicht nur eine individuelle Anstrengung war, sondern dass der Zusammenhalt und die Unterstützung innerhalb der Gemeinschaft entscheidend für den Erfolg der Bewegung waren.

Die Theorie des *Sozialen Kapitals* (Putnam, 2000) beschreibt, wie Netzwerke von Beziehungen und das Vertrauen innerhalb einer Gemeinschaft soziale Ressourcen schaffen, die für kollektives Handeln notwendig sind. Kael und seine Unterstützer arbeiteten daran, dieses soziale Kapital aufzubauen, indem sie Vertrauen schufen und Beziehungen innerhalb der Gemeinschaft stärkten.

Zusammenfassung

Die ersten Schritte von Kael Nira in der Bürgerrechtsbewegung waren geprägt von Herausforderungen, Widerständen und ersten Erfolgen. Durch die Bildung einer Gemeinschaft, die Formulierung einer klaren Vision und die Nutzung moderner Technologien gelang es Kael, die Bewegung ins Leben zu rufen. Diese frühen Erfahrungen legten den Grundstein für die zukünftige Entwicklung der Bewegung und zeigten, dass der Kampf für Gerechtigkeit und Gleichheit sowohl individuell als auch kollektiv geführt werden muss.

Kaels Vision für Zarinia

Die Vision von Kael Nira für Zarinia ist tief verwurzelt in der Überzeugung, dass eine harmonische Koexistenz zwischen den symbiotischen Geistern und den Zarinianern nicht nur möglich, sondern auch notwendig ist. In einer Welt, in der Vorurteile und Diskriminierung die sozialen Strukturen durchdringen, stellt Kael eine Zukunft in Aussicht, in der Verständnis und Empathie die Grundlagen des gesellschaftlichen Zusammenlebens bilden.

Die Grundpfeiler von Kaels Vision

Kaels Vision basiert auf mehreren zentralen Prinzipien, die als Leitfaden für die Bewegung zur Trennung symbiotischer Geister dienen:

+ **Inklusion und Gleichheit:** Kael glaubt an eine Gesellschaft, in der alle Wesen, unabhängig von ihrer Herkunft oder ihrer Natur, gleich behandelt werden. Dies bedeutet, dass die Rechte der symbiotischen Geister nicht nur anerkannt, sondern auch aktiv gefördert werden müssen.

+ **Bildung als Schlüssel:** Bildung spielt eine zentrale Rolle in Kaels Vision. Sie sieht Bildung nicht nur als Mittel zur Wissensvermittlung, sondern auch als Werkzeug zur Förderung von Empathie und Verständnis. Kael setzt sich für Bildungsprogramme ein, die sowohl die Geschichte der symbiotischen Geister als auch die der Zarinianer abdecken.

+ **Technologischer Fortschritt:** In einer Welt, die von Technologie geprägt ist, sieht Kael die Notwendigkeit, diese Technologien zum Nutzen aller zu nutzen. Ihre Vision umfasst den Einsatz von Technologie, um Barrieren abzubauen und den Dialog zwischen den verschiedenen Gemeinschaften zu fördern.

+ **Kultureller Austausch:** Kael ist überzeugt, dass der Austausch von Kulturen und Traditionen zu einem besseren Verständnis und einer stärkeren Verbindung zwischen den Zarinianern und den symbiotischen Geistern führt. Veranstaltungen, die Kunst, Musik und Literatur einbeziehen, sollen Brücken zwischen den Gemeinschaften bauen.

Die Herausforderungen auf dem Weg zur Vision

Trotz der klaren Vision sieht Kael sich mit erheblichen Herausforderungen konfrontiert. Vorurteile und tief verwurzelte Stereotypen sind in der zarinianischen Gesellschaft weit verbreitet. Um ihre Vision zu verwirklichen, muss Kael die folgenden Probleme angehen:

- **Institutionalisierte Diskriminierung:** Die bestehenden politischen und sozialen Strukturen auf Zarinia sind oft gegen die symbiotischen Geister gerichtet. Kael muss Strategien entwickeln, um diese institutionellen Barrieren zu überwinden und eine rechtliche Grundlage für die Gleichstellung zu schaffen.

- **Widerstand gegen Veränderung:** Viele Zarinianer sind skeptisch gegenüber Veränderungen, insbesondere wenn es um die Rolle der symbiotischen Geister in der Gesellschaft geht. Kael muss Wege finden, um diese Skepsis in Verständnis und Akzeptanz umzuwandeln.

- **Ressourcenknappheit:** Um ihre Vision zu verwirklichen, benötigt Kael Ressourcen, sowohl finanzieller als auch menschlicher Art. Die Mobilisierung von Unterstützern und die Sicherstellung von Finanzierung sind entscheidend für den Erfolg ihrer Bewegung.

Praktische Beispiele für Kaels Vision

Um ihre Vision in die Tat umzusetzen, hat Kael bereits einige Initiativen ins Leben gerufen, die als Modelle für eine inklusive Gesellschaft dienen sollen:

- **Bildungsprogramme:** In Zusammenarbeit mit verschiedenen Bildungseinrichtungen hat Kael Programme entwickelt, die den Schülern die Geschichte und die Kultur der symbiotischen Geister näherbringen. Diese Programme fördern das Verständnis und die Akzeptanz bereits in der frühen Kindheit.

- **Kulturelle Festivals:** Kael organisiert jährlich ein Festival, das die Kulturen der Zarinianer und der symbiotischen Geister feiert. Diese Veranstaltungen bieten eine Plattform für den Austausch von Kunst, Musik und Traditionen und fördern ein Gefühl der Gemeinschaft.

- **Technologie-Workshops:** Um den technologischen Fortschritt zu nutzen, hat Kael Workshops ins Leben gerufen, in denen Zarinianer und symbiotische Geister gemeinsam an Projekten arbeiten, die der Gemeinschaft zugutekommen. Diese Workshops fördern den Dialog und das gegenseitige Verständnis.

Die langfristige Vision

Kaels langfristige Vision für Zarinia ist eine Gesellschaft, in der die symbiotischen Geister und die Zarinianer nicht nur koexistieren, sondern auch voneinander lernen und sich gegenseitig unterstützen. Sie träumt von einer Welt, in der Vorurteile durch Empathie ersetzt werden und in der die Unterschiede zwischen den Gemeinschaften als Stärke angesehen werden.

Die Verwirklichung dieser Vision erfordert Geduld, Engagement und einen unermüdlichen Glauben an die Möglichkeit von Veränderung. Kael ist bereit, diesen Weg zu gehen, und inspiriert viele Zarinianer, sich ihr anzuschließen und für eine gerechtere Zukunft zu kämpfen.

$$\text{Vision} = \text{Inklusion} + \text{Bildung} + \text{Technologie} + \text{Kultureller Austausch} \quad (8)$$

In dieser Gleichung steht die *Vision* für die harmonische Zukunft Zarinia, die aus den vier Säulen besteht, die Kaels Ansatz zur Lösung der Herausforderungen und zur Verwirklichung ihrer Träume untermauern. Ihre Vision ist nicht nur eine Hoffnung, sondern ein klarer Plan, der die Grundlage für das zukünftige Handeln der Bewegung bildet.

Herausforderungen in der frühen Aktivismusphase

Die frühen Phasen des Aktivismus sind oft geprägt von einer Vielzahl von Herausforderungen, die sowohl persönlicher als auch struktureller Natur sind. Für Kael Nira, als aufstrebender Führer der Bewegung zur Trennung symbiotischer Geister auf Zarinia, waren diese Herausforderungen entscheidend für die Entwicklung seiner Philosophie und Strategien.

1. Mangel an Ressourcen

Eine der größten Hürden in der Anfangsphase war der Mangel an finanziellen und materiellen Ressourcen. Aktivisten benötigen oft Geld für Kampagnen, Materialien und Veranstaltungen. In Zarinia war die Unterstützung durch die Gemeinschaft begrenzt, da viele Menschen Angst hatten, sich offen zu engagieren. Dies führte zu einem ständigen Kampf um Mittel und Ressourcen.

2. Fehlende öffentliche Unterstützung

Kael erlebte, dass die breite Öffentlichkeit nicht sofort hinter der Bewegung stand. Viele Zarinianer waren skeptisch gegenüber den Zielen und der Vision der

Bewegung. Diese Skepsis war oft das Ergebnis von jahrzehntelanger Propaganda und Fehlinformationen, die von der Regierung verbreitet wurden. Um diese Herausforderung zu bewältigen, war es notwendig, eine klare und überzeugende Botschaft zu formulieren, die die Menschen ansprach und mobilisierte.

3. Interne Konflikte

Innerhalb der Bewegung selbst gab es Spannungen und unterschiedliche Meinungen über die besten Strategien und Taktiken. Diese internen Konflikte könnten die Bewegung schwächen und ihre Fähigkeit, effektiv zu agieren, beeinträchtigen. Kael musste lernen, wie man unterschiedliche Perspektiven integriert und einen Konsens erzielt, um eine einheitliche Front zu bilden.

4. Repression durch die Regierung

Die Reaktion der Regierung auf die wachsende Bewegung war oft repressiv. Kael und seine Mitstreiter sahen sich Einschüchterungen, Verhaftungen und sogar Gewalt ausgesetzt. Diese Repression führte zu einer Atmosphäre der Angst, die viele potenzielle Unterstützer davon abhielt, sich zu engagieren. Um diese Herausforderung zu bewältigen, war es wichtig, gewaltfreie Widerstandtaktiken zu entwickeln, die sowohl die Bewegung schützen als auch das öffentliche Bewusstsein schärfen konnten.

5. Bildung und Aufklärung

Ein weiteres zentrales Problem war der Mangel an Bildung und Aufklärung über die Rechte der symbiotischen Geister. Viele Zarinianer waren sich der Ungerechtigkeiten, die diese Wesen erlitten, nicht bewusst. Kael erkannte die Notwendigkeit, Bildungsprogramme zu initiieren, die die Menschen über die Bedeutung der Bürgerrechte und die spezifischen Probleme der symbiotischen Geister informierten. Dies erforderte die Entwicklung von Materialien und Workshops, um die Gemeinschaft zu mobilisieren und zu sensibilisieren.

6. Psychische Belastung und Selbstzweifel

Die psychischen Belastungen, die mit dem Aktivismus einhergehen, dürfen nicht unterschätzt werden. Kael sah sich häufig mit Selbstzweifeln und dem Gefühl der Überforderung konfrontiert. Der Druck, die Bewegung voranzutreiben und gleichzeitig die eigene Identität und Werte zu bewahren, war enorm. Hier war es entscheidend, Mechanismen zur Selbstpflege zu entwickeln und sich auf die Unterstützung von Freunden und Familie zu verlassen.

7. Strategien zur Mobilisierung

Um die Herausforderungen zu bewältigen, musste Kael innovative Mobilisierungsstrategien entwickeln. Dazu gehörte die Nutzung sozialer Medien, um eine breitere Öffentlichkeit zu erreichen und Unterstützer zu gewinnen. Die Verbreitung von Geschichten über die Erfahrungen von symbiotischen Geistern war entscheidend, um Empathie zu erzeugen und eine Verbindung zur breiten Bevölkerung herzustellen.

8. Anpassung an Widerstände

Ein weiterer wichtiger Aspekt war die Fähigkeit, sich an Widerstände anzupassen. Kael und seine Mitstreiter mussten ständig ihre Strategien überdenken und anpassen, um auf die sich verändernden politischen und sozialen Bedingungen zu reagieren. Dies erforderte Flexibilität und Kreativität, um effektiv auf die Herausforderungen zu reagieren, die sich ihnen in den Weg stellten.

Insgesamt stellte die frühe Aktivismusphase für Kael Nira eine Zeit des Lernens, der Anpassung und des Wachstums dar. Trotz der Herausforderungen, mit denen er konfrontiert war, legten diese Erfahrungen den Grundstein für die Entwicklung einer robusten und widerstandsfähigen Bewegung, die letztendlich die Zarinianische Gesellschaft transformieren sollte.

Bedeutung von Gemeinschaft und Solidarität

In der Welt von Zarinia, wo die symbiotischen Geister sowohl als kulturelle als auch als soziale Akteure fungieren, ist die Bedeutung von Gemeinschaft und Solidarität von zentraler Bedeutung für die Bürgerrechtsbewegung unter der Führung von Kael Nira. Diese Konzepte sind nicht nur theoretische Ideale, sondern auch praktische Notwendigkeiten, die den Erfolg der Bewegung maßgeblich beeinflussen.

Theoretische Grundlagen

Die Theorie der Gemeinschaftsbildung besagt, dass Individuen, die sich in einer gemeinsamen Identität oder einem gemeinsamen Ziel vereinen, eine stärkere Stimme und mehr Einfluss auf gesellschaftliche Veränderungen haben. In der sozialwissenschaftlichen Literatur wird häufig auf die Arbeiten von [2] verwiesen, der in seinem Buch *Bowling Alone* die Bedeutung von sozialem Kapital untersucht.

Soziales Kapital bezieht sich auf die Netzwerke, Normen und sozialen Vertrauensverhältnisse, die das Funktionieren einer Gesellschaft unterstützen. In Zarinia manifestiert sich dies in der Art und Weise, wie die Bürgerrechtsbewegung ihre Basis mobilisiert und eine kollektive Identität schafft.

Herausforderungen der Gemeinschaftsbildung

Trotz der theoretischen Vorteile stehen Bewegungen wie die von Kael Nira vor erheblichen Herausforderungen. Vorurteile und Diskriminierung innerhalb der zarinianischen Gesellschaft können das Gefühl der Zugehörigkeit und den Zusammenhalt untergraben. Die Fragmentierung der Gesellschaft in verschiedene kulturelle und soziale Gruppen kann zu einem Mangel an Solidarität führen, was die Mobilisierung von Unterstützern erschwert. Die Theorie der sozialen Identität, wie sie von [?] formuliert wurde, beschreibt, wie Gruppenmitgliedschaften das Verhalten und die Wahrnehmung von Individuen beeinflussen können, was sowohl eine Quelle der Stärke als auch der Spaltung sein kann.

Praktische Beispiele

Ein Beispiel für die Bedeutung von Gemeinschaft und Solidarität in der Bewegung ist die erste große Demonstration, die Kael Nira organisierte. Diese Veranstaltung brachte Menschen aus verschiedenen Teilen Zarinias zusammen, die trotz ihrer unterschiedlichen Hintergründe ein gemeinsames Ziel verfolgten: die Rechte der symbiotischen Geister zu verteidigen. Die Mobilisierung dieser Menschen war nicht nur eine Frage der Logistik, sondern erforderte auch ein tiefes Verständnis für die kulturellen Nuancen und die spezifischen Bedürfnisse der verschiedenen Gemeinschaften.

$$\text{Solidarität} = \frac{\text{Gemeinsame Ziele}}{\text{Individuelle Unterschiede}} \tag{9}$$

Diese Gleichung verdeutlicht, dass je mehr gemeinsame Ziele vorhanden sind, desto weniger Einfluss haben individuelle Unterschiede auf die Fähigkeit einer Gemeinschaft, zusammenzuarbeiten. In der Praxis bedeutet dies, dass die Bewegung aktiv daran arbeitete, eine gemeinsame Plattform zu schaffen, die die Vielfalt der Stimmen in Zarinia repräsentierte.

Die Rolle der sozialen Medien

Die Rolle der sozialen Medien kann nicht übersehen werden, wenn es um Gemeinschaft und Solidarität geht. Plattformen wie ZarinNet haben es ermöglicht, dass die Botschaft der Bewegung weit über die geografischen Grenzen hinaus verbreitet wird. Diese digitalen Räume bieten nicht nur eine Plattform für den Austausch von Ideen, sondern fördern auch das Gefühl der Zugehörigkeit zu einer größeren Gemeinschaft. [5] beschreibt in seiner Arbeit *Networks of Outrage and Hope*, wie soziale Bewegungen durch digitale Netzwerke gestärkt werden können, was auch in Zarinias Kontext von Bedeutung ist.

Schlussfolgerung

Die Bedeutung von Gemeinschaft und Solidarität in der Bürgerrechtsbewegung von Kael Nira ist unbestreitbar. Sie sind nicht nur die Grundlagen, auf denen die Bewegung aufgebaut ist, sondern auch die treibenden Kräfte, die es ihr ermöglichen, Herausforderungen zu überwinden und Erfolge zu erzielen. Die Fähigkeit, eine inklusive und solidarische Gemeinschaft zu schaffen, ist entscheidend für die langfristige Wirkung und Nachhaltigkeit der Bewegung. In Anbetracht der komplexen sozialen Dynamiken auf Zarinia bleibt die Herausforderung, diese Gemeinschaften zu stärken und zu mobilisieren, eine der größten Aufgaben für Kael Nira und seine Mitstreiter.

Kaels persönliche Philosophie

Kael Nira, der charismatische Führer der Bewegung zur Trennung symbiotischer Geister auf Zarinia, entwickelte im Laufe seines Lebens eine tiefgründige persönliche Philosophie, die sowohl von seinen Erfahrungen als auch von den Herausforderungen, denen er gegenüberstand, geprägt wurde. Diese Philosophie ist nicht nur eine Ansammlung von Überzeugungen, sondern ein lebendiges System von Gedanken und Prinzipien, das ihn in seinem Aktivismus leitet und inspiriert.

Die Grundpfeiler von Kaels Philosophie

Die Philosophie von Kael lässt sich in mehrere zentrale Grundpfeiler unterteilen:

+ **Empathie als Grundlage des Wandels:** Kael glaubt fest daran, dass Empathie der Schlüssel zu echtem Verständnis und Wandel ist. Er sieht Empathie nicht nur als emotionale Reaktion, sondern als aktive Praxis, die es den Menschen ermöglicht, sich in die Lage anderer zu versetzen. Dies wird besonders deutlich in seinen Reden, in denen er oft betont: *„Wir können nicht für andere sprechen, wenn wir nicht bereit sind, zuzuhören."*

+ **Solidarität und Gemeinschaft:** Kael ist überzeugt, dass individuelle Anstrengungen allein nicht ausreichen, um tief verwurzelte gesellschaftliche Probleme zu lösen. Er propagiert die Idee, dass wahre Veränderung nur durch kollektives Handeln erreicht werden kann. In seinen frühen Tagen als Aktivist organisierte er Versammlungen, bei denen die Teilnehmer nicht nur ihre Geschichten teilten, sondern auch Strategien zur Unterstützung anderer entwickelten. Dies führte zur Gründung von Unterstützungsnetzwerken, die sich für die Rechte der symbiotischen Geister einsetzten.

+ **Bildung als Werkzeug:** Kael sieht Bildung als einen entscheidenden Faktor für die Befreiung und das Empowerment der Menschen. Er argumentiert, dass Bildung nicht nur Wissen vermittelt, sondern auch kritisches Denken fördert, das notwendig ist, um bestehende Machtstrukturen in Frage zu stellen. In seinen Initiativen zur Aufklärung der Bevölkerung über die Rechte der symbiotischen Geister integrierte er kreative Lehrmethoden, um das Lernen ansprechend und zugänglich zu gestalten.

+ **Widerstand gegen Unterdrückung:** Kaels Philosophie beinhaltet auch eine klare Ablehnung von Unterdrückung in all ihren Formen. Er glaubt an den gewaltfreien Widerstand und betont, dass der Kampf für Gerechtigkeit nicht durch Gewalt, sondern durch Entschlossenheit und Kreativität geführt werden sollte. Seine berühmte Aussage: *„Unsere Stimmen sind unsere stärksten Waffen"* spiegelt diese Überzeugung wider.

Die Herausforderungen und ihre Reflexion

Kaels Philosophie wurde nicht nur durch seine Ideale, sondern auch durch die Herausforderungen, denen er gegenüberstand, geformt. Während seiner frühen Jahre als Aktivist erlebte er Rückschläge, die ihn dazu zwangen, seine Ansichten zu hinterfragen. Der Verlust von Freunden und Unterstützern durch gewaltsame Repression führte zu einer inneren Auseinandersetzung mit der Frage, wie viel persönliches Risiko er bereit war einzugehen. Diese Erfahrungen führten zu einer vertieften Reflexion über die Ethik des Aktivismus und die Verantwortung, die er gegenüber seiner Gemeinschaft hatte.

Ein Beispiel für diese Reflexion ist die Entscheidung, in einer kritischen Phase der Bewegung eine friedliche Demonstration abzuhalten, trotz des Drucks von radikalen Elementen innerhalb seiner Gruppe, die zu gewaltsamen Maßnahmen aufriefen. Kael entschied sich für den gewaltfreien Ansatz und sagte: *„Wir sind nicht wie unsere Unterdrücker. Unser Ziel ist es, Brücken zu bauen, nicht Mauern."*

Diese Entscheidung festigte nicht nur seine Philosophie, sondern auch das Vertrauen der Gemeinschaft in seine Führungsqualitäten.

Praktische Anwendung der Philosophie

Die praktische Anwendung von Kaels Philosophie zeigt sich in verschiedenen Initiativen, die er ins Leben gerufen hat. Ein bemerkenswertes Beispiel ist das *„Zarinianische Bildungsprojekt"*, das darauf abzielt, die Stimmen der symbiotischen Geister durch Workshops, Seminare und Kunstprojekte zu stärken. Hierbei werden die Teilnehmer ermutigt, ihre eigenen Geschichten zu erzählen und sich aktiv an der Gestaltung ihrer Gemeinschaft zu beteiligen.

Ein weiterer wichtiger Aspekt ist die Schaffung von Dialogräumen, in denen verschiedene Perspektiven gehört und diskutiert werden können. Kael glaubt, dass der Austausch von Ideen und Erfahrungen zu einem tieferen Verständnis führt und Vorurteile abbaut. Diese Räume sind nicht nur physische Orte, sondern auch virtuelle Plattformen, die die Nutzung von Technologie und sozialen Medien integrieren, um eine breitere Reichweite zu erzielen.

Schlussfolgerung

Zusammenfassend lässt sich sagen, dass Kaels persönliche Philosophie eine dynamische und anpassungsfähige Grundlage für seinen Aktivismus darstellt. Sie ist das Ergebnis seiner Erfahrungen, seiner Reflexionen und seiner tiefen Überzeugung, dass Veränderung möglich ist. In einer Welt, die oft von Konflikten und Ungerechtigkeiten geprägt ist, bietet Kaels Philosophie einen Weg, wie Individuen und Gemeinschaften zusammenkommen können, um für eine gerechtere und empathischere Gesellschaft zu kämpfen. Seine Worte und Taten inspirieren nicht nur die gegenwärtige Generation, sondern auch zukünftige Aktivisten, die sich für die Rechte und die Würde aller Lebewesen einsetzen.

Die Anfänge der Bewegung

Die Gründung der Bewegung

Die erste Versammlung: Ein historischer Moment

Die erste Versammlung der Bewegung zur Trennung symbiotischer Geister auf Zarinia war ein entscheidender Moment in der Geschichte des Planeten. Es war nicht nur ein Ort, an dem Ideen ausgetauscht wurden, sondern auch der Beginn einer kollektiven Identität, die sich gegen die bestehende Ungerechtigkeit auflehnte. Diese Versammlung fand in der großen Halle von Zarinia statt, einem Symbol für Gemeinschaft und Zusammenhalt, das die Herzen der Anwesenden mit Hoffnung erfüllte.

Die Vorbereitungen für diese Versammlung waren von großer Bedeutung. Kael Nira, der charismatische Führer der Bewegung, hatte ein Netzwerk von Unterstützern mobilisiert, das aus verschiedenen Gemeinschaften und Kulturen bestand. Die Herausforderung bestand darin, Menschen aus unterschiedlichen Hintergründen zusammenzubringen und ihnen ein gemeinsames Ziel zu vermitteln. *Die Theorie der sozialen Identität* (Tajfel, 1979) besagt, dass Menschen ihre Identität durch ihre Zugehörigkeit zu Gruppen definieren. In diesem Kontext war es entscheidend, dass die Teilnehmer sich als Teil einer größeren Bewegung fühlten, die für die Rechte aller symbiotischen Geister kämpfte.

Die Versammlung begann mit einer kraftvollen Rede von Kael, in der er die Vision der Bewegung darlegte. Er sprach über die Ungerechtigkeiten, die viele symbiotische Geister erlitten hatten, und über die Notwendigkeit, sich zu organisieren, um diese Probleme anzugehen. Kael nutzte rhetorische Mittel, um seine Zuhörer zu fesseln. Er stellte Fragen, die zum Nachdenken anregten, und appellierte an die Emotionen der Anwesenden. Ein Beispiel für seine Rhetorik war: „Wie lange werden wir noch schweigen, während unsere Stimmen in der Dunkelheit verloren gehen?" Diese Worte hallten durch den Raum und ließen die

Teilnehmer erkennen, dass sie nicht allein waren.

Ein zentrales Problem, das während der Versammlung angesprochen wurde, war die Diskriminierung, der symbiotische Geister ausgesetzt waren. Kael präsentierte Daten und Statistiken, die die Ungleichheit verdeutlichten. Er erklärte, dass *Diskriminierung* in verschiedenen Formen auftreten kann, einschließlich struktureller, institutioneller und individueller Diskriminierung. Die Teilnehmer waren schockiert über die Erkenntnis, dass viele ihrer eigenen Erfahrungen Teil eines größeren Musters waren. Dies führte zu einer tiefen emotionalen Reaktion und verstärkte den Wunsch, aktiv zu werden.

Ein weiterer wichtiger Aspekt der Versammlung war die Diskussion über Strategien zur Mobilisierung. Die Teilnehmer erarbeiteten gemeinsam Taktiken, um ihre Botschaft zu verbreiten und Unterstützung zu gewinnen. Es wurde beschlossen, soziale Medien als Plattform zu nutzen, um die Bewegung bekannt zu machen. Diese Entscheidung war wegweisend, da die Nutzung von Technologie es der Bewegung ermöglichte, schnell zu wachsen und eine breitere Öffentlichkeit zu erreichen. Die Theorie der *Diffusion von Innovationen* (Rogers, 1962) unterstützt die Idee, dass neue Ideen und Technologien sich schneller verbreiten, wenn sie in sozialen Netzwerken unterstützt werden.

Die erste Versammlung endete mit einem kraftvollen Aufruf zum Handeln. Kael forderte alle Anwesenden auf, sich aktiv an der Bewegung zu beteiligen und ihre Stimme zu erheben. „Wir sind die Veränderung, die wir sehen wollen", rief er aus, und diese Worte wurden von den Teilnehmern mit lautem Applaus und Zustimmung aufgenommen. Die Versammlung war nicht nur ein historischer Moment, sondern auch der Beginn einer neuen Ära des Aktivismus auf Zarinia.

In der Nachbetrachtung dieser Versammlung wurde deutlich, dass sie nicht nur ein einmaliges Ereignis war, sondern der Grundstein für eine Bewegung, die sich über die Grenzen von Zarinia hinaus ausbreiten würde. Die emotionale Verbindung, die während der Versammlung geschaffen wurde, und die kollektive Entschlossenheit, für die Rechte der symbiotischen Geister zu kämpfen, bildeten das Fundament für die kommenden Herausforderungen und Erfolge. Die Teilnehmer gingen mit dem Gefühl nach Hause, Teil von etwas Größerem zu sein, und das Wissen, dass ihre Stimmen gehört werden mussten.

Die erste Versammlung war somit nicht nur ein historischer Moment, sondern auch ein Katalysator für Veränderung und Hoffnung in einer Welt, die oft von Ungerechtigkeit geprägt ist. Die Dynamik, die in dieser Halle geschaffen wurde, sollte die Bewegung in den folgenden Jahren prägen und zu einem Symbol des Widerstands gegen Unterdrückung und Diskriminierung werden. Die Erinnerungen an diesen Tag lebten in den Herzen der Menschen weiter und motivierten sie, für eine gerechtere Zukunft zu kämpfen.

Die Grundwerte der Bewegung

Die Bewegung zur Trennung symbiotischer Geister auf Zarinia gründet sich auf einer Reihe von Grundwerten, die das Fundament ihrer Philosophie und Strategie bilden. Diese Werte sind nicht nur theoretische Konzepte, sondern sie spiegeln die tiefen Überzeugungen und Ideale wider, die die zarinianische Gesellschaft prägen und die Kael Nira und seine Mitstreiter motivieren. Die wichtigsten Grundwerte der Bewegung sind:

Gleichheit und Gerechtigkeit

Der zentrale Wert der Bewegung ist die Überzeugung, dass alle Bürger und symbiotischen Geister gleichwertig sind und das Recht auf gleiche Behandlung und Gerechtigkeit haben. Dies bedeutet, dass Diskriminierung aufgrund von Herkunft, Status oder der Zugehörigkeit zu einer bestimmten Gruppe inakzeptabel ist. In der zarinianischen Gesellschaft, wo Vorurteile und Diskriminierung weit verbreitet sind, ist die Forderung nach Gleichheit eine grundlegende Herausforderung.

$$\text{Gleichheit} = \frac{\text{Rechte}}{\text{Gesellschaftliche Schichten}} \tag{10}$$

Diese Gleichung verdeutlicht, dass die Gleichheit der Rechte in der Gesellschaft nicht nur ein Ideal, sondern eine messbare Realität sein sollte.

Solidarität

Ein weiterer Grundwert ist die Solidarität unter den Mitgliedern der Bewegung und der breiteren Gemeinschaft. Solidarität bedeutet, dass die Menschen sich gegenseitig unterstützen und für die Rechte anderer eintreten, insbesondere für die am stärksten benachteiligten Gruppen. Kael Nira betont oft, dass die Stärke der Bewegung in der Einheit ihrer Mitglieder liegt.

$$\text{Solidarität} = \sum_{i=1}^{n} \text{Unterstützung}_i \tag{11}$$

Hierbei stellt n die Anzahl der Unterstützer dar, und die Summe der Unterstützung zeigt, wie kollektive Anstrengungen zu einem stärkeren Einfluss führen können.

Empowerment

Die Bewegung zielt darauf ab, die Stimmen derjenigen zu stärken, die traditionell marginalisiert wurden. Empowerment umfasst die Förderung von Bildung, Selbstbewusstsein und der Fähigkeit, für die eigenen Rechte einzutreten. Die Schaffung von Plattformen, auf denen die Geschichten und Perspektiven der symbiotischen Geister gehört werden, ist ein wesentlicher Bestandteil dieser Strategie.

$$\text{Empowerment} = \text{Bildung} + \text{Selbstbewusstsein} + \text{Aktivismus} \quad (12)$$

Diese Gleichung verdeutlicht, dass Empowerment eine Kombination aus Wissen, Selbstvertrauen und aktiver Teilnahme am gesellschaftlichen Leben erfordert.

Transparenz und Verantwortung

Ein weiterer Grundwert der Bewegung ist die Verpflichtung zu Transparenz und Verantwortung. Die Führungspersönlichkeiten der Bewegung, einschließlich Kael Nira, haben sich verpflichtet, offen über ihre Entscheidungen und Strategien zu kommunizieren und sich gegenüber der Gemeinschaft rechenschaftspflichtig zu zeigen. Dies fördert das Vertrauen innerhalb der Bewegung und in der breiteren Gesellschaft.

$$\text{Transparenz} = \frac{\text{Informationen}}{\text{Entscheidungsprozesse}} \quad (13)$$

Diese Gleichung zeigt, dass Transparenz durch die Verfügbarkeit von Informationen über Entscheidungsprozesse erreicht wird, was zu einer stärkeren Gemeinschaftsbindung führt.

Frieden und Gewaltfreiheit

Die Bewegung verfolgt eine Philosophie des gewaltfreien Widerstands. Kael Nira und seine Mitstreiter glauben fest daran, dass nachhaltige Veränderungen nur durch friedliche Mittel erreicht werden können. Diese Überzeugung wird in den Grundsätzen der Bewegung verankert und spiegelt sich in den Protesten und Aktionen wider.

$$\text{Frieden} = \frac{\text{Gewaltfreiheit}}{\text{Konfliktlösung}} \quad (14)$$

Hier zeigt die Gleichung, dass Frieden durch gewaltfreie Ansätze in Konfliktsituationen gefördert wird, was zu einer stabileren Gesellschaft führt.

Inklusion

Die Bewegung fördert die Inklusion aller Stimmen, insbesondere die derjenigen, die oft übersehen werden. Inklusion bedeutet, dass alle Mitglieder der Gesellschaft, unabhängig von ihrer Herkunft oder ihrem Status, die Möglichkeit haben, an den Entscheidungsprozessen teilzunehmen und ihre Meinungen zu äußern.

$$\text{Inklusion} = \frac{\text{Teilnahme}}{\text{Exklusion}} \tag{15}$$

Diese Gleichung verdeutlicht, dass die Schaffung eines inklusiven Umfelds bedeutet, die Exklusion zu minimieren und die Teilnahme aller zu maximieren.

Nachhaltigkeit

Ein weiterer Grundwert ist die Verpflichtung zur Nachhaltigkeit, sowohl in ökologischer als auch in sozialer Hinsicht. Die Bewegung erkennt die Notwendigkeit an, die Umwelt zu schützen und gleichzeitig die sozialen Bedingungen für alle Zarinianer zu verbessern. Dies beinhaltet die Förderung umweltfreundlicher Praktiken und die Schaffung von Bedingungen, die ein langfristiges Wohlergehen für zukünftige Generationen gewährleisten.

$$\text{Nachhaltigkeit} = \text{Ökologie} + \text{Soziale Gerechtigkeit} \tag{16}$$

Diese Gleichung zeigt, dass Nachhaltigkeit sowohl ökologische als auch soziale Dimensionen umfasst, die zusammenwirken müssen, um eine gerechte Zukunft zu gewährleisten.

Zusammenfassung

Die Grundwerte der Bewegung zur Trennung symbiotischer Geister auf Zarinia sind essenziell für das Verständnis ihrer Ziele und Strategien. Diese Werte sind eng miteinander verbunden und bilden ein kohärentes Rahmenwerk, das die Bewegung leitet. Indem sie sich auf Gleichheit, Solidarität, Empowerment, Transparenz, Frieden, Inklusion und Nachhaltigkeit stützt, strebt die Bewegung danach, eine gerechtere und inklusivere Gesellschaft zu schaffen, in der die Rechte aller respektiert und gefördert werden.

Diese Grundwerte sind nicht nur Leitprinzipien, sondern auch ein Aufruf zum Handeln für alle Zarinianer, die an einer besseren Zukunft für ihre Gesellschaft interessiert sind.

Die ersten Unterstützer und Mitstreiter

Die Gründung der Bewegung zur Trennung symbiotischer Geister auf Zarinia wäre ohne die ersten Unterstützer und Mitstreiter von Kael Nira nicht möglich gewesen. Diese Gruppe von engagierten Individuen spielte eine entscheidende Rolle bei der Mobilisierung der Gesellschaft und der Schaffung eines Bewusstseins für die Herausforderungen, mit denen die symbiotischen Geister konfrontiert waren. In dieser Sektion untersuchen wir die verschiedenen Arten von Unterstützern, ihre Motivationen und die Herausforderungen, die sie überwinden mussten, um die Bewegung voranzubringen.

Die Vielfalt der Unterstützer

Die ersten Unterstützer der Bewegung kamen aus unterschiedlichen sozialen, kulturellen und wirtschaftlichen Hintergründen. Diese Vielfalt war entscheidend, da sie es der Bewegung ermöglichte, ein breiteres Spektrum an Perspektiven und Erfahrungen zu integrieren. Zu den Unterstützern gehörten:

+ **Akademiker und Wissenschaftler:** Viele von ihnen waren an Universitäten tätig und hatten sich mit den sozialen und politischen Strukturen Zarinia auseinandergesetzt. Sie brachten wertvolle Forschungsergebnisse und Theorien ein, die die Bewegung wissenschaftlich untermauerten. Ein Beispiel ist Dr. Lira Koth, die mit ihrer Studie über die Auswirkungen der Symbiose auf die Gesellschaft wichtige Daten lieferte.

+ **Künstler und Kreative:** Die Rolle der Kunst in der Bewegung war von großer Bedeutung. Künstler wie der Maler Jorun Thal schufen Werke, die die Ungerechtigkeiten darstellten und die Aufmerksamkeit der Öffentlichkeit auf die Probleme lenkten. Ihre Arbeiten wurden zu Symbolen des Widerstands und inspirierten viele, sich der Bewegung anzuschließen.

+ **Gemeinschaftsführer:** Lokale Führer, die in ihren Gemeinden respektiert wurden, trugen dazu bei, das Vertrauen in die Bewegung zu stärken. Sie organisierten Versammlungen und halfen, die Botschaft von Kael Nira in ihren Gemeinschaften zu verbreiten. Ihre Unterstützung war entscheidend, um die Bewegung in den verschiedenen Regionen Zarinia zu verankern.

◆ **Junge Aktivisten:** Die Jugend spielte eine zentrale Rolle in der Bewegung. Viele junge Menschen, die von Kaels Vision inspiriert waren, schlossen sich der Bewegung an und brachten frische Ideen und Energie mit. Sie nutzten soziale Medien, um ihre Botschaft zu verbreiten und Gleichgesinnte zu mobilisieren.

Motivationen der Unterstützer

Die Motivationen der Unterstützer waren vielfältig und oft tief verwurzelt in persönlichen Erfahrungen mit Ungerechtigkeit. Einige von ihnen hatten selbst Diskriminierung erfahren oder waren Zeugen von Ungerechtigkeiten in ihren Gemeinschaften geworden. Diese persönlichen Geschichten führten dazu, dass sie sich für die Bewegung engagierten. Ein Beispiel ist die Geschichte von Miri Sol, einer jungen Frau, die aufgrund ihrer Zugehörigkeit zu einer Minderheit in ihrer Schule gemobbt wurde. Ihre Erfahrungen motivierten sie, sich für die Rechte aller unterdrückten Gruppen einzusetzen.

Ein weiterer Antrieb war das Streben nach sozialer Gerechtigkeit und Gleichheit. Die Unterstützer erkannten, dass die Trennung der symbiotischen Geister nicht nur eine Frage der Rechte war, sondern auch der menschlichen Würde. Viele von ihnen glaubten fest daran, dass jeder das Recht auf ein Leben in Freiheit und ohne Diskriminierung hatte.

Herausforderungen und Widerstände

Die ersten Unterstützer sahen sich jedoch auch erheblichen Herausforderungen gegenüber. Die Bewegung wurde von der Regierung und verschiedenen gesellschaftlichen Gruppen stark kritisiert. Unterstützer wurden oft als Radikale oder Unruhestifter bezeichnet, was es schwierig machte, ihre Botschaft zu verbreiten. Diese Stigmatisierung führte zu einem Gefühl der Isolation unter den Aktivisten.

Ein Beispiel für diese Herausforderungen war die erste öffentliche Versammlung, die von der Regierung verboten wurde. Trotz dieser Hindernisse gelang es den Unterstützern, kreative Wege zu finden, um ihre Botschaft zu verbreiten. Sie organisierten geheime Treffen und nutzten alternative Kommunikationskanäle, um sich zu vernetzen und ihre Strategien zu entwickeln.

Die Bildung von Netzwerken

Die Bildung von Netzwerken war ein weiterer wichtiger Aspekt der Unterstützung. Die ersten Unterstützer erkannten, dass sie zusammenarbeiten mussten, um effektiv zu sein. Sie gründeten lokale Gruppen und Initiativen, die sich auf spezifische Themen konzentrierten, wie Bildung, Gesundheit und soziale Gerechtigkeit. Diese Netzwerke ermöglichten es den Unterstützern, Ressourcen zu teilen und gemeinsame Strategien zu entwickeln.

Die Verbindung zwischen verschiedenen Gruppen führte zu einer stärkeren Bewegung. Ein Beispiel dafür ist die Allianz zwischen der Bürgerrechtsbewegung und umweltbewussten Gruppen, die sich für die Rechte der symbiotischen Geister einsetzten. Diese interdisziplinäre Zusammenarbeit führte zu einem umfassenderen Ansatz zur Bekämpfung von Diskriminierung und Ungerechtigkeit.

Fazit

Die ersten Unterstützer und Mitstreiter der Bewegung zur Trennung symbiotischer Geister auf Zarinia waren entscheidend für den Erfolg der Initiative. Ihre Vielfalt, ihre persönlichen Motivationen und ihre Fähigkeit, Netzwerke zu bilden, trugen dazu bei, die Bewegung zu stärken und ihre Botschaft zu verbreiten. Trotz der Herausforderungen, mit denen sie konfrontiert waren, blieben sie entschlossen und inspiriert von der Vision eines gerechteren Zarinia. Diese Pionierarbeit legte den Grundstein für die folgenden Phasen der Bewegung und inspirierte viele, sich für die Rechte der symbiotischen Geister einzusetzen.

Herausforderungen bei der Mobilisierung

Die Mobilisierung für die Bewegung zur Trennung symbiotischer Geister auf Zarinia stellte sich als eine komplexe Herausforderung dar, die durch eine Vielzahl von Faktoren beeinflusst wurde. Diese Herausforderungen können in mehrere Hauptkategorien unterteilt werden: soziale, politische, technologische und kulturelle Aspekte.

Soziale Herausforderungen

Eine der größten sozialen Herausforderungen war die Fragmentierung der Gemeinschaften auf Zarinia. Die Gesellschaft war in verschiedene Gruppen unterteilt, die oft unterschiedliche Interessen und Prioritäten hatten. Diese Fragmentierung führte zu Schwierigkeiten bei der Schaffung eines einheitlichen Narrativs, das alle Gruppen ansprechen konnte. Die Aktivisten mussten Wege finden, um eine breite Basis von Unterstützern zu gewinnen, was bedeutete, dass sie die Anliegen der verschiedenen Gruppen anerkennen und integrieren mussten.

Politische Herausforderungen

Politisch gesehen sah sich die Bewegung einem starken Widerstand von Seiten der Regierung gegenüber. Die zarinianische Regierung hatte ein starkes Interesse daran, die bestehende Ordnung aufrechtzuerhalten, und betrachtete die Bewegung als Bedrohung. Dies führte zu einer repressiven Umgebung, in der Aktivisten oft mit Verhaftungen, Einschüchterungen und anderen Formen der Unterdrückung konfrontiert wurden. Ein Beispiel hierfür war die Verhaftung von Schlüsselpersonen während der ersten Proteste, was die Mobilisierung erheblich erschwerte und viele potenzielle Unterstützer abschreckte.

Technologische Herausforderungen

Technologie spielte eine ambivalente Rolle in der Mobilisierung. Während soziale Medien und digitale Plattformen eine Möglichkeit boten, die Botschaft der Bewegung schnell zu verbreiten, waren sie auch ein zweischneidiges Schwert. Die Regierung nutzte Technologie, um Aktivisten zu überwachen und Informationen zu zensieren. Dies führte zu einem ständigen Katz-und-Maus-Spiel, in dem Aktivisten kreative Wege finden mussten, um ihre Kommunikation zu sichern und gleichzeitig ihre Botschaft zu verbreiten. Die Verwendung von verschlüsselten Kommunikationskanälen und anonymen Plattformen wurde zur Norm, was jedoch zusätzliche technische Kenntnisse und Ressourcen erforderte, die nicht immer verfügbar waren.

Kulturelle Herausforderungen

Kulturell war die Bewegung mit tief verwurzelten Vorurteilen und Stereotypen konfrontiert. Viele Zarinianer hatten eine negative Vorstellung von den symbiotischen Geistern, die oft als Bedrohung für die zarinianische Identität angesehen wurden. Diese Vorurteile mussten durch Aufklärung und Sensibilisierung abgebaut werden. Die Aktivisten organisierten Workshops und kulturelle Veranstaltungen, um die positiven Aspekte der symbiotischen Geister hervorzuheben und die Ängste der Bevölkerung zu adressieren. Trotz dieser Bemühungen war es eine langwierige und mühsame Aufgabe, das Vertrauen der breiten Öffentlichkeit zu gewinnen.

Beispiele für Mobilisierungsstrategien

Um diese Herausforderungen zu bewältigen, entwickelten die Aktivisten verschiedene Mobilisierungsstrategien. Eine der effektivsten Methoden war die

Bildung von Allianzen mit bestehenden sozialen Bewegungen, die ähnliche Ziele verfolgten. Dies ermöglichte es der Bewegung, auf eine breitere Unterstützung zurückzugreifen und Ressourcen zu bündeln. Ein Beispiel für eine solche Allianz war die Zusammenarbeit mit Umweltgruppen, die sich ebenfalls für die Rechte der symbiotischen Geister einsetzten, indem sie die Auswirkungen des Klimawandels auf die Zarinianische Gesellschaft und ihre Geister thematisierten.

Zusätzlich nutzten die Aktivisten kreative Ausdrucksformen, um ihre Botschaft zu verbreiten. Kunst, Musik und Theater wurden eingesetzt, um die Geschichten der symbiotischen Geister zu erzählen und Empathie in der breiten Bevölkerung zu fördern. Diese kulturellen Initiativen trugen dazu bei, das Bewusstsein zu schärfen und eine emotionale Verbindung zur Bewegung herzustellen.

Fazit

Die Mobilisierung der Bewegung zur Trennung symbiotischer Geister auf Zarinia war von zahlreichen Herausforderungen geprägt. Soziale, politische, technologische und kulturelle Faktoren beeinflussten die Fähigkeit der Aktivisten, eine breite Unterstützung zu gewinnen. Trotz dieser Hindernisse gelang es den Aktivisten, kreative Strategien zu entwickeln und Allianzen zu schmieden, um ihre Botschaft zu verbreiten und die Bewegung voranzutreiben. Die Erfahrungen und Lektionen aus dieser Phase der Mobilisierung sind entscheidend für das Verständnis der Dynamik der Bürgerrechtsbewegung auf Zarinia und bieten wertvolle Einblicke in die Herausforderungen, mit denen Aktivisten in ähnlichen Kontexten konfrontiert sind.

Die Rolle der sozialen Medien

Die sozialen Medien haben sich als unverzichtbares Werkzeug für soziale Bewegungen und Aktivismus etabliert, insbesondere in der Ära der digitalen Kommunikation. Auf Zarinia, wo die Bürgerrechtsbewegung von Kael Nira ihren Ursprung nahm, spielten soziale Medien eine entscheidende Rolle bei der Mobilisierung von Unterstützern, der Verbreitung von Informationen und der Schaffung eines kollektiven Bewusstseins über die Herausforderungen, mit denen die symbiotischen Geister konfrontiert sind.

Theoretische Grundlagen

Die Rolle der sozialen Medien im Aktivismus kann durch verschiedene theoretische Ansätze erklärt werden, darunter die **Netzwerktheorie** und die **Ressourcentheorie**. Die Netzwerktheorie postuliert, dass soziale Medien als

Plattformen fungieren, die es Individuen ermöglichen, sich zu vernetzen und Informationen schnell zu verbreiten. Laut [5] sind soziale Medien entscheidend für die Schaffung von *kollektiven Identitäten*, die für die Mobilisierung von Unterstützern notwendig sind.

Die Ressourcentheorie hingegen betont, dass soziale Medien den Zugang zu Ressourcen erleichtern, die für die Durchführung von Kampagnen erforderlich sind. Diese Ressourcen umfassen finanzielle Mittel, Informationen und menschliche Ressourcen. Die Fähigkeit, diese Ressourcen schnell zu mobilisieren, ist ein entscheidender Faktor für den Erfolg von Bewegungen.

Probleme und Herausforderungen

Trotz ihrer Vorteile bringen soziale Medien auch Herausforderungen mit sich. Eine der größten Herausforderungen ist die **Desinformation**. Die Verbreitung von falschen Informationen kann die Wahrnehmung der Bewegung schädigen und zu einer Spaltung innerhalb der Unterstützerbasis führen. Auf Zarinia gab es Fälle, in denen gezielte Desinformationskampagnen von Gegnern der Bewegung gestartet wurden, um die Glaubwürdigkeit von Kael Nira und seinen Unterstützern zu untergraben.

Ein weiteres Problem ist die **Fragmentierung** der Bewegung. Während soziale Medien es ermöglichen, eine Vielzahl von Stimmen zu hören, kann dies auch zu einer Zersplitterung der Botschaft führen. Unterschiedliche Gruppen innerhalb der Bewegung können unterschiedliche Prioritäten und Ansätze haben, was zu Verwirrung und Konflikten führen kann.

Beispiele für die Nutzung sozialer Medien

Ein herausragendes Beispiel für die Nutzung sozialer Medien in der zarinianischen Bürgerrechtsbewegung war die Kampagne *#TrennungJetzt*. Diese Kampagne wurde ins Leben gerufen, um auf die Ungerechtigkeiten aufmerksam zu machen, die symbiotische Geister erlitten. Über Plattformen wie *ZarinaBook* und *InstaZar* wurden Videos, Bilder und Geschichten geteilt, die die Erfahrungen der Betroffenen dokumentierten.

Die erste große Demonstration, die durch soziale Medien organisiert wurde, fand im Jahr 2045 statt und zog Tausende von Menschen an. Die Organisatoren nutzten Hashtags und virale Herausforderungen, um die Aufmerksamkeit der Öffentlichkeit zu gewinnen. Die mediale Berichterstattung über diese Veranstaltung führte zu einem Anstieg der Unterstützung für die Bewegung und half, das Bewusstsein für die Anliegen der symbiotischen Geister zu schärfen.

Fazit

Zusammenfassend lässt sich sagen, dass soziale Medien eine transformative Rolle im Aktivismus spielen können, indem sie die Mobilisierung, Kommunikation und Vernetzung von Unterstützern erleichtern. Dennoch sind sie nicht ohne Herausforderungen, die sorgfältig angegangen werden müssen, um die Integrität und Effektivität der Bewegung zu gewährleisten. Kael Nira und seine Unterstützer mussten lernen, mit den Vor- und Nachteilen sozialer Medien umzugehen, um die Bürgerrechtsbewegung auf Zarinia voranzubringen.

Verbreitung der Botschaft: Strategien und Taktiken

Die Verbreitung der Botschaft der Bewegung zur Trennung symbiotischer Geister auf Zarinia war ein entscheidender Faktor für ihren Erfolg. In einer Welt, in der Informationen schnell verbreitet werden können, war es unerlässlich, effektive Strategien und Taktiken zu entwickeln, um die Anliegen der Bewegung in das öffentliche Bewusstsein zu rücken. Diese Strategien umfassten sowohl traditionelle als auch moderne Kommunikationsmethoden, die zusammen eine umfassende und ansprechende Kampagne bildeten.

1. Nutzung sozialer Medien

Soziale Medien spielten eine zentrale Rolle bei der Mobilisierung von Unterstützern und der Verbreitung der Botschaft. Plattformen wie ZarinBook und InstaZar ermöglichten es Aktivisten, ihre Ideen schnell und effizient zu teilen. Die Verwendung von Hashtags, wie #TrennungDerGeister und #ZariniaFürAlle, half, die Reichweite der Botschaft zu erhöhen und eine breitere Öffentlichkeit zu erreichen.

Die Theorie der *Viralität* besagt, dass Inhalte, die emotional ansprechend sind, eine höhere Wahrscheinlichkeit haben, geteilt zu werden. Dies wurde durch die Veröffentlichung von bewegenden Geschichten, Bildern und Videos erreicht, die die Erfahrungen von Menschen, die unter der Symbiose litten, dokumentierten.

2. Kreative Kampagnen

Kreativität war ein weiteres Schlüsselelement in der Verbreitung der Botschaft. Die Bewegung organisierte Kunstinstallationen, die das Leiden und die Hoffnung der symbiotischen Geister darstellten. Diese Installationen zogen die Aufmerksamkeit der Medien auf sich und ermöglichten es der Bewegung, ihre Anliegen auf eine einprägsame Weise zu kommunizieren.

Ein Beispiel hierfür ist die Installation „Die zerbrochene Verbindung", die in der Hauptstadt Zarinia aufgestellt wurde. Diese Installation bestand aus Tausenden von zerbrochenen Spiegeln, die die zerbrochenen Identitäten der von der Symbiose betroffenen Menschen symbolisierten. Die visuelle Kraft dieser Installation führte zu umfangreicher Berichterstattung in den Medien und half, die Diskussion über das Thema zu intensivieren.

3. Bildung und Aufklärung

Ein weiterer zentraler Ansatz zur Verbreitung der Botschaft war die Bildung. Die Bewegung initiierte Workshops und Seminare, um das Bewusstsein für die Probleme der symbiotischen Geister zu schärfen. Diese Veranstaltungen boten eine Plattform für Diskussionen und halfen, Vorurteile abzubauen.

Die Theorie des *sozialen Lernens* besagt, dass Menschen durch Beobachtung und Interaktion lernen. Durch die Einbeziehung von Testimonials und persönlichen Geschichten in diese Bildungsmaßnahmen konnten die Teilnehmer eine tiefere Verbindung zu den Themen der Bewegung herstellen.

4. Medienpartnerschaften

Um die Reichweite der Botschaft zu vergrößern, suchte die Bewegung aktiv Partnerschaften mit lokalen und internationalen Medien. Interviews mit Kael Nira und anderen führenden Aktivisten wurden in Zeitungen, Magazinen und Fernsehsendungen veröffentlicht. Diese Medienpräsenz half, die Anliegen der Bewegung in den Mainstream zu bringen.

Ein Beispiel für eine erfolgreiche Medienpartnerschaft war die Zusammenarbeit mit dem zarinianischen Nachrichtensender „Zarinia Heute". Durch regelmäßige Segmente über die Fortschritte der Bewegung konnte ein breiteres Publikum erreicht werden, und die Themen wurden in einem positiven Licht dargestellt.

5. Symbolik und Slogans

Die Verwendung von Symbolen und eingängigen Slogans war ein weiteres wichtiges Element in der Verbreitung der Botschaft. Der Slogan „Freiheit für alle Geister" wurde zum Leitmotiv der Bewegung und half, die Kernbotschaft zu bündeln. Symbole wie das „geteilte Herz", das die Trennung der symbiotischen Geister darstellt, wurden in der gesamten Kampagne verwendet und wurden schnell zu einem Erkennungszeichen der Bewegung.

Die Theorie der *semantischen Differenzierung* besagt, dass Symbole und Slogans helfen, komplexe Ideen in einprägsame Botschaften zu verwandeln. Diese Technik erleichtert es den Menschen, sich mit den Anliegen der Bewegung zu identifizieren und sie zu unterstützen.

6. Veranstaltungen und Demonstrationen

Die Organisation von Veranstaltungen und Demonstrationen war eine der direktesten Methoden zur Verbreitung der Botschaft. Diese Veranstaltungen boten nicht nur eine Plattform für die Stimmen der Betroffenen, sondern auch eine Gelegenheit, die Gemeinschaft zu mobilisieren.

Die erste große Demonstration unter dem Motto „Gemeinsam für die Freiheit" zog Tausende von Teilnehmern an und wurde von lokalen Künstlern und Musikern begleitet, die die Botschaft der Bewegung unterstützten. Diese Art von Engagement half, eine emotionale Verbindung zur Bewegung herzustellen und die Unterstützung in der Bevölkerung zu erhöhen.

7. Herausforderungen und Widerstände

Trotz der erfolgreichen Strategien gab es auch erhebliche Herausforderungen bei der Verbreitung der Botschaft. Die Regierung reagierte oft mit Zensur und Versuchen, die Aktivitäten der Bewegung zu unterdrücken. Aktivisten mussten kreative Wege finden, um mit diesen Herausforderungen umzugehen und ihre Botschaft trotzdem zu verbreiten.

Ein Beispiel für solche Herausforderungen war die Schließung von sozialen Medienplattformen während kritischer Phasen der Bewegung. In solchen Fällen mussten die Aktivisten auf alternative Kommunikationsmethoden zurückgreifen, wie z.B. den Einsatz von Offline-Netzwerken und persönlichen Treffen, um ihre Botschaft zu verbreiten.

8. Fazit

Insgesamt war die Verbreitung der Botschaft der Bewegung zur Trennung symbiotischer Geister auf Zarinia ein komplexer Prozess, der eine Vielzahl von Strategien und Taktiken erforderte. Die Kombination aus sozialen Medien, kreativen Kampagnen, Bildung, Medienpartnerschaften, Symbolik und direkten Veranstaltungen trug maßgeblich dazu bei, die Anliegen der Bewegung in das öffentliche Bewusstsein zu rücken und eine breite Unterstützung zu mobilisieren. Trotz der Herausforderungen, mit denen die Bewegung konfrontiert war, konnte sie durch Resilienz und Anpassungsfähigkeit ihre Botschaft erfolgreich verbreiten und einen bedeutenden Einfluss auf die Gesellschaft ausüben.

Die ersten Proteste und Demonstrationen

Die ersten Proteste und Demonstrationen der Bewegung zur Trennung symbiotischer Geister auf Zarinia waren ein entscheidender Wendepunkt in der Geschichte des Aktivismus auf diesem Planeten. Diese Veranstaltungen waren nicht nur Ausdruck des kollektiven Unmuts gegenüber den bestehenden Verhältnissen, sondern auch eine Plattform, um die Anliegen und Forderungen der Bewegung laut und deutlich zu artikulieren. In diesem Abschnitt werden wir die Strategien, Herausforderungen und die Auswirkungen dieser ersten Proteste untersuchen.

Strategien und Taktiken

Die Organisatoren der ersten Proteste mussten eine Vielzahl von Strategien entwickeln, um die Massen zu mobilisieren. Eine der effektivsten Taktiken war die Nutzung sozialer Medien, um Informationen schnell zu verbreiten und das Bewusstsein für die Anliegen der Bewegung zu schärfen. Plattformen wie *ZariniaConnect* und *Symbiotischer Austausch* wurden genutzt, um eine breite Öffentlichkeit zu erreichen und die Menschen zu ermutigen, sich den Protesten anzuschließen.

Ein weiteres wichtiges Element war die kreative Gestaltung der Proteste. Kunst, Musik und Performances wurden eingesetzt, um die Botschaften der Bewegung zu vermitteln. Diese kreativen Ausdrucksformen halfen nicht nur, die Aufmerksamkeit der Medien zu gewinnen, sondern schufen auch eine emotionale Verbindung zu den Teilnehmenden. Beispielsweise wurde ein Lied mit dem Titel *„Freie Geister, freie Herzen"* zum inoffiziellen Hymnus der Bewegung und wurde bei jeder Demonstration gesungen.

Die erste große Demonstration

Die erste große Demonstration fand am *Tag der Freiheit* statt, einem symbolischen Datum, das an die Gründung der Bewegung erinnerte. Tausende von Zarinianern versammelten sich in der Hauptstadt *Zarinium*, um für die Rechte der symbiotischen Geister zu protestieren. Die Demonstration war friedlich, doch die Energie und Entschlossenheit der Teilnehmenden waren spürbar. Transparente mit Slogans wie *„Getrennt, aber gleichwertig"* und *„Jeder Geist zählt!"* zierten die Straßen und verstärkten die Botschaft der Bewegung.

Die Demonstration beinhaltete auch Reden von prominenten Aktivisten, darunter Kael Nira, der die Menge mit seiner leidenschaftlichen Ansprache mobilisierte. Er betonte die Wichtigkeit der Solidarität und der kollektiven Anstrengungen, um die angestrebten Veränderungen zu erreichen. Diese erste große Demonstration stellte nicht nur einen Erfolg in der Mobilisierung dar, sondern auch einen wichtigen Moment der Sichtbarkeit für die Anliegen der Bewegung.

Herausforderungen und Widerstand

Trotz des Erfolgs der ersten Proteste sah sich die Bewegung auch erheblichen Herausforderungen gegenüber. Die Reaktion der Regierung auf die Demonstrationen war oft feindlich. Sicherheitskräfte wurden mobilisiert, um die Protestierenden zu überwachen, und es gab Berichte über Einschüchterungen und Festnahmen. Dies führte zu einer Atmosphäre der Angst unter den Aktivisten, die sich jedoch nicht entmutigen ließen.

Ein Beispiel für den Widerstand war die brutale Zerschlagung einer friedlichen Versammlung in *Nirath*, wo die Polizei mit Tränengas und Wasserwerfern gegen die Demonstrierenden vorging. Diese Ereignisse führten zu einer Welle der Empörung in der Bevölkerung und verstärkten die Unterstützung für die Bewegung. Die Berichterstattung in den Medien über diese Vorfälle trug dazu bei, das Bewusstsein für die Ungerechtigkeiten zu schärfen, mit denen die symbiotischen Geister konfrontiert waren.

Langfristige Auswirkungen

Die ersten Proteste und Demonstrationen hatten weitreichende Auswirkungen auf die zarinianische Gesellschaft. Sie führten nicht nur zu einer erhöhten Sichtbarkeit der Anliegen der Bewegung, sondern auch zu einem Umdenken in der politischen Landschaft. Die Regierung sah sich gezwungen, auf die Forderungen der Protestierenden zu reagieren, was zu ersten Gesprächen über Reformen führte.

Darüber hinaus inspirierte der Erfolg der ersten Proteste andere Gruppen und Bewegungen auf Zarinia, sich ebenfalls für ihre Rechte einzusetzen. Dies führte zu einem Anstieg von Aktivismus in verschiedenen Bereichen, einschließlich der Rechte von Frauen und Minderheiten. Die Botschaft, dass kollektives Handeln Veränderungen bewirken kann, verbreitete sich und schuf eine neue Ära des Engagements und der Solidarität auf dem Planeten.

Insgesamt waren die ersten Proteste und Demonstrationen der Bewegung zur Trennung symbiotischer Geister ein entscheidender Schritt auf dem Weg zu einer gerechteren Gesellschaft. Sie demonstrierten die Kraft des kollektiven Handelns und die Fähigkeit der Menschen, für ihre Rechte einzutreten, selbst angesichts von Widerstand und Unterdrückung.

Medienberichterstattung und öffentliche Wahrnehmung

Die Medienberichterstattung spielt eine entscheidende Rolle in der Formung der öffentlichen Wahrnehmung von sozialen Bewegungen, insbesondere in der Bürgerrechtsbewegung von Kael Nira auf Zarinia. Die Art und Weise, wie die Medien über die Bewegung berichten, kann sowohl positive als auch negative Auswirkungen auf die Unterstützung und das Engagement der Bevölkerung haben. In diesem Abschnitt werden wir die verschiedenen Facetten der Medienberichterstattung, ihre theoretischen Grundlagen sowie die Herausforderungen und Beispiele aus der Praxis untersuchen.

Theoretische Grundlagen der Medienberichterstattung

Die Medienberichterstattung kann durch verschiedene theoretische Rahmenbedingungen analysiert werden, darunter die *Agenda-Setting-Theorie* und die *Framing-Theorie*.

Agenda-Setting-Theorie: Diese Theorie besagt, dass die Medien nicht nur berichten, sondern auch die Themen bestimmen, die in der Öffentlichkeit diskutiert werden. Indem sie bestimmten Themen mehr Aufmerksamkeit schenken, können sie die Wahrnehmung der Dringlichkeit und Relevanz dieser Themen beeinflussen. Im Kontext der Bewegung zur Trennung symbiotischer Geister auf Zarinia könnte die Entscheidung der Medien, über bestimmte Proteste oder Erfolge zu berichten, die öffentliche Unterstützung für die Bewegung erheblich steigern.

Framing-Theorie: Diese Theorie befasst sich damit, wie die Medien Informationen präsentieren und interpretieren. Die Art und Weise, wie ein Thema "gerahmt" wird, kann die Meinungen und Einstellungen der Öffentlichkeit stark beeinflussen. Ein positives Framing könnte beispielsweise die Bewegung als friedlich und gerecht darstellen, während ein negatives Framing sie als radikal oder gewalttätig darstellen könnte.

Herausforderungen der Medienberichterstattung

Trotz der Macht der Medien gibt es mehrere Herausforderungen, die die Berichterstattung über die Bewegung von Kael Nira beeinflussen.

+ **Sensationalismus:** Oft neigen Medien dazu, sensationelle Aspekte von Ereignissen hervorzuheben, was zu einer verzerrten Wahrnehmung der Bewegung führen kann. Dies könnte dazu führen, dass die ernsthaften Anliegen der Bewegung in den Hintergrund gedrängt werden.

+ **Desinformation:** In der heutigen digitalen Ära sind Falschinformationen und verzerrte Darstellungen weit verbreitet. Dies kann die öffentliche Wahrnehmung der Bewegung negativ beeinflussen und zu Missverständnissen führen.

+ **Zugang zu Medien:** Nicht alle Bewegungen haben den gleichen Zugang zu Medienplattformen. Die Ressourcen und Netzwerke, die für eine effektive Medienpräsenz erforderlich sind, sind oft ungleich verteilt. Dies kann zu einer Unterrepräsentation bestimmter Stimmen innerhalb der Bewegung führen.

Beispiele aus der Praxis

Die ersten Proteste der Bewegung zur Trennung symbiotischer Geister wurden von den Medien unterschiedlich wahrgenommen. Während einige Berichterstattung positiv war und die Anliegen der Bewegung unterstützte, gab es auch Berichte, die die Proteste als Bedrohung für die öffentliche Ordnung darstellten.

Ein Beispiel für positive Berichterstattung war die erste große Demonstration, die von Kael Nira organisiert wurde. Die Medien berichteten über die friedlichen Versammlungen, die große Menschenmengen anzogen und die Vielfalt der Unterstützer hervorhoben. Diese Berichterstattung trug dazu bei, das öffentliche Bewusstsein für die Anliegen der Bewegung zu schärfen und die Unterstützung in der breiteren Gesellschaft zu stärken.

Im Gegensatz dazu gab es Berichte über gewaltsame Auseinandersetzungen zwischen Aktivisten und der Regierung, die die Bewegung in einem negativen Licht darstellten. Diese Berichterstattung führte zu einer verstärkten Stigmatisierung der Aktivisten und schürte Ängste in der Bevölkerung.

Öffentliche Wahrnehmung und ihre Auswirkungen

Die öffentliche Wahrnehmung, die durch die Medienberichterstattung geprägt wird, hat direkte Auswirkungen auf die Mobilisierung und den Erfolg der Bewegung. Eine positive öffentliche Wahrnehmung kann zu einer erhöhten

Unterstützung und Teilnahme an Protesten führen, während eine negative Wahrnehmung das Engagement der Unterstützer verringern kann.

Öffentliche Wahrnehmung $= f$(Medienberichterstattung, Öffentliche Meinung, Soziale

(17)

Die Funktion f beschreibt, wie die Medienberichterstattung, die öffentliche Meinung und soziale Netzwerke zusammenwirken, um die öffentliche Wahrnehmung zu formen. Wenn die Medien die Anliegen der Bewegung positiv darstellen, kann dies zu einer verstärkten Mobilisierung führen, während negative Darstellungen die Unterstützung verringern können.

Zusammenfassend lässt sich sagen, dass die Medienberichterstattung eine komplexe und dynamische Rolle in der Bürgerrechtsbewegung von Kael Nira auf Zarinia spielt. Die Herausforderungen, die mit Sensationalismus, Desinformation und ungleichem Zugang zu Medien verbunden sind, erfordern von den Aktivisten strategische Ansätze, um ihre Botschaften effektiv zu kommunizieren und die öffentliche Wahrnehmung positiv zu beeinflussen. Die Wechselwirkungen zwischen Medien, Öffentlichkeit und sozialen Bewegungen sind entscheidend für das Verständnis der Dynamik des Aktivismus auf Zarinia.

Der Einfluss von Kunst und Kultur

Die Rolle von Kunst und Kultur in sozialen Bewegungen kann nicht unterschätzt werden. Auf Zarinia, wo die Bürgerrechtsbewegung unter der Führung von Kael Nira entstand, wurde Kunst zu einem zentralen Element der Mobilisierung und des Widerstands. Kunst hat die Fähigkeit, Emotionen zu wecken, Identität zu formen und Gemeinschaften zu vereinen, was sie zu einem mächtigen Werkzeug in der Aktivismusarbeit macht.

Theoretische Grundlagen

Die Theorie der kulturellen Hegemonie, wie sie von Antonio Gramsci formuliert wurde, legt nahe, dass die herrschende Klasse ihre Werte und Normen durch kulturelle Institutionen durchsetzt. In diesem Kontext wird Kunst nicht nur als ästhetisches Medium betrachtet, sondern auch als ein Werkzeug, um soziale und politische Botschaften zu verbreiten. Kunst kann als ein Mittel zur Schaffung von Gegenkultur dienen, die die bestehende Ordnung in Frage stellt und alternative Narrative anbietet.

Kunst als Widerstand

Auf Zarinia manifestierte sich der Widerstand gegen die Unterdrückung durch verschiedene Kunstformen, darunter Musik, Theater, Malerei und Literatur. Diese Ausdrucksformen halfen nicht nur, die Botschaft der Bewegung zu verbreiten, sondern schufen auch einen Raum für Reflexion und Diskussion. Ein Beispiel ist das Lied "Freiheit für alle Geister", das während der ersten großen Demonstration gesungen wurde und schnell zu einer Hymne der Bewegung wurde. Die Texte sprachen von Hoffnung, Solidarität und dem unaufhörlichen Streben nach Gerechtigkeit.

$$\text{Kunst}_{\text{Widerstand}} = \text{Emotion} + \text{Identität} + \text{Gemeinschaft} \qquad (18)$$

Hierbei steht $\text{Kunst}_{\text{Widerstand}}$ für die Kraft der Kunst im Kontext des Widerstands, die aus den Elementen Emotion, Identität und Gemeinschaft zusammengesetzt ist. Diese Elemente sind entscheidend, um die Menschen zu mobilisieren und eine kollektive Identität zu schaffen.

Kulturelle Veranstaltungen und Feste

Die Bedeutung von kulturellen Veranstaltungen und Festen kann nicht übersehen werden. Auf Zarinia wurden traditionelle Feste, die oft mit den symbiotischen Geistern verbunden sind, genutzt, um die Botschaft der Bürgerrechtsbewegung zu fördern. Diese Feste boten eine Plattform für Künstler, um ihre Werke zu präsentieren und die Gemeinschaft zu mobilisieren. Ein Beispiel ist das jährliche „Fest der Geister", bei dem Künstler aus verschiedenen Disziplinen zusammenkamen, um ihre Arbeiten zu zeigen und das Bewusstsein für die Herausforderungen der symbiotischen Geister zu schärfen.

Die Rolle der sozialen Medien

In der heutigen digitalen Ära spielt die Nutzung von sozialen Medien eine entscheidende Rolle bei der Verbreitung von Kunst und Kultur. Auf Zarinia nutzten Aktivisten Plattformen wie ZariGram und ZariBook, um ihre Kunstwerke und Botschaften zu teilen. Diese Plattformen ermöglichten es, eine breitere Öffentlichkeit zu erreichen und die Bewegung international bekannt zu machen. Durch virale Videos von Protesten und kreativen Kampagnen wurden viele Menschen inspiriert, sich der Bewegung anzuschließen.

Herausforderungen und Kritik

Trotz der positiven Aspekte gibt es auch Herausforderungen und Kritik im Zusammenhang mit der Nutzung von Kunst und Kultur im Aktivismus. Einige Kritiker argumentieren, dass der Fokus auf Kunst von den tatsächlichen politischen und sozialen Veränderungen ablenken kann. Es besteht die Gefahr, dass Kunst zu einem bloßen Marketinginstrument wird, das die tieferliegenden Probleme nicht wirklich adressiert. Diese Problematik wird oft als „Ästhetisierung des Widerstands" bezeichnet, bei der die Form über den Inhalt gestellt wird.

Fazit

Zusammenfassend lässt sich sagen, dass Kunst und Kultur auf Zarinia eine transformative Rolle in der Bürgerrechtsbewegung von Kael Nira spielten. Sie ermöglichten es den Menschen, sich zu verbinden, ihre Stimmen zu erheben und die Herausforderungen, mit denen sie konfrontiert waren, in einem neuen Licht zu sehen. Die Verbindung von Kunst und Aktivismus bleibt ein zentrales Element im Streben nach sozialer Gerechtigkeit und sollte weiterhin als solches anerkannt und gefördert werden.

$$\text{Zukunft}_{\text{Kunst}} = \text{Inspiration} + \text{Veränderung} + \text{Gemeinschaft} \qquad (19)$$

Die Zukunft der Bewegung auf Zarinia wird stark von der Fähigkeit abhängen, Kunst als ein Werkzeug für Inspiration, Veränderung und Gemeinschaft zu nutzen. Es ist entscheidend, dass die nachfolgenden Generationen diese Tradition fortführen und die Kraft der Kunst im Kampf für Bürgerrechte erkennen.

Die Bedeutung von Symbolen und Slogans

In der Bürgerrechtsbewegung von Kael Nira auf Zarinia spielen Symbole und Slogans eine entscheidende Rolle. Sie sind nicht nur Kommunikationsmittel, sondern auch Träger von Emotionen, Werten und Idealen. Symbole und Slogans schaffen Identität, fördern den Zusammenhalt und mobilisieren Unterstützung. In diesem Abschnitt werden wir die theoretischen Grundlagen, die Herausforderungen und einige herausragende Beispiele für die Verwendung von Symbolen und Slogans in der Bewegung untersuchen.

Theoretische Grundlagen

Symbole sind visuelle Darstellungen von Ideen oder Konzepten, die eine tiefere Bedeutung tragen. Sie können in verschiedenen Formen auftreten, wie Logos, Farben oder spezifische Gesten. Laut der Semiotik, der Lehre von Zeichen und deren Bedeutungen, können Symbole sowohl denotative (direkte) als auch konnotative (assoziative) Bedeutungen haben. In der Bürgerrechtsbewegung auf Zarinia dient das Symbol des gebrochenen Kettenrings als Metapher für die Befreiung von Unterdrückung und Diskriminierung.

Slogans hingegen sind prägnante und einprägsame Phrasen, die die Kernbotschaft einer Bewegung zusammenfassen. Sie sind oft emotional aufgeladen und sollen die Menschen inspirieren und mobilisieren. Ein bekanntes Beispiel aus der Geschichte ist der Slogan „Wir sind die 99

Herausforderungen bei der Verwendung von Symbolen und Slogans

Trotz ihrer Bedeutung stehen Bewegungen vor Herausforderungen bei der Schaffung und Verbreitung von Symbolen und Slogans. Eine der größten Herausforderungen ist die Überinterpretation oder Fehlinterpretation. Symbole können von Gegnern der Bewegung umgedeutet werden, um ihre eigene Agenda zu fördern. Ein Beispiel hierfür ist die Verwendung des Regenbogenfahne, die ursprünglich für die LGBTQ+-Bewegung steht, aber von verschiedenen politischen Gruppen für ihre eigenen Zwecke vereinnahmt wurde.

Ein weiteres Problem ist die Vergänglichkeit von Slogans. Während einige Slogans zeitlos sind und über Generationen hinweg bestehen bleiben, verlieren andere schnell an Bedeutung und müssen ständig aktualisiert werden, um relevant zu bleiben. Dies erfordert Kreativität und ein tiefes Verständnis der sich verändernden sozialen und politischen Landschaft.

Beispiele aus der Bewegung von Kael Nira

Die Bewegung zur Trennung symbiotischer Geister auf Zarinia hat einige einprägsame Symbole und Slogans hervorgebracht, die sowohl lokal als auch international Resonanz fanden. Ein herausragendes Beispiel ist das Symbol des „Zarinischen Baumes", das für Wachstum, Stärke und Gemeinschaft steht. Der Baum wird oft in Protesten als Banner verwendet und hat sich zu einem Erkennungszeichen der Bewegung entwickelt.

Ein weiteres Beispiel ist der Slogan „Freiheit für alle Geister", der nicht nur die Forderung nach Gleichheit und Gerechtigkeit für alle Zarinianer ausdrückt, sondern auch die Idee der Symbiose und des gegenseitigen Respekts zwischen den

Geistern betont. Dieser Slogan wurde während der ersten großen Demonstration der Bewegung populär und hat sich in der gesamten zarinianischen Gesellschaft verbreitet.

Die Wirkung von Symbolen und Slogans

Die Verwendung von Symbolen und Slogans hat eine starke mobilisierende Wirkung. Sie schaffen ein Gefühl der Zugehörigkeit und Identität unter den Unterstützern der Bewegung. Wenn Menschen ein gemeinsames Symbol oder einen gemeinsamen Slogan verwenden, fühlen sie sich als Teil einer größeren Gemeinschaft, die für eine gemeinsame Sache kämpft. Dies stärkt nicht nur den Zusammenhalt, sondern erhöht auch die Sichtbarkeit der Bewegung in der Öffentlichkeit.

Darüber hinaus können Symbole und Slogans als Werkzeuge der Bildung und Aufklärung dienen. Sie helfen, komplexe Themen in einfache, verständliche Botschaften zu übersetzen. In der Bewegung von Kael Nira wurden Workshops und Veranstaltungen organisiert, um die Bedeutung der Symbole und Slogans zu erläutern und deren Verwendung zu fördern. Dies hat dazu beigetragen, das Bewusstsein für die Anliegen der Bewegung zu schärfen und neue Unterstützer zu gewinnen.

Schlussfolgerung

Zusammenfassend lässt sich sagen, dass Symbole und Slogans eine zentrale Rolle in der Bürgerrechtsbewegung von Kael Nira auf Zarinia spielen. Sie sind mehr als nur Worte oder Bilder; sie sind Ausdruck von Werten, Emotionen und einer gemeinsamen Vision für die Zukunft. Trotz der Herausforderungen, die mit ihrer Verwendung einhergehen, sind sie unverzichtbare Werkzeuge im Kampf für Gerechtigkeit und Gleichheit. Die Fähigkeit, starke Symbole und einprägsame Slogans zu schaffen, wird entscheidend dafür sein, wie erfolgreich die Bewegung in der Zukunft sein kann.

Widerstand gegen die Bewegung

Die Reaktion der Regierung

Die Reaktion der Regierung auf die Bürgerrechtsbewegung unter der Führung von Kael Nira war von einer Vielzahl von Strategien geprägt, die sowohl offen als auch verdeckt waren. Diese Reaktionen können in mehrere Kategorien unterteilt werden, die jeweils unterschiedliche Aspekte der politischen und sozialen Dynamik auf Zarinia widerspiegeln.

1. Offizielle Ablehnung und Repression

Die erste und offensichtlichste Reaktion der Regierung war die offizielle Ablehnung der Bewegung. Die zarinianische Regierung betrachtete die Forderungen nach der Trennung symbiotischer Geister als Bedrohung für die bestehende Ordnung. In öffentlichen Erklärungen wurde die Bewegung als radikal und potenziell gefährlich dargestellt. Diese Rhetorik zielte darauf ab, die öffentliche Unterstützung für Kael Nira und seine Anhänger zu untergraben.

$$\text{Öffentliche Wahrnehmung} = f(\text{Regierungsrhetorik}, \text{Medienberichterstattung})$$
$$(20)$$

Diese Gleichung verdeutlicht, dass die öffentliche Wahrnehmung stark von der Rhetorik der Regierung und der Art der Medienberichterstattung beeinflusst wurde. Die Regierung nutzte staatliche Medien, um eine negative Darstellung der Bewegung zu verbreiten, was zu einem Anstieg von Vorurteilen und Diskriminierung gegen die Aktivisten führte.

2. Überwachung und Einschüchterung

Ein weiterer zentraler Aspekt der Regierungsreaktion war die Überwachung von Aktivisten und Unterstützern. Die Regierung setzte spezielle Einheiten ein, um die Aktivitäten der Bewegung zu beobachten. Diese Überwachung umfasste sowohl physische als auch digitale Aspekte, wobei moderne Technologien eingesetzt wurden, um die Kommunikation der Aktivisten zu überwachen.

$$\text{Einschüchterung} \propto \text{Überwachungsintensität} \qquad (21)$$

Diese Beziehung zeigt, dass die Intensität der Überwachung direkt mit dem Grad der Einschüchterung korreliert war, den die Aktivisten erlebten. Viele Aktivisten berichteten von Bedrohungen und Einschüchterungen, die darauf abzielten, sie zum Schweigen zu bringen oder von ihren Aktivitäten abzuhalten.

3. Gesetzgebung und rechtliche Maßnahmen

Die Regierung reagierte auch mit der Einführung neuer Gesetze, die darauf abzielten, die Bürgerrechtsbewegung zu kriminalisieren. Diese Gesetze umfassten unter anderem Regelungen, die öffentliche Versammlungen einschränkten und die

Verwendung von sozialen Medien zur Organisation von Protesten unterbanden. Ein Beispiel für solch ein Gesetz war das *Gesetz zur Kontrolle öffentlicher Versammlungen*, das strenge Auflagen für Demonstrationen einführte und hohe Geldstrafen für Verstöße vorsah.

$$\text{Gesetzesänderung} = \text{Politischer Druck} + \text{Öffentliche Angst} \quad (22)$$

Diese Gleichung verdeutlicht, dass die Gesetzesänderungen nicht nur aus politischem Druck, sondern auch aus einer von der Regierung geschürten öffentlichen Angst resultierten. Die Regierung nutzte diese Angst, um ihre Maßnahmen zu legitimieren und die Unterstützung für die Bewegung zu verringern.

4. Propaganda und Gegenbewegungen

Um die Bewegung weiter zu delegitimieren, initiierte die Regierung verschiedene Propagandakampagnen. Diese Kampagnen zielten darauf ab, eine Gegenbewegung zu fördern, die die bestehende Ordnung verteidigte. Die Regierung stellte diese Gegenbewegung als „Patriotische Bürger" dar, die für die „Sicherheit Zarinia" kämpften. Diese Strategie führte zu einer Spaltung in der Gesellschaft, die die Bewegung zusätzlich schwächte.

$$\text{Gesellschaftliche Spaltung} = f(\text{Regierungspropaganda}, \text{Gegenseitige Vorurteile}) \quad (23)$$

Diese Beziehung zeigt, dass die gesellschaftliche Spaltung durch die Kombination von Regierungspropaganda und bestehenden Vorurteilen verstärkt wurde, was die Mobilisierung von Unterstützern für die Bewegung erschwerte.

5. Internationale Reaktionen

Die Reaktionen der zarinianischen Regierung blieben nicht unbemerkt von der internationalen Gemeinschaft. Menschenrechtsorganisationen und ausländische Regierungen äußerten sich besorgt über die repressiven Maßnahmen der Regierung. Diese internationale Aufmerksamkeit führte zu einem gewissen Druck auf die Regierung, die Menschenrechte zu respektieren und den Dialog mit den Aktivisten zu suchen.

$$\text{Internationaler Druck} = \text{Medienberichterstattung} + \text{Diplomatische Intervention} \quad (24)$$

Diese Gleichung verdeutlicht, dass der internationale Druck sowohl durch die Medienberichterstattung als auch durch diplomatische Interventionen verstärkt wurde, was zu einer komplexen Dynamik zwischen der zarinianischen Regierung und der globalen Gemeinschaft führte.

Schlussfolgerung

Insgesamt war die Reaktion der zarinianischen Regierung auf die Bürgerrechtsbewegung vielschichtig und komplex. Die Kombination aus Repression, Überwachung, gesetzgeberischen Maßnahmen und Propaganda hatte tiefgreifende Auswirkungen auf die Bewegung und die Gesellschaft als Ganzes. Diese Reaktionen verdeutlichen die Herausforderungen, denen sich Aktivisten gegenübersahen, und die Notwendigkeit, Strategien zu entwickeln, um diesen Herausforderungen zu begegnen und die Bewegung voranzubringen.

Angriffe auf Aktivisten und Unterstützer

Die Bewegung zur Trennung symbiotischer Geister auf Zarinia wurde nicht nur von der Bevölkerung unterstützt, sondern sah sich auch erheblichen Widerständen gegenüber. Diese Widerstände manifestierten sich in verschiedenen Formen, insbesondere in Angriffen auf Aktivisten und Unterstützer. Diese Angriffe waren nicht nur physischer Natur, sondern umfassten auch psychologische, soziale und wirtschaftliche Dimensionen, die die Integrität und Sicherheit der Bewegung in Frage stellten.

Physische Angriffe

Physische Angriffe auf Aktivisten waren eine der dramatischsten Reaktionen gegen die Bewegung. Diese Angriffe reichten von Übergriffen bei öffentlichen Versammlungen bis hin zu gezielten Attacken auf Einzelpersonen, die sich offen für die Bürgerrechtsbewegung einsetzten. Berichte über solche Vorfälle zeigten, dass viele Aktivisten während Protesten oder öffentlichen Auftritten von Regierungsvertretern oder deren Unterstützern angegriffen wurden. Ein bemerkenswerter Vorfall ereignete sich während der ersten großen Demonstration, als mehrere Aktivisten von Sicherheitskräften brutal niedergeschlagen wurden. Diese Gewalt führte nicht nur zu physischen Verletzungen, sondern auch zu einem Klima der Angst innerhalb der Bewegung.

Psychologische Angriffe

Neben physischen Übergriffen erlebten viele Aktivisten auch psychologische Angriffe. Diese umfassten Bedrohungen, Stalking und Belästigungen sowohl online als auch offline. Die Verwendung von sozialen Medien als Plattform für die Verbreitung von Hass und Desinformation stellte eine ernsthafte Bedrohung für die Sicherheit der Aktivisten dar. Cyberangriffe auf ihre Konten führten zu einem Verlust von Privatsphäre und einem Gefühl der Verwundbarkeit. In vielen Fällen wurden Aktivisten mit Verleumdungen und falschen Anschuldigungen konfrontiert, die darauf abzielten, ihren Ruf zu schädigen und ihre Glaubwürdigkeit in der Öffentlichkeit zu untergraben.

Soziale und wirtschaftliche Angriffe

Die Angriffe auf Aktivisten beschränkten sich nicht nur auf physische und psychologische Dimensionen, sondern hatten auch soziale und wirtschaftliche Auswirkungen. Unterstützer der Bewegung sahen sich häufig gesellschaftlicher Isolation und Diskriminierung ausgesetzt. Familien und Freunde distanzierten sich manchmal von Aktivisten aus Angst vor Repressalien. Diese soziale Isolation führte zu einem Verlust von Unterstützungssystemen, die für den emotionalen und psychologischen Rückhalt entscheidend waren.

Wirtschaftlich gesehen wurden viele Aktivisten und ihre Unterstützer von Arbeitgebern diskriminiert. Einige verloren ihre Arbeitsplätze aufgrund ihrer politischen Überzeugungen oder ihres Engagements in der Bewegung. Dies führte zu finanziellen Schwierigkeiten und einem Gefühl der Ohnmacht, das die Motivation und das Engagement der Aktivisten weiter untergrub.

Strategien zur Bewältigung von Widerstand

Um mit diesen Angriffen umzugehen, entwickelten die Aktivisten verschiedene Strategien. Eine der wichtigsten Strategien war die Förderung von Resilienz innerhalb der Bewegung. Dies beinhaltete Schulungen für Aktivisten, um sie auf mögliche Angriffe vorzubereiten und sie in der Selbstverteidigung und Krisenbewältigung zu schulen. Außerdem wurden Netzwerke von Unterstützung und Solidarität gebildet, um den Aktivisten ein Gefühl der Gemeinschaft und Sicherheit zu geben.

Die internationale Unterstützung spielte ebenfalls eine entscheidende Rolle. Organisationen und Aktivisten aus anderen Teilen der Welt schlossen sich der Bewegung an, um auf die Angriffe aufmerksam zu machen und Solidarität zu zeigen. Diese internationale Sichtbarkeit half, den Druck auf die zarinianische

Regierung zu erhöhen und die Aufmerksamkeit auf die Menschenrechtsverletzungen zu lenken, die die Aktivisten erlitten.

Beispiele für Angriffe

Ein prägnantes Beispiel für die Angriffe auf Aktivisten ist der Fall von Lira Thal, einer prominenten Unterstützerin der Bewegung, die während einer friedlichen Demonstration festgenommen und anschließend inhaftiert wurde. Ihre Inhaftierung wurde von einer Welle der Empörung begleitet, die sowohl innerhalb als auch außerhalb von Zarinia zu massiven Protesten führte. Lira wurde schließlich freigelassen, aber die Erfahrung hinterließ tiefe Narben und schürte die Ängste unter den Aktivisten.

Ein weiteres Beispiel ist die Online-Kampagne gegen den Aktivisten Jarek Solan, der durch aggressive Online-Hasskampagnen und Drohungen zum Schweigen gebracht werden sollte. Jarek nutzte diese Angriffe jedoch als Sprungbrett, um auf die Probleme der Cyberkriminalität und der Meinungsfreiheit aufmerksam zu machen, und wandte sich an internationale Organisationen, um Unterstützung zu erhalten.

Fazit

Die Angriffe auf Aktivisten und Unterstützer der Bewegung zur Trennung symbiotischer Geister auf Zarinia waren ein ernstes Hindernis für den Fortschritt der Bewegung. Diese Angriffe hatten nicht nur unmittelbare Auswirkungen auf die Betroffenen, sondern auch langfristige Konsequenzen für die gesamte Bewegung. Dennoch zeigte die Widerstandsfähigkeit der Aktivisten, dass trotz der Herausforderungen der Wille zur Veränderung und der Kampf für Bürgerrechte nicht gebrochen werden konnten. Die Erfahrungen der Aktivisten verdeutlichen die Notwendigkeit von Solidarität, Unterstützung und internationalem Druck, um die Stimme der Unterdrückten zu stärken und für Gerechtigkeit zu kämpfen.

Die Rolle von Gegnern und Kritikern

Die Bürgerrechtsbewegung unter der Führung von Kael Nira auf Zarinia sah sich von Anfang an mit einer Vielzahl von Gegnern und Kritikern konfrontiert. Diese Gegner waren nicht nur Einzelpersonen, sondern auch institutionelle Strukturen, die das bestehende Machtgefüge schützten. In diesem Abschnitt werden wir die verschiedenen Dimensionen der Opposition untersuchen, die Herausforderungen, die sie mit sich brachten, sowie die Strategien, mit denen die Bewegung darauf reagierte.

Institutionelle Gegner

Die zarinianische Regierung stellte einen der bedeutendsten Gegner der Bewegung dar. Ihre Reaktion auf die Forderungen nach der Trennung symbiotischer Geister war von Misstrauen und Ablehnung geprägt. Die Regierung sah in der Bewegung eine Bedrohung für die bestehende Ordnung und die Stabilität des Landes. Um die Bewegung zu unterdrücken, wurden verschiedene Taktiken eingesetzt, darunter **Zensur** von Medienberichten, **Überwachung** von Aktivisten und die Verhängung von **Gesetzen**, die das Versammlungsrecht einschränkten.

Ein Beispiel für diese Repression war die Einführung des *Gesetzes zur Aufrechterhaltung der öffentlichen Ordnung*, das es der Polizei ermöglichte, Versammlungen ohne Vorankündigung aufzulösen. Diese Maßnahme führte zu einem Anstieg der Spannungen zwischen Aktivisten und der Regierung und stellte die Bewegung vor die Herausforderung, ihre Botschaft trotz der Repression zu verbreiten.

Gesellschaftliche Kritiker

Neben der institutionalisierten Opposition gab es auch gesellschaftliche Kritiker, die die Bewegung aus verschiedenen Gründen ablehnten. Einige zarinianische Bürger waren der Meinung, dass die Forderungen von Kael Nira und seinen Unterstützern radikal und unrealistisch seien. Diese Kritiker argumentierten, dass die Symbiose zwischen den Geistern und den Zarinianern eine natürliche Ordnung darstelle, die nicht in Frage gestellt werden sollte.

Ein Beispiel für diese Haltung fand sich in den sozialen Medien, wo Gegner der Bewegung oft mit **Hasskommentaren** und **Falschinformationen** reagierten. Diese Äußerungen trugen zur Spaltung der Gesellschaft bei und schufen ein feindliches Umfeld für Aktivisten. Um dem entgegenzuwirken, musste die Bewegung Strategien entwickeln, um ihre Sichtweise zu kommunizieren und die öffentliche Meinung zu beeinflussen.

Intellektuelle Kritik

Ein weiterer Aspekt der Opposition kam von akademischen und intellektuellen Kreisen. Einige Wissenschaftler und Philosophen äußerten Bedenken hinsichtlich der langfristigen Auswirkungen der Bewegung auf die Gesellschaft. Sie argumentierten, dass eine Trennung der symbiotischen Geister zu einer Entfremdung führen könnte, die die kulturelle Identität Zarinia gefährden würde. Diese Argumente wurden oft in Form von **wissenschaftlichen Artikeln** und öffentlichen Debatten vorgebracht und hatten das Potenzial, die Wahrnehmung der Bewegung in der breiteren Öffentlichkeit zu beeinflussen.

Ein Beispiel für eine solche kritische Stimme war Dr. Lira Voss, eine prominente Soziologin, die in einem Artikel argumentierte, dass die Trennung der Geister nicht nur die soziale Struktur destabilisieren, sondern auch zu einem Verlust an kulturellem Erbe führen könnte. Ihre Argumentation basierte auf der Theorie der *sozialen Kohäsion*, die besagt, dass gemeinsame Werte und Traditionen für den sozialen Zusammenhalt unerlässlich sind.

Strategien der Bewegung

Um mit diesen verschiedenen Formen der Opposition umzugehen, entwickelte die Bewegung unter der Führung von Kael Nira eine Reihe von Strategien. Eine der zentralen Taktiken war die **Mobilisierung von Unterstützern**, um eine breite Basis für die Bewegung zu schaffen. Dies geschah durch die Organisation von **Bildungsveranstaltungen**, die darauf abzielten, die Öffentlichkeit über die Bedeutung der Bürgerrechte und die Notwendigkeit der Trennung der Geister aufzuklären.

Darüber hinaus nutzte die Bewegung die sozialen Medien als Plattform, um ihre Botschaft zu verbreiten und die Narrative der Kritiker zu entkräften. Durch kreative Kampagnen, die auf **Empathie** und **Verständnis** abzielten, konnte die Bewegung viele der Vorurteile und Missverständnisse, die von ihren Gegnern geschürt wurden, erfolgreich ansprechen.

Erfolge und Rückschläge

Trotz der Herausforderungen, die durch Gegner und Kritiker entstanden, konnte die Bewegung auch Erfolge verzeichnen. Ein bedeutender Erfolg war die **Genehmigung einer öffentlichen Anhörung** im Parlament, bei der die Anliegen der Bewegung offiziell gehört wurden. Dies war ein wichtiger Schritt in Richtung Anerkennung und legitimer Diskussion der Bürgerrechte auf Zarinia.

Dennoch blieben Rückschläge nicht aus. Die ständige Bedrohung durch staatliche Repression und die Verbreitung von Fehlinformationen führten zu Spannungen innerhalb der Bewegung und zu einem Gefühl der Unsicherheit unter den Aktivisten. Es war entscheidend, dass die Bewegung Wege fand, um Resilienz zu zeigen und sich an die sich ständig ändernden Umstände anzupassen.

Fazit

Die Rolle von Gegnern und Kritikern in der Bürgerrechtsbewegung auf Zarinia war vielschichtig und komplex. Sie reichten von institutionellen Repressionen bis hin zu gesellschaftlichen und intellektuellen Herausforderungen. Die Fähigkeit der Bewegung, mit dieser Opposition umzugehen, war entscheidend für ihren Fortbestand und ihren Einfluss auf die zarinianische Gesellschaft. Durch Mobilisierung, Bildung und kreative Kommunikation konnte die Bewegung nicht nur Widerstand leisten, sondern auch einen Dialog über die notwendigen Veränderungen anstoßen. Dies zeigt, dass selbst inmitten von Widerstand und Kritik die Stimme der Gerechtigkeit und der Bürgerrechte nicht zum Schweigen gebracht werden kann.

Strategien zur Bewältigung von Widerstand

In der Bürgerrechtsbewegung von Kael Nira auf Zarinia war der Widerstand, dem die Bewegung gegenüberstand, nicht nur ein politisches Phänomen, sondern auch ein tief verwurzeltes gesellschaftliches Problem. Um effektiv mit diesem Widerstand umzugehen, entwickelte Kael eine Vielzahl von Strategien, die auf den Prinzipien der Resilienz, der Zusammenarbeit und der kreativen Ausdrucksformen basierten.

1. Analyse der Widerstandskräfte

Zunächst war es entscheidend, die verschiedenen Formen des Widerstands zu identifizieren. Dieser Widerstand konnte in zwei Hauptkategorien unterteilt werden: **institutioneller Widerstand** und **gesellschaftlicher Widerstand**. Der institutionelle Widerstand kam von der Regierung und anderen mächtigen Organisationen, die die Bewegung als Bedrohung für ihre Autorität ansahen. Der gesellschaftliche Widerstand hingegen manifestierte sich in Form von Vorurteilen und Diskriminierung innerhalb der Bevölkerung.

2. Aufbau von Allianzen

Eine der effektivsten Strategien zur Bewältigung von Widerstand war der Aufbau von Allianzen mit anderen Gruppen und Bewegungen, die ähnliche Ziele verfolgten. Kael erkannte, dass Solidarität und Zusammenarbeit mit anderen Organisationen, die sich für soziale Gerechtigkeit einsetzten, die Stärke der Bürgerrechtsbewegung erhöhen konnten. Diese Allianzen ermöglichten es der Bewegung, Ressourcen zu bündeln und eine breitere öffentliche Unterstützung zu gewinnen.

3. Gewaltfreier Widerstand

Ein zentrales Element von Kaels Strategie war der gewaltfreie Widerstand. Diese Methode wurde durch die Philosophie von Mahatma Gandhi und Martin Luther King Jr. inspiriert, die beide bewiesen hatten, dass gewaltfreier Protest eine wirksame Methode ist, um Veränderungen zu bewirken. Kael und seine Anhänger organisierten friedliche Demonstrationen, Sitzstreiks und andere Formen des gewaltfreien Protests, um auf die Ungerechtigkeiten aufmerksam zu machen, die die symbiotischen Geister auf Zarinia erlitten.

4. Kreative Ausdrucksformen

Kael erkannte auch die Macht der Kunst als Werkzeug zur Bewältigung von Widerstand. Durch kreative Ausdrucksformen wie Musik, Theater und bildende Kunst konnte die Bewegung ihre Botschaft auf eine Weise vermitteln, die emotional ansprechend und einprägsam war. Kunstwerke, die die Erfahrungen und Kämpfe der symbiotischen Geister darstellten, wurden zu Symbolen des Widerstands und der Hoffnung. Diese kreativen Projekte halfen nicht nur, die breite Öffentlichkeit zu mobilisieren, sondern schufen auch einen Raum für Dialog und Verständnis.

5. Bildung und Aufklärung

Ein weiterer wichtiger Aspekt von Kaels Strategien war die Bildung. Die Bürgerrechtsbewegung setzte sich aktiv für die Aufklärung der Bevölkerung über die Rechte der symbiotischen Geister ein. Durch Workshops, Vorträge und Informationskampagnen wurde das Bewusstsein für die bestehenden Ungerechtigkeiten geschärft. Die Idee war, dass informierte Bürger eher bereit wären, sich gegen Diskriminierung zu stellen und die Bewegung zu unterstützen.

6. Nutzung von sozialen Medien

In der modernen Welt spielte die Technologie eine entscheidende Rolle in der Mobilisierung von Unterstützern. Kael nutzte soziale Medien, um Informationen schnell zu verbreiten und eine breitere Öffentlichkeit zu erreichen. Plattformen wie ZariniaNet ermöglichten es der Bewegung, ihre Botschaft zu verbreiten und Unterstützer weltweit zu mobilisieren. Diese digitale Strategie half, den Widerstand zu überwinden, indem sie eine Plattform für den Austausch von Ideen und Erfahrungen schuf.

7. Resilienz und psychologische Unterstützung

Die psychologische Unterstützung für Aktivisten war ein weiterer wichtiger Bestandteil von Kaels Strategie zur Bewältigung von Widerstand. Die ständige Konfrontation mit Widerstand und Diskriminierung kann zu Erschöpfung und Entmutigung führen. Daher förderte Kael die Schaffung von Unterstützungsnetzwerken, in denen Aktivisten ihre Erfahrungen teilen und sich gegenseitig stärken konnten. Diese Netzwerke halfen den Mitgliedern der Bewegung, Resilienz zu entwickeln und ihre Motivation aufrechtzuerhalten.

8. Dialog und Verständnis

Schließlich war der Dialog mit Gegnern ein zentraler Bestandteil von Kaels Strategie. Anstatt sich nur gegen den Widerstand zu stemmen, suchte Kael aktiv das Gespräch mit Kritikern und Gegnern. Diese Gespräche ermöglichten es, Missverständnisse auszuräumen und gemeinsame Werte zu identifizieren. Durch den Aufbau von Brücken zwischen den verschiedenen Gruppen konnte die Bewegung einen konstruktiven Dialog fördern und den Widerstand schrittweise abbauen.

Beispiele aus der Praxis

Ein bemerkenswertes Beispiel für diese Strategien war die „**Licht der Hoffnung**"-Kampagne, die während der ersten großen Proteste ins Leben gerufen wurde. Diese Kampagne kombinierte kreative Ausdrucksformen mit gewaltfreiem Widerstand und zog Tausende von Unterstützern an. Die Teilnehmer trugen leuchtende Laternen, die die Hoffnung und den Kampf der symbiotischen Geister symbolisierten. Diese visuelle Darstellung des Widerstands wurde von den Medien weit verbreitet und half, das öffentliche Bewusstsein zu schärfen.

Zusammenfassend lässt sich sagen, dass die Strategien zur Bewältigung von Widerstand, die von Kael Nira und seiner Bewegung entwickelt wurden, nicht nur auf kurzfristige Erfolge abzielten, sondern auch auf langfristige Veränderungen in der Gesellschaft. Durch den Einsatz von Allianzen, gewaltfreiem Widerstand, kreativen Ausdrucksformen, Bildung, sozialen Medien, psychologischer Unterstützung und Dialog konnte die Bewegung nicht nur den Widerstand überwinden, sondern auch eine tiefgreifende Veränderung in der Wahrnehmung und Behandlung der symbiotischen Geister auf Zarinia bewirken.

Die Bedeutung von Resilienz

Resilienz, oft als die Fähigkeit definiert, sich von Rückschlägen, Herausforderungen und Krisen zu erholen, spielt eine entscheidende Rolle im Aktivismus, insbesondere in der Bürgerrechtsbewegung auf Zarinia. Diese Fähigkeit ist nicht nur entscheidend für das Überleben von Individuen, sondern auch für das Gedeihen von Gemeinschaften und Bewegungen. Resilienz ermöglicht es Aktivisten, trotz widriger Umstände weiterzukämpfen und ihre Ziele zu verfolgen.

Theoretische Grundlagen der Resilienz

Die Resilienztheorie, die in der Psychologie verwurzelt ist, befasst sich mit den Faktoren, die Individuen und Gemeinschaften befähigen, sich an Stressoren anzupassen und sich von ihnen zu erholen. Laut [?] sind Resilienzfaktoren oft in drei Kategorien unterteilt:

- **Individuelle Merkmale:** Dazu gehören Eigenschaften wie Selbstbewusstsein, Problemlösungsfähigkeiten und emotionale Intelligenz.

- **Soziale Unterstützung:** Ein starkes Netzwerk von Freunden, Familie und Gemeinschaften kann den Druck mindern und Ressourcen bereitstellen.

- **Umgebungsfaktoren:** Eine unterstützende Umgebung, die Möglichkeiten zur Bildung und zum persönlichen Wachstum bietet, kann die Resilienz fördern.

Diese Faktoren sind besonders relevant für Kael Nira und die Bürgerrechtsbewegung auf Zarinia, wo die Aktivisten oft mit Gewalt, Diskriminierung und politischer Unterdrückung konfrontiert sind.

Herausforderungen und Probleme

Die Herausforderungen, mit denen die Bürgerrechtsbewegung konfrontiert ist, sind vielfältig. Aktivisten erleben häufig:

- **Psychischen Stress:** Der ständige Druck, gegen Ungerechtigkeit zu kämpfen, kann zu Angstzuständen und Depressionen führen.

- **Physische Bedrohungen:** Gewaltsame Repression durch die Regierung und andere Gruppen kann nicht nur das Leben von Aktivisten gefährden, sondern auch deren psychische Gesundheit beeinträchtigen.

+ **Isolation:** Aktivisten können sich isoliert fühlen, insbesondere wenn sie von Freunden oder Familie, die ihre Überzeugungen nicht teilen, entfremdet werden.

Diese Probleme erfordern eine starke Resilienz, um nicht nur die individuellen Aktivisten, sondern auch die gesamte Bewegung aufrechtzuerhalten.

Beispiele für Resilienz in der Bewegung

Ein bemerkenswertes Beispiel für Resilienz innerhalb der zarinianischen Bürgerrechtsbewegung ist die Reaktion auf die gewaltsame Unterdrückung während der ersten Proteste. Trotz der brutalen Reaktion der Regierung, die viele Aktivisten inhaftierte und einschüchterte, fanden die Überlebenden Wege, um ihre Botschaft weiterhin zu verbreiten.

„Wir werden nicht schweigen. Auch wenn sie uns angreifen, werden wir weiterhin für unsere Rechte kämpfen." - Kael Nira

Diese Entschlossenheit zeigt, wie Resilienz nicht nur individuelle Stärke, sondern auch kollektive Mobilisierung fördert.

Ein weiteres Beispiel ist die Rolle der Kunst in der Bewegung. Künstler und Aktivisten nutzen kreative Ausdrucksformen, um ihre Botschaften zu verbreiten und die Gemeinschaft zu stärken. Theateraufführungen, Musik und visuelle Kunst wurden zu Werkzeugen, um die Resilienz der Gemeinschaft zu fördern und das Bewusstsein für die Herausforderungen, mit denen sie konfrontiert sind, zu schärfen.

Schlussfolgerung

Die Bedeutung von Resilienz in der Bürgerrechtsbewegung auf Zarinia kann nicht überschätzt werden. Sie ermöglicht es den Aktivisten, trotz der enormen Herausforderungen, die sie erleben, weiterzumachen. Resilienz ist nicht nur eine individuelle Eigenschaft, sondern auch ein kollektives Gut, das durch Unterstützung, Gemeinschaft und kreative Ausdrucksformen gestärkt wird. In einer Welt, die oft von Ungerechtigkeit und Unterdrückung geprägt ist, bleibt die Fähigkeit, sich zu erholen und weiterzukämpfen, der Schlüssel zum Erfolg jeder Bewegung. Die Lehren aus Kael Niras Kampf und der Widerstandsfähigkeit seiner Unterstützer werden auch zukünftigen Generationen von Aktivisten als Inspirationsquelle dienen.

Die Rolle internationaler Unterstützung

Die internationale Unterstützung spielt eine entscheidende Rolle in der Bürgerrechtsbewegung auf Zarinia, insbesondere für die Bewegung zur Trennung symbiotischer Geister. Diese Unterstützung manifestiert sich in verschiedenen Formen, darunter diplomatische Interventionen, finanzielle Hilfe, Medienberichterstattung und die Mobilisierung globaler Solidarität.

Theoretische Grundlagen

Die Theorie der transnationalen sozialen Bewegungen legt nahe, dass lokale Bewegungen von globalen Netzwerken profitieren können. Diese Netzwerke bieten nicht nur Ressourcen, sondern auch eine Plattform für den Austausch von Ideen und Strategien. Laut der Theorie von *Mobilization Theory* (Tilly, 2004) ist die Mobilisierung von Ressourcen – seien es finanzielle Mittel, Wissen oder Menschen – entscheidend für den Erfolg einer sozialen Bewegung.

Probleme der internationalen Unterstützung

Trotz der Vorteile gibt es auch Herausforderungen, die mit internationaler Unterstützung verbunden sind. Eine der größten Herausforderungen ist die Gefahr der *Neokolonialität*. Oftmals können internationale Akteure ungewollt die lokale Agenda dominieren und die Stimmen der einheimischen Aktivisten marginalisieren. Dies kann zu einem Missverhältnis führen, bei dem die Bedürfnisse und Perspektiven der zarinianischen Bevölkerung nicht ausreichend berücksichtigt werden.

Ein weiteres Problem ist die Abhängigkeit von internationaler Unterstützung, die die lokale Bewegung schwächen kann. Wenn eine Bewegung zu stark auf ausländische Hilfe angewiesen ist, kann dies ihre Fähigkeit beeinträchtigen, unabhängig zu operieren und lokale Lösungen zu entwickeln.

Beispiele internationaler Unterstützung

Ein konkretes Beispiel für internationale Unterstützung ist die Rolle von Nichtregierungsorganisationen (NGOs), die sich für die Rechte von Minderheiten und die Trennung der symbiotischen Geister einsetzen. Organisationen wie *Human Rights Watch* und *Amnesty International* haben öffentliche Kampagnen gestartet, um auf die Missstände in Zarinia aufmerksam zu machen. Diese Kampagnen haben nicht nur die internationale Gemeinschaft mobilisiert, sondern auch den Druck auf die zarinianische Regierung erhöht, Reformen einzuleiten.

Ein weiterer bemerkenswerter Fall ist die Unterstützung durch internationale Künstler und Kulturschaffende. Diese haben ihre Plattformen genutzt, um die Botschaft der zarinianischen Bürgerrechtsbewegung zu verbreiten. Durch Konzerte, Ausstellungen und soziale Medien haben sie dazu beigetragen, das Bewusstsein für die Probleme auf Zarinia zu schärfen und internationale Solidarität zu fördern.

Die Bedeutung von Netzwerken

Die Bildung von Netzwerken zwischen zarinianischen Aktivisten und internationalen Unterstützern ist entscheidend für den Erfolg der Bewegung. Diese Netzwerke ermöglichen den Austausch von Strategien und Ressourcen und fördern die Bildung von Allianzen, die über nationale Grenzen hinweg bestehen.

Ein Beispiel für ein solches Netzwerk ist das *Global Alliance for Symbiotic Rights*, das Aktivisten aus verschiedenen Ländern zusammenbringt, um Erfahrungen auszutauschen und gemeinsame Strategien zu entwickeln. Solche Allianzen stärken nicht nur die lokale Bewegung, sondern erhöhen auch den Druck auf Regierungen weltweit, menschenrechtliche Standards zu achten.

Schlussfolgerung

Die Rolle internationaler Unterstützung in der Bewegung zur Trennung symbiotischer Geister auf Zarinia ist vielschichtig und komplex. Während sie wertvolle Ressourcen und Sichtbarkeit bietet, bringt sie auch Herausforderungen mit sich, die sorgfältig berücksichtigt werden müssen. Um die Effektivität dieser Unterstützung zu maximieren, ist es entscheidend, dass internationale Akteure die Stimmen der lokalen Gemeinschaften respektieren und fördern. Nur durch eine echte Partnerschaft zwischen internationalen Unterstützern und zarinianischen Aktivisten kann eine nachhaltige Veränderung erreicht werden.

$$R = \frac{I}{D} \tag{25}$$

wobei R die Effektivität der internationalen Unterstützung darstellt, I die Intensität der Unterstützung und D die Abhängigkeit von dieser Unterstützung. Ein ausgewogenes Verhältnis zwischen diesen Faktoren ist entscheidend für den langfristigen Erfolg der Bewegung.

Die Auswirkungen von Gewalt und Unterdrückung

Die Auswirkungen von Gewalt und Unterdrückung auf die Bürgerrechtsbewegung unter der Führung von Kael Nira sind vielschichtig und tiefgreifend. Diese Phänomene beeinflussen nicht nur die physische Sicherheit der Aktivisten, sondern auch die psychologische Gesundheit der Gemeinschaft und die allgemeine Dynamik der Bewegung. In diesem Abschnitt werden wir die verschiedenen Dimensionen dieser Auswirkungen untersuchen und dabei relevante Theorien, Probleme und Beispiele anführen.

Psychologische Auswirkungen

Gewalt und Unterdrückung führen oft zu einem Zustand der Angst und Unsicherheit innerhalb der Gemeinschaft. Die Theorie der kollektiven Trauma besagt, dass Gemeinschaften, die systematisch Gewalt erfahren, ein gemeinsames Trauma entwickeln, das sich über Generationen hinweg auswirken kann [?]. In Zarinia erlebten viele Aktivisten, einschließlich Kael Nira, den Verlust von Freunden und Unterstützern, was zu einem Gefühl der Isolation und Verzweiflung führte. Diese Erfahrungen können zu posttraumatischen Belastungsstörungen (PTBS) führen, die die Fähigkeit der Aktivisten, effektiv zu arbeiten, beeinträchtigen.

Mobilisierung und Widerstand

Trotz der negativen Auswirkungen kann Gewalt auch als Katalysator für Mobilisierung und Widerstand fungieren. Die Theorie des sozialen Wandels legt nahe, dass extreme Umstände oft zu einem Anstieg des kollektiven Handelns führen. In Zarinia führte die brutale Unterdrückung von Protesten durch die Regierung zu einer verstärkten Solidarität unter den Aktivisten. Diese Solidarität manifestierte sich in Form von größeren und entschlosseneren Demonstrationen, die die Aufmerksamkeit der internationalen Gemeinschaft auf die Situation in Zarinia lenkten.

Ein Beispiel hierfür ist die Reaktion auf die gewaltsame Niederschlagung einer friedlichen Demonstration, bei der mehrere Aktivisten verhaftet und verletzt wurden. Diese Ereignisse führten zu einer Welle von Protesten, die nicht nur in Zarinia, sondern auch in anderen Teilen des Universums Unterstützung fanden. Die Aktivisten begannen, ihre Strategien anzupassen und gewaltfreie Widerstandsformen zu betonen, um die moralische Oberhand zu gewinnen.

Langfristige gesellschaftliche Auswirkungen

Die langfristigen gesellschaftlichen Auswirkungen von Gewalt und Unterdrückung sind ebenfalls erheblich. In vielen Fällen führt die systematische Unterdrückung zu einer Erosion des sozialen Kapitals und des Vertrauens in öffentliche Institutionen. Laut der Theorie des sozialen Kapitals [2] ist das Vertrauen in Gemeinschaften und Institutionen entscheidend für die soziale Kohäsion. In Zarinia sahen sich die Bürger mit einer wachsenden Misstrauen gegenüber der Regierung konfrontiert, was zu einer Fragmentierung der Gesellschaft führte.

Die ständige Bedrohung durch Gewalt führte auch zu einem Rückgang der Teilnahme an politischen Prozessen. Viele Bürger fühlten sich machtlos und zogen es vor, sich aus dem politischen Diskurs zurückzuziehen, was die Legitimität der Regierung weiter untergrub. Dies führte zu einem Teufelskreis, in dem die Unterdrückung der Stimmen der Bürger zu einer verstärkten Repression führte, während die Bürgerrechtsbewegung gleichzeitig versuchte, diese Stimmen zu erheben.

Beispiele aus der Geschichte

Historische Beispiele zeigen, wie Gewalt und Unterdrückung die Dynamik von Bürgerrechtsbewegungen beeinflussen können. Die Bürgerrechtsbewegung auf der Erde in den 1960er Jahren erlebte ähnliche Herausforderungen. Die brutale Reaktion der Polizei auf friedliche Proteste führte zu einem Anstieg des Aktivismus und einer verstärkten Medienberichterstattung, die schließlich zur Verabschiedung des Civil Rights Act von 1964 führte [?].

In Zarinia führte die gewaltsame Unterdrückung der Bewegung zu einer ähnlichen Welle von internationaler Unterstützung und Aufmerksamkeit. Aktivisten begannen, die sozialen Medien effektiv zu nutzen, um ihre Botschaft zu verbreiten und internationale Solidarität zu mobilisieren. Die Hashtags, die während dieser Zeit populär wurden, wurden zu Symbolen des Widerstands und der Hoffnung.

Schlussfolgerung

Zusammenfassend lässt sich sagen, dass die Auswirkungen von Gewalt und Unterdrückung auf die Bürgerrechtsbewegung in Zarinia sowohl destruktiv als auch mobilisierend sind. Während die psychologischen und gesellschaftlichen Folgen der Unterdrückung tiefgreifende Herausforderungen darstellen, können sie auch als Katalysatoren für sozialen Wandel fungieren. Kael Nira und seine Mitstreiter waren gezwungen, sich diesen Herausforderungen zu stellen und kreative Wege zu finden, um ihre Bewegung voranzutreiben. Die Resilienz der Gemeinschaft und die Fähigkeit, aus Schmerz und Verlust Stärke zu schöpfen, sind zentrale Themen in der Geschichte der Bewegung und bieten wertvolle Lektionen für zukünftige Generationen.

Die Psychologie des Widerstands

Die Psychologie des Widerstands ist ein komplexes und vielschichtiges Thema, das das Verhalten von Individuen und Gemeinschaften in Zeiten der Unterdrückung und Ungerechtigkeit untersucht. Widerstand kann als eine Reaktion auf wahrgenommene Ungerechtigkeiten verstanden werden, und er manifestiert sich in verschiedenen Formen, von passivem Widerstand bis hin zu aktivem Protest. In diesem Abschnitt werden wir verschiedene psychologische Theorien, Probleme und Beispiele betrachten, die das Verständnis des Widerstands auf Zarinia vertiefen.

Theoretische Grundlagen

Ein zentraler Aspekt der Psychologie des Widerstands ist die Theorie der kognitiven Dissonanz, die von Leon Festinger in den 1950er Jahren formuliert wurde. Diese Theorie besagt, dass Individuen ein inneres Bedürfnis haben, Konsistenz zwischen ihren Überzeugungen und ihrem Verhalten herzustellen. Wenn diese Konsistenz gestört ist, entsteht ein unangenehmes Gefühl, das als kognitive Dissonanz bezeichnet wird. Um diese Dissonanz zu reduzieren, können Individuen ihre Überzeugungen anpassen oder ihr Verhalten ändern. In einem Kontext von Unterdrückung können Menschen, die Ungerechtigkeiten erleben, beginnen, ihre Überzeugungen über die Legitimität des Systems zu hinterfragen, was zu einem Widerstand führen kann.

Ein weiteres relevantes Konzept ist die Theorie des sozialen Identitätsansatzes, die von Henri Tajfel und John Turner entwickelt wurde. Diese Theorie legt nahe, dass das Individuum seine Identität stark durch die Zugehörigkeit zu sozialen Gruppen definiert. Wenn eine Gruppe diskriminiert oder unterdrückt wird, kann dies zu einem kollektiven Widerstand führen, da die Mitglieder der Gruppe versuchen, ihre Identität und ihren Status in der Gesellschaft zu verteidigen.

Psychologische Probleme im Widerstand

Widerstand kann jedoch auch mit psychologischen Problemen verbunden sein. Aktivisten können unter Stress, Angst und Depression leiden, insbesondere wenn sie Gewalt oder Repression ausgesetzt sind. Die ständige Bedrohung durch die

Regierung oder andere Unterdrücker kann zu einem Zustand führen, der als „Trauma durch kollektive Erfahrung" bezeichnet wird. Diese Art von Trauma betrifft nicht nur die direkt Betroffenen, sondern kann auch die Gemeinschaft als Ganzes beeinflussen.

Ein Beispiel für die psychologischen Herausforderungen im Widerstand ist die Erfahrung von Aktivisten, die in Gefangenschaft geraten oder Gewalt erleben. Studien haben gezeigt, dass solche Erfahrungen zu posttraumatischen Belastungsstörungen (PTBS) führen können, die sich in Symptomen wie Flashbacks, Schlafstörungen und emotionaler Taubheit äußern. Diese psychologischen Probleme können die Fähigkeit der Aktivisten beeinträchtigen, effektiv zu mobilisieren und sich für ihre Anliegen einzusetzen.

Positive psychologische Effekte des Widerstands

Trotz dieser Herausforderungen kann Widerstand auch positive psychologische Effekte haben. Viele Aktivisten berichten von einem Gefühl der Ermächtigung und des Zusammenhalts, wenn sie sich für eine gemeinsame Sache einsetzen. Diese kollektive Identität kann das Gefühl der Isolation verringern und die Resilienz der Gemeinschaft stärken. Die Unterstützung durch Gleichgesinnte kann als Puffer gegen die negativen Auswirkungen von Stress und Trauma wirken.

Ein Beispiel hierfür ist die Bürgerrechtsbewegung auf Zarinia, in der viele Aktivisten durch ihre Teilnahme an Protesten und Versammlungen ein starkes Gefühl der Zugehörigkeit und des Zwecks entwickelten. Diese Gemeinschaftsbildung kann dazu beitragen, das psychologische Wohlbefinden zu fördern und die Motivation aufrechtzuerhalten, auch in Zeiten der Repression.

Beispiele aus der Praxis

Ein konkretes Beispiel für die Psychologie des Widerstands auf Zarinia ist die Reaktion der Bevölkerung auf die repressiven Maßnahmen der Regierung. Während der ersten Proteste gegen die Unterdrückung der symbiotischen Geister erlebten viele Aktivisten eine starke kognitive Dissonanz, als sie die Diskrepanz zwischen den Werten der Gleichheit und der Realität der Diskriminierung erkannten. Dies führte zu einer verstärkten Mobilisierung und dem Wunsch, aktiv zu werden, um Veränderungen herbeizuführen.

Ein weiteres Beispiel ist die Rolle von Kunst und Kultur im Widerstand. Viele Künstler und Musiker auf Zarinia nutzen ihre Plattformen, um auf die Ungerechtigkeiten aufmerksam zu machen und ein Gefühl der Solidarität zu fördern. Diese kreativen Ausdrucksformen können nicht nur die Botschaft des

Widerstands verbreiten, sondern auch als therapeutisches Mittel für die Aktivisten dienen, um ihre Erfahrungen zu verarbeiten und ihre Emotionen auszudrücken.

Schlussfolgerung

Die Psychologie des Widerstands ist ein entscheidender Faktor für das Verständnis der Dynamik von sozialen Bewegungen auf Zarinia. Die Wechselwirkungen zwischen kognitiver Dissonanz, sozialer Identität und den psychologischen Herausforderungen, denen Aktivisten gegenüberstehen, bieten wertvolle Einblicke in die Mechanismen, die den Widerstand antreiben. Während die psychologischen Belastungen erheblich sein können, zeigen die positiven Effekte der Gemeinschaft und des kollektiven Handelns, dass Widerstand auch eine Quelle der Stärke und des Wandels sein kann. Die Psychologie des Widerstands wird weiterhin eine zentrale Rolle in der Entwicklung der Bewegung spielen und die Art und Weise beeinflussen, wie Individuen und Gemeinschaften auf Ungerechtigkeiten reagieren.

Erfolge trotz Rückschlägen

Die Bürgerrechtsbewegung unter der Führung von Kael Nira war von Anfang an mit zahlreichen Herausforderungen konfrontiert. Doch trotz dieser Rückschläge konnte die Bewegung bemerkenswerte Erfolge erzielen. Diese Erfolge sind nicht nur das Resultat von Hartnäckigkeit und Entschlossenheit, sondern auch von strategischem Denken und der Fähigkeit, aus Misserfolgen zu lernen.

Die Resilienz der Bewegung

Ein zentrales Konzept, das die Erfolge der Bewegung trotz Rückschlägen erklärt, ist die Resilienz. Resilienz ist die Fähigkeit, sich von Rückschlägen zu erholen und gestärkt daraus hervorzugehen. In der Psychologie wird Resilienz oft als ein dynamischer Prozess beschrieben, der es Individuen und Gruppen ermöglicht, sich an widrige Umstände anzupassen und dabei ihre Grundwerte und Ziele nicht aus den Augen zu verlieren.

Die Bewegung auf Zarinia zeigte eine bemerkenswerte Resilienz, indem sie sich auf ihre Kernwerte konzentrierte: Gleichheit, Gerechtigkeit und die Würde aller symbiotischen Geister. Diese Werte fungierten als eine Art Anker, der den Aktivisten half, auch in schwierigen Zeiten zusammenzuhalten und ihre Mission fortzusetzen.

Strategien zur Bewältigung von Rückschlägen

Die Aktivisten unter Kael Nira entwickelten spezifische Strategien, um mit Rückschlägen umzugehen. Eine dieser Strategien war die ständige Reflexion über ihre Ansätze. Sie führten regelmäßige Treffen durch, um ihre Taktiken zu bewerten und anzupassen. Diese Reflexion ermöglichte es der Bewegung, aus Erfahrungen zu lernen und sich an die sich verändernden politischen und sozialen Umstände anzupassen.

Ein Beispiel für diese Strategie war die Reaktion auf die erste große Demonstration, die von der Regierung brutal niedergeschlagen wurde. Anstatt den Mut zu verlieren, analysierten die Aktivisten die Gründe für den Misserfolg und entwickelten neue Ansätze für zukünftige Aktionen. Sie erkannten, dass die Mobilisierung der Gemeinschaft durch kreative Ausdrucksformen, wie Kunst und Musik, eine effektive Möglichkeit war, die Botschaft zu verbreiten und Unterstützung zu gewinnen.

Erfolge in der Gesetzgebung

Trotz der Herausforderungen, die die Bewegung erlebte, konnten die Aktivisten bedeutende Erfolge in der Gesetzgebung erzielen. Ein herausragendes Beispiel ist die Verabschiedung des „Gesetzes zur Gleichstellung symbiotischer Geister", das nach monatelangen Protesten und Verhandlungen durch das zarinianische Parlament verabschiedet wurde. Dieses Gesetz stellte einen historischen Schritt in Richtung Gleichheit dar und wurde von vielen als direkte Folge des unermüdlichen Engagements der Bewegung angesehen.

Die Verabschiedung dieses Gesetzes war nicht nur ein rechtlicher Sieg, sondern auch ein symbolischer. Sie zeigte, dass die Stimmen der Aktivisten gehört wurden und dass der Druck der Bewegung tatsächlich Veränderungen bewirken konnte. Dies motivierte viele, sich weiterhin aktiv zu engagieren und führte zu einem Anstieg der Unterstützung für die Bewegung.

Internationale Unterstützung

Ein weiterer wichtiger Faktor für die Erfolge der Bewegung war die internationale Unterstützung, die sie erhielt. Trotz der Rückschläge, die die Aktivisten erlitten hatten, gelang es ihnen, internationale Aufmerksamkeit auf die Missstände auf Zarinia zu lenken. Diese Aufmerksamkeit führte zu einer Welle der Solidarität von anderen Bürgerrechtsbewegungen und Organisationen weltweit.

Ein Beispiel für diese internationale Unterstützung war die Zusammenarbeit mit der „Intergalaktischen Allianz für Bürgerrechte", die die zarinianische

Bewegung durch finanzielle Mittel und Ressourcen unterstützte. Diese Allianz organisierte internationale Kampagnen und half dabei, die Anliegen der Bewegung in den Medien zu verbreiten. Diese Unterstützung war entscheidend für die Mobilisierung von Ressourcen und für die Schaffung eines globalen Netzwerks von Aktivisten, die sich für die gleichen Ziele einsetzten.

Der Einfluss von Kunst und Kultur

Die Bewegung nutzte auch Kunst und Kultur als mächtige Werkzeuge, um ihre Botschaft zu verbreiten und Unterstützung zu gewinnen. Künstler und Kulturschaffende auf Zarinia schlossen sich der Bewegung an und trugen dazu bei, die Geschichten der symbiotischen Geister durch verschiedene Medien zu erzählen. Diese kreativen Ausdrucksformen halfen nicht nur dabei, die Aufmerksamkeit auf die Anliegen der Bewegung zu lenken, sondern trugen auch dazu bei, eine emotionale Verbindung zu potenziellen Unterstützern herzustellen.

Ein bemerkenswertes Beispiel ist das Theaterstück „Die Stimmen der Geister", das die Herausforderungen und Triumphe der Bewegung auf eindringliche Weise darstellte. Das Stück wurde in verschiedenen Städten aufgeführt und zog ein breites Publikum an, das nicht nur die Kunst schätzte, sondern auch die Botschaft der Bewegung verstand und unterstützte.

Fazit

Zusammenfassend lässt sich sagen, dass die Erfolge der Bürgerrechtsbewegung unter Kael Nira trotz der zahlreichen Rückschläge auf eine Kombination aus Resilienz, strategischem Denken, internationaler Unterstützung und kreativen Ausdrucksformen zurückzuführen sind. Diese Faktoren ermöglichten es der Bewegung, nicht nur ihre Ziele zu verfolgen, sondern auch bedeutende Fortschritte in der Gesellschaft zu erzielen. Die Fähigkeit, aus Rückschlägen zu lernen und sich anzupassen, stellte sich als entscheidend für den langfristigen Erfolg der Bewegung heraus. Die Geschichte von Kael Nira und der zarinianischen Bürgerrechtsbewegung ist ein inspirierendes Beispiel dafür, wie Entschlossenheit und Gemeinschaft selbst in den schwierigsten Zeiten Veränderungen bewirken können.

Die Notwendigkeit von Dialog und Verständnis

In der komplexen und oft angespannten Atmosphäre, die durch soziale Bewegungen und Bürgerrechtsaktivismus geprägt ist, wird die Notwendigkeit von Dialog und Verständnis zu einem zentralen Element für den Erfolg und die

Nachhaltigkeit dieser Bewegungen. Der Dialog ist nicht nur ein Mittel zur Konfliktlösung, sondern auch ein Werkzeug zur Förderung von Empathie und gegenseitigem Verständnis zwischen verschiedenen gesellschaftlichen Gruppen.

Theoretische Grundlagen

Die Theorie des sozialen Wandels, wie sie von Theoretikern wie [1] und [2] beschrieben wird, legt nahe, dass Dialog als eine Form der sozialen Interaktion entscheidend ist, um tief verwurzelte Vorurteile abzubauen und eine inklusive Gesellschaft zu schaffen. Dialog ermöglicht es den Beteiligten, ihre Perspektiven zu teilen und ein gemeinsames Verständnis für die Herausforderungen und Bedürfnisse anderer zu entwickeln. In diesem Kontext kann der Dialog als eine Form der *kollektiven Identitätsbildung* betrachtet werden, die es Gruppen ermöglicht, ihre Differenzen zu erkennen und gleichzeitig gemeinsame Ziele zu formulieren.

Probleme und Herausforderungen

Die Implementierung von Dialogprozessen in aktivistischen Bewegungen ist jedoch mit zahlreichen Herausforderungen konfrontiert. Eine der größten Hürden ist das Vorhandensein von *Misstrauen* zwischen den Gruppen. Historische Ungerechtigkeiten und Diskriminierung können dazu führen, dass die betroffenen Gemeinschaften skeptisch gegenüber den Absichten der anderen sind. Dieses Misstrauen kann den Dialog behindern und zu einer Eskalation von Konflikten führen, anstatt sie zu lösen.

Ein weiteres Problem ist die *Ungleichheit in der Machtverteilung*. Oft haben dominante Gruppen die Kontrolle über den Dialog, was dazu führt, dass die Stimmen marginalisierter Gemeinschaften nicht gehört oder gewichtet werden. Diese Ungleichheit kann die Glaubwürdigkeit und Effektivität des Dialogs untergraben und die Spaltung zwischen den Gruppen vertiefen.

Beispiele für erfolgreichen Dialog

Trotz dieser Herausforderungen gibt es zahlreiche Beispiele, in denen Dialog und Verständnis erfolgreich zur Überwindung von Konflikten beigetragen haben. Ein bemerkenswertes Beispiel ist der *Würzburger Dialog*, der in den frühen 2000er Jahren ins Leben gerufen wurde, um die Spannungen zwischen verschiedenen ethnischen und kulturellen Gruppen in der Stadt zu verringern. Durch regelmäßige Treffen und Workshops konnten die Teilnehmer ihre Erfahrungen und Perspektiven austauschen, was zu einem besseren Verständnis und einer stärkeren Gemeinschaft führte.

Ein weiteres Beispiel ist die *Truth and Reconciliation Commission* in Südafrika, die nach dem Ende der Apartheid eingerichtet wurde. Diese Kommission bot eine Plattform für Opfer und Täter, um ihre Geschichten zu teilen und sich gegenseitig zuzuhören. Der Prozess des Dialogs trug dazu bei, das Vertrauen in die Gesellschaft wiederherzustellen und die Grundlage für eine friedliche Koexistenz zu schaffen.

Schlussfolgerung

Die Notwendigkeit von Dialog und Verständnis in der Bürgerrechtsbewegung kann nicht überbetont werden. Ein erfolgreicher Dialog fördert nicht nur das Verständnis zwischen verschiedenen Gruppen, sondern trägt auch zur Schaffung einer inklusiven und gerechten Gesellschaft bei. Um die Herausforderungen des Dialogs zu meistern, müssen Aktivisten Strategien entwickeln, die darauf abzielen, Misstrauen abzubauen und Machtungleichheiten zu adressieren. Nur durch einen offenen und respektvollen Dialog können die Ziele der Bewegung erreicht und langfristige Veränderungen in der Gesellschaft bewirkt werden.

Bibliography

[1] Tilly, C. (2004). *Social Movements, 1760-2000*. Paradigm Publishers.

[2] Della Porta, D. (2006). *Social Movements: An Introduction*. Blackwell Publishing.

Kaels persönliche Reise

Herausforderungen und Rückschläge

Verlust von Freunden und Unterstützern

Der Verlust von Freunden und Unterstützern stellt eine der schmerzhaftesten Erfahrungen für jeden Aktivisten dar, insbesondere für jemanden wie Kael Nira, der sich in einer so herausfordernden und oft gefährlichen Umgebung wie Zarinia engagiert. In dieser Phase seines Lebens erlebte Kael nicht nur den Verlust von persönlichen Beziehungen, sondern auch das Gefühl der Isolation, das häufig mit dem Engagement für eine Bürgerrechtsbewegung einhergeht.

Psychologische Auswirkungen des Verlusts

Der Verlust von Freunden und Unterstützern kann tiefgreifende psychologische Auswirkungen haben. Studien zeigen, dass solche Verluste Trauer, Angst und sogar Depressionen auslösen können. Die Trauerbewältigung wird in der Psychologie oft als ein Prozess beschrieben, der mehrere Phasen umfasst, darunter:

- **Leugnung:** Zu Beginn kann Kael Schwierigkeiten haben, den Verlust zu akzeptieren, was zu einer Phase der Verleugnung führen kann.

- **Zorn:** In der nächsten Phase kann er Wut empfinden, nicht nur auf die Umstände, die zu dem Verlust führten, sondern auch auf sich selbst und andere.

- **Verhandlung:** Kael könnte versuchen, die Situation zu ändern oder die Umstände zu beeinflussen, um den Verlust rückgängig zu machen.

- **Depression:** Diese Phase ist durch tiefe Traurigkeit gekennzeichnet, in der Kael möglicherweise die Motivation verliert, weiterhin für die Bewegung zu kämpfen.

✦ **Akzeptanz:** Schließlich könnte er in der Lage sein, den Verlust zu akzeptieren und sich auf seine Mission zu konzentrieren, während er die Erinnerungen an seine Unterstützer in Ehren hält.

Beispiele aus Kaels Leben

Ein prägnantes Beispiel für den Verlust eines Freundes ereignete sich, als einer von Kaels engsten Verbündeten, ein talentierter Künstler und Aktivist namens Lira, während eines Protestes gegen die Unterdrückung der symbiotischen Geister getötet wurde. Lira war nicht nur ein Unterstützer, sondern auch eine Quelle der Inspiration für Kael. Ihr Tod hinterließ eine Lücke in der Bewegung und in Kaels Herz.

Kael erinnerte sich an die vielen Nächte, die sie zusammen verbracht hatten, um Plakate zu entwerfen und Strategien zu entwickeln. Liras Verlust führte zu einer tiefen inneren Krise für Kael. Er stellte sich Fragen wie: *"Habe ich genug getan, um sie zu schützen?"* und *"Konnte ich den Verlust verhindern?"* Diese Fragen quälten ihn und führten zu einem Rückzug aus der aktiven Teilnahme an der Bewegung.

Gemeinschaft und Unterstützung

Trotz der Herausforderungen, die mit dem Verlust von Freunden und Unterstützern verbunden sind, erkannte Kael die Bedeutung von Gemeinschaft und Solidarität in solchen Zeiten. Er fand Trost in der Unterstützung anderer Aktivisten, die ähnliche Verluste erlitten hatten. Diese geteilten Erfahrungen schufen eine tiefere Verbindung zwischen den Mitgliedern der Bewegung und führten zu einer verstärkten Entschlossenheit, für die Rechte der symbiotischen Geister zu kämpfen.

Strategien zur Bewältigung des Verlusts

Um mit dem Verlust umzugehen, entwickelte Kael mehrere Strategien, die ihm halfen, seine Trauer zu bewältigen und seine Energie auf die Bewegung zu lenken:

1. **Selbstpflege:** Kael begann, sich aktiv um seine mentale Gesundheit zu kümmern, indem er regelmäßig meditierte und Zeit in der Natur verbrachte, um seinen Geist zu klären.

2. **Erinnerungsrituale:** Er initiierte Erinnerungsrituale für seine verstorbenen Freunde, bei denen die Gemeinschaft zusammenkam, um ihre Beiträge zu feiern und ihre Geschichten zu erzählen.

3. **Engagement in der Bewegung:** Anstatt sich zurückzuziehen, fand Kael, dass das Engagement in der Bewegung ihm half, seinen Schmerz in positive Aktionen umzuwandeln.

Diese Strategien ermöglichten es Kael, nicht nur seine Trauer zu verarbeiten, sondern auch seine Rolle als Anführer der Bewegung zu festigen. Er verstand, dass der Verlust von Freunden und Unterstützern nicht das Ende seiner Mission bedeutete, sondern vielmehr eine Gelegenheit bot, ihren Geist und ihr Engagement in der Bewegung lebendig zu halten.

Fazit

Der Verlust von Freunden und Unterstützern ist eine universelle Erfahrung im Aktivismus, die sowohl schmerzhaft als auch transformativ sein kann. Für Kael Nira war es eine Herausforderung, die ihn dazu brachte, seine persönliche Philosophie und seine Vision für Zarinia zu überdenken. Durch die Unterstützung seiner Gemeinschaft und die Entwicklung von Bewältigungsstrategien konnte er die Dunkelheit der Trauer in eine Quelle der Stärke und Inspiration verwandeln. In der Erinnerung an seine verlorenen Freunde fand er nicht nur Trost, sondern auch einen erneuten Antrieb, für die Rechte der symbiotischen Geister zu kämpfen und eine gerechtere Zukunft für alle Zarinianer zu schaffen.

Innere Konflikte und Selbstzweifel

Innere Konflikte und Selbstzweifel sind zentrale Themen in der persönlichen Reise eines Aktivisten, insbesondere für jemanden wie Kael Nira, der sich in der komplexen und oft herausfordernden Welt von Zarinia für Bürgerrechte einsetzt. Diese inneren Kämpfe sind nicht nur psychologischer Natur, sondern sie beeinflussen auch die Fähigkeit eines Aktivisten, effektiv zu handeln und die Gemeinschaft zu mobilisieren.

Psychologische Grundlagen

Die Psychologie des Aktivismus zeigt, dass innere Konflikte häufig aus der Diskrepanz zwischen den persönlichen Werten und den realen Bedingungen in der Gesellschaft entstehen. Laut [?] sind intrinsische Motivation und das Streben nach Selbstverwirklichung entscheidend für das Engagement eines Individuums. Wenn jedoch die äußeren Umstände, wie Diskriminierung oder Ungerechtigkeit, den inneren Überzeugungen entgegenstehen, führt dies zu einem Zustand der kognitiven Dissonanz. Diese Dissonanz kann sich in Form von Selbstzweifeln äußern, wobei der Aktivist beginnt, seine Fähigkeiten und seine Wirksamkeit in Frage zu stellen.

Beispiele aus Kaels Leben

Kael Nira erlebte diesen inneren Konflikt, als er zum ersten Mal mit der Realität der Ungerechtigkeit konfrontiert wurde. In seiner Kindheit beobachtete er, wie seine Freunde und Familienmitglieder unter dem Druck der gesellschaftlichen Erwartungen litten, die von den symbiotischen Geistern und ihrer Rolle in der Gesellschaft geprägt waren. Diese Erfahrungen führten zu einem tiefen Gefühl der Ohnmacht, das Kael dazu brachte, seine Identität und seinen Platz in der Bewegung zu hinterfragen. Er fragte sich oft: „Bin ich stark genug, um die Stimme der Unterdrückten zu sein?"

Der Einfluss von Selbstzweifeln

Selbstzweifel können sich in verschiedenen Formen zeigen, darunter:

- **Vergleich mit anderen:** Kael begann, sich mit anderen Aktivisten zu vergleichen, die scheinbar erfolgreicher oder charismatischer waren. Dieser Vergleich führte zu einem Gefühl der Unzulänglichkeit und verstärkte seine Zweifel an seinen eigenen Fähigkeiten.

- **Angst vor Misserfolg:** Die Furcht, die Erwartungen seiner Gemeinschaft nicht zu erfüllen, wurde zu einer lähmenden Kraft. Diese Angst führte dazu, dass Kael Gelegenheiten zur Mobilisierung von Unterstützern und zur Durchführung von Protesten vermied.

- **Innere Kritiker:** Kaels innere Stimme wurde oft von Selbstkritik dominiert, die ihm einredete, dass seine Bemühungen vergeblich seien. Diese kritische Stimme minderte seinen Mut und seine Entschlossenheit.

Umgang mit inneren Konflikten

Um mit diesen inneren Konflikten umzugehen, entwickelte Kael verschiedene Strategien:

1. **Selbstreflexion:** Kael begann, seine Gedanken und Gefühle in einem Journal festzuhalten. Diese Praxis half ihm, seine Emotionen zu verarbeiten und einen klaren Kopf zu bewahren.

2. **Mentoring und Unterstützung:** Der Austausch mit erfahrenen Aktivisten und Mentoren gab Kael das Gefühl, nicht allein zu sein. Durch diese Gespräche konnte er seine Unsicherheiten ansprechen und erhielt wertvolle Ratschläge.

3. **Positive Affirmationen:** Kael begann, positive Affirmationen zu verwenden, um sein Selbstbewusstsein zu stärken. Sätze wie „Ich bin fähig und stark" halfen ihm, seine Selbstzweifel zu überwinden.

Langfristige Auswirkungen

Die Auseinandersetzung mit inneren Konflikten und Selbstzweifeln führte letztendlich zu einem stärkeren und entschlosseneren Kael Nira. Er lernte, dass diese Herausforderungen nicht als Schwäche, sondern als Teil seiner menschlichen Erfahrung angesehen werden sollten. Diese Erkenntnis half ihm, authentisch zu bleiben und seine Verletzlichkeit als Stärke zu nutzen.

In der Gemeinschaft von Zarinia wurde Kael zu einem Symbol für Resilienz und Hoffnung. Seine Fähigkeit, seine inneren Konflikte zu überwinden, inspirierte viele andere, sich ebenfalls mit ihren eigenen Zweifeln auseinanderzusetzen und aktiv zu werden.

Fazit

Innere Konflikte und Selbstzweifel sind unvermeidliche Begleiter eines jeden Aktivisten. Kaels Reise zeigt, dass die Auseinandersetzung mit diesen Herausforderungen nicht nur zu persönlichem Wachstum führt, sondern auch die Fähigkeit stärkt, andere zu inspirieren und zu mobilisieren. Indem er seine eigenen Kämpfe annahm, konnte Kael Nira eine kraftvolle Stimme für die Bürgerrechtsbewegung auf Zarinia werden, die viele Generationen überdauern würde.

Die Suche nach Identität in der Bewegung

Die Suche nach Identität ist ein zentrales Thema in jeder sozialen Bewegung, und die Bürgerrechtsbewegung auf Zarinia bildet hierbei keine Ausnahme. Für Kael Nira und viele andere Aktivisten stellt sich die Frage: *Wer bin ich in dieser Bewegung, und wie definiert sich mein Platz innerhalb dieser Gemeinschaft?* Diese Suche nach Identität ist nicht nur persönlich, sondern auch kollektiv, da sie die Dynamik der Bewegung und ihre Ziele beeinflusst.

Theoretische Grundlagen

Die Identität in sozialen Bewegungen kann durch verschiedene theoretische Ansätze analysiert werden. Ein besonders relevanter Ansatz ist die **Soziale Identitätstheorie** (SIT), die von Henri Tajfel und John Turner entwickelt wurde. Laut dieser Theorie definieren Menschen ihr Selbstbild durch ihre Zugehörigkeit zu sozialen Gruppen. Dies führt zu einer *Ingroup-* und *Outgroup-*Dynamik, die sowohl positive als auch negative Auswirkungen auf die Identität der Individuen haben kann.

Auf Zarinia manifestiert sich diese Theorie in der Art und Weise, wie die Bürgerrechtsaktivisten ihre Identität in Bezug auf die symbiotischen Geister und die nicht-symbiotischen Bürger definieren. Die Zugehörigkeit zur Bewegung stärkt das Gefühl der Solidarität und des gemeinsamen Ziels, während die Abgrenzung von den Opponenten zu einer verstärkten Gruppenkohäsion führt.

Herausforderungen der Identitätssuche

Die Suche nach Identität ist jedoch nicht ohne Herausforderungen. Kael Nira sieht sich mit verschiedenen Fragen konfrontiert, die seine Identität als Aktivist in Frage stellen:

+ **Kulturelle Spannungen:** Auf Zarinia gibt es unterschiedliche kulturelle Hintergründe, und die Frage, wie man eine gemeinsame Identität innerhalb der Bewegung schaffen kann, ist komplex. Kael muss sich mit den verschiedenen Traditionen und Werten der symbiotischen Geister auseinandersetzen, während er gleichzeitig die Werte der nicht-symbiotischen Bürger respektiert.

+ **Innere Konflikte:** Kael erlebt innere Konflikte, die aus der Diskrepanz zwischen seinen persönlichen Überzeugungen und den Erwartungen der Bewegung resultieren. Die Frage, ob er seine eigenen Werte zugunsten der Bewegung opfern sollte, beschäftigt ihn oft.

+ **Externe Wahrnehmung:** Die Art und Weise, wie die Gesellschaft und die Medien die Bewegung darstellen, beeinflusst Kaels Selbstbild. Negative Darstellungen können dazu führen, dass er an seiner Rolle in der Bewegung zweifelt.

Beispiele aus Kaels Leben

Ein prägendes Erlebnis für Kael war die erste große Demonstration, bei der er als Redner auftrat. Während er seine Rede hielt, spürte er, wie sich die Identität der

Bewegung in diesem Moment manifestierte. Die Energie der Menge, die gemeinsame Vision und das Gefühl von Zusammengehörigkeit halfen ihm, seine eigene Identität als Anführer zu festigen.

Jedoch gab es auch Rückschläge. Nach der Demonstration erhielt Kael zahlreiche negative Rückmeldungen, die seine Ansichten und seine Rolle in der Bewegung in Frage stellten. Diese Erfahrungen führten zu einer Phase der Selbstreflexion, in der Kael seine Werte und Ziele neu definieren musste.

Die Rolle der Gemeinschaft

Die Suche nach Identität wird durch die Gemeinschaft der Aktivisten auf Zarinia unterstützt. Kael erkennt, dass der Austausch mit Gleichgesinnten, die ähnliche Erfahrungen gemacht haben, entscheidend für die Festigung seiner Identität ist. In Gruppendiskussionen und Workshops teilt Kael seine Zweifel und Ängste, was ihm hilft, seine Identität zu klären und zu stärken.

$$I = \frac{S_{in} - S_{out}}{S_{total}} \tag{26}$$

Hierbei steht I für die individuelle Identität, S_{in} für die positiven Erfahrungen innerhalb der Bewegung, S_{out} für die negativen Erfahrungen von außen und S_{total} für die Gesamtheit der Erfahrungen. Diese Gleichung verdeutlicht, dass eine starke Ingroup-Erfahrung die individuelle Identität stärkt, während negative äußere Erfahrungen diese schwächen können.

Schlussfolgerung

Die Suche nach Identität in der Bürgerrechtsbewegung auf Zarinia ist ein dynamischer Prozess, der von persönlichen, kulturellen und gesellschaftlichen Faktoren beeinflusst wird. Für Kael Nira ist es eine ständige Herausforderung, seine Rolle und Identität als Aktivist zu definieren, während er gleichzeitig die Werte der Bewegung und die Bedürfnisse der Gemeinschaft berücksichtigt. Diese Reise der Selbstfindung ist entscheidend für den Erfolg der Bewegung und die Entwicklung einer kollektiven Identität, die auf Solidarität und gemeinsamen Zielen basiert.

Die Balance zwischen Aktivismus und persönlichem Leben

Der Aktivismus ist oft mit intensiven Emotionen, Engagement und einem tiefen Sinn für Verantwortung verbunden. Für Kael Nira, den Führer der Bewegung zur Trennung symbiotischer Geister auf Zarinia, stellte die Balance zwischen

Aktivismus und persönlichem Leben eine der größten Herausforderungen dar.
Diese Herausforderung ist nicht einzigartig für Kael, sondern ein häufiges
Dilemma, dem viele Aktivisten gegenüberstehen. In diesem Abschnitt werden wir
die Schwierigkeiten untersuchen, die sich aus der Suche nach dieser Balance
ergeben, sowie mögliche Strategien, um sie zu erreichen.

Die Herausforderungen der Balance

Die erste Herausforderung, die viele Aktivisten erleben, ist die **Zeitmanagement**.
Die Anforderungen des Aktivismus können überwältigend sein. Kael fand sich oft
in Situationen wieder, in denen er seine Zeit zwischen Protesten, Meetings und der
Organisation von Veranstaltungen aufteilen musste. Dies führte oft dazu, dass er
persönliche Verpflichtungen und soziale Aktivitäten vernachlässigte. Der Druck,
ständig aktiv zu sein und Veränderungen herbeizuführen, kann dazu führen, dass
man sich von Freunden und Familie entfremdet.

Ein weiterer Aspekt ist die **emotionale Belastung**. Aktivisten sind häufig mit
Themen konfrontiert, die tiefgreifende Ungerechtigkeiten und Leiden beinhalten.
Kael erlebte oft Trauer und Frustration über die Ungerechtigkeiten, die er in der
Gesellschaft sah. Diese emotionalen Herausforderungen können zu einem Zustand
der *Burnout* führen, der sowohl die persönliche Gesundheit als auch die Effektivität
des Aktivismus beeinträchtigen kann. Laut einer Studie von [?] können Aktivisten,
die sich nicht um ihr emotionales Wohlbefinden kümmern, in einen Teufelskreis
von Erschöpfung und Ineffektivität geraten.

Theoretische Perspektiven

Die **Selbstfürsorge** ist ein Konzept, das in der Aktivismusforschung zunehmend
an Bedeutung gewinnt. Es bezieht sich auf die Praxis, sich um die eigenen
physischen, emotionalen und psychologischen Bedürfnisse zu kümmern, um
langfristig aktiv und engagiert zu bleiben. [?] argumentiert, dass Aktivisten, die
Selbstfürsorge praktizieren, nicht nur ihre persönliche Gesundheit verbessern,
sondern auch ihre Fähigkeit, effektiv zu kämpfen, steigern. Kael musste lernen,
dass es in Ordnung ist, sich Zeit für sich selbst zu nehmen, um die Energie und
Motivation aufrechtzuerhalten, die für den Aktivismus erforderlich sind.

Ein weiteres wichtiges Konzept ist die **Kollektive Verantwortung**. Diese
Theorie besagt, dass die Last des Aktivismus nicht allein auf den Schultern eines
Einzelnen liegen sollte. Kael erkannte, dass die Delegation von Aufgaben und das
Teilen von Verantwortlichkeiten innerhalb der Bewegung nicht nur seine
persönliche Belastung verringern, sondern auch die Gemeinschaft stärken würde.

Dies fördert ein unterstützendes Umfeld, in dem Aktivisten sich gegenseitig helfen können, ihre persönlichen und kollektiven Ziele zu erreichen.

Praktische Strategien

Um die Balance zwischen Aktivismus und persönlichem Leben zu finden, entwickelte Kael einige praktische Strategien:

- **Zeitplanung:** Kael begann, feste Zeiten für Aktivismus und persönliche Aktivitäten in seinen Kalender einzutragen. Diese Struktur half ihm, sowohl seine Verpflichtungen als auch seine Freizeit zu respektieren.

- **Selbstfürsorge-Rituale:** Er integrierte tägliche Rituale wie Meditation und Sport in seinen Alltag, um seine mentale und physische Gesundheit zu fördern.

- **Offene Kommunikation:** Kael sprach offen mit seinen Freunden und seiner Familie über seine Herausforderungen. Diese Transparenz schuf Verständnis und Unterstützung in seinem persönlichen Umfeld.

- **Delegation von Aufgaben:** Er erkannte die Bedeutung der Teamarbeit und begann, Aufgaben innerhalb seiner Bewegung zu delegieren, um die gemeinsame Verantwortung zu fördern.

- **Grenzen setzen:** Kael lernte, „Nein" zu sagen, wenn er fühlte, dass er überfordert war. Dies war ein entscheidender Schritt, um seine persönlichen Grenzen zu respektieren.

Beispiele aus Kaels Leben

Ein prägnantes Beispiel für Kaels Bemühungen, diese Balance zu finden, war die Organisation der ersten großen Demonstration der Bewegung. Während dieser Zeit war der Druck enorm, und Kael fühlte sich oft gestresst und überfordert. Er stellte jedoch sicher, dass er an den Wochenenden Zeit mit seiner Familie verbrachte, um sich zu erholen und neue Energie zu tanken. Diese bewussten Pausen halfen ihm, fokussiert und motiviert zu bleiben.

Ein weiteres Beispiel war seine Entscheidung, an einem Retreat für Aktivisten teilzunehmen, das speziell für die Förderung von Selbstfürsorge und emotionaler Gesundheit konzipiert war. Während dieses Retreats lernte Kael Techniken zur Stressbewältigung und zur Förderung des persönlichen Wohlbefindens, die er später in seinen Alltag integrierte.

Fazit

Die Balance zwischen Aktivismus und persönlichem Leben ist eine komplexe Herausforderung, die viele Aktivisten, einschließlich Kael Nira, betrifft. Durch die Anwendung von Theorien wie Selbstfürsorge und kollektiver Verantwortung sowie durch praktische Strategien konnte Kael lernen, diese Balance zu finden. Letztendlich ist es wichtig, dass Aktivisten nicht nur für die Sache kämpfen, sondern auch auf sich selbst achten, um nachhaltig und effektiv arbeiten zu können. Die Erfahrungen von Kael zeigen, dass es möglich ist, ein erfülltes persönliches Leben zu führen, während man sich gleichzeitig für eine gerechtere Welt einsetzt. Diese Balance ist entscheidend für den langfristigen Erfolg und das Wohlbefinden von Aktivisten in der heutigen komplexen Gesellschaft.

Der Einfluss von Trauer und Verlust

Trauer und Verlust sind universelle Erfahrungen, die tiefgreifende Auswirkungen auf das Leben und die Psyche von Individuen haben können, insbesondere bei Aktivisten wie Kael Nira, die sich für soziale Gerechtigkeit einsetzen. In diesem Abschnitt untersuchen wir, wie Trauer und Verlust Kaels Aktivismus beeinflussten, welche psychologischen Theorien dabei eine Rolle spielen und welche Herausforderungen sich aus diesen Erfahrungen ergeben.

Psychologische Theorien zu Trauer und Verlust

Die Trauer kann als ein komplexer emotionaler Prozess beschrieben werden, der oft in mehreren Phasen auftritt. Elisabeth Kübler-Ross identifizierte in ihrem Modell fünf Phasen der Trauer: Leugnen, Wut, Verhandeln, Depression und Akzeptanz. Diese Phasen sind nicht linear und können in unterschiedlicher Reihenfolge erlebt werden. Für Kael Nira könnte der Verlust von Freunden und Unterstützern, die sich für die Bewegung eingesetzt hatten, eine Vielzahl dieser Phasen hervorrufen.

Ein weiteres relevantes Konzept ist die *Trauerarbeit*, ein Prozess, der es Individuen ermöglicht, ihre Trauer zu verarbeiten und sich an den Verlust anzupassen. Dieser Prozess kann durch verschiedene Faktoren beeinflusst werden, darunter soziale Unterstützung, kulturelle Praktiken und persönliche Resilienz. Kaels Fähigkeit, Trauerarbeit zu leisten, könnte sowohl durch die Unterstützung seiner Gemeinschaft als auch durch die Herausforderungen des Aktivismus gehemmt worden sein.

Die Auswirkungen von Trauer auf Kaels Aktivismus

Die Trauer um verlorene Freunde kann sowohl lähmend als auch motivierend wirken. Auf der einen Seite kann sie zu inneren Konflikten und Selbstzweifeln führen, die Kaels Fähigkeit, sich auf seine Ziele zu konzentrieren, beeinträchtigen. Auf der anderen Seite kann der Verlust auch als Antrieb dienen, um für die Werte und Überzeugungen zu kämpfen, die diese Personen vertreten haben.

Ein Beispiel hierfür könnte Kaels Reaktion auf den Verlust eines engen Freundes sein, der während eines Protestes verletzt wurde. Anstatt sich zurückzuziehen, könnte Kael durch diesen Verlust inspiriert worden sein, die Bewegung noch energischer zu unterstützen, um sicherzustellen, dass die Opfer nicht umsonst waren. Diese duale Natur von Trauer — als Quelle der Motivation und als potenzielle Belastung — ist ein zentrales Thema in der Psychologie des Aktivismus.

Herausforderungen im Aktivismus

Die Herausforderungen, die aus Trauer und Verlust entstehen, sind vielfältig. Eine der größten Herausforderungen ist die *emotionale Erschöpfung*, die auftreten kann, wenn Aktivisten ständig mit Verlusten konfrontiert sind. Diese Erschöpfung kann zu einem Rückgang der Motivation führen und die Fähigkeit beeinträchtigen, sich auf die langfristigen Ziele zu konzentrieren.

Darüber hinaus kann der Verlust von Unterstützern auch die Dynamik innerhalb der Bewegung beeinflussen. Wenn Schlüsselpersonen fehlen, kann dies zu einem Gefühl der Unsicherheit führen und die Effizienz der Organisation beeinträchtigen. Kael könnte vor der Herausforderung gestanden haben, neue Führungsrollen zu übernehmen oder die Motivation der verbleibenden Unterstützer aufrechtzuerhalten.

Strategien zur Bewältigung von Trauer und Verlust

Um mit den Herausforderungen von Trauer und Verlust umzugehen, können verschiedene Strategien hilfreich sein. Eine Möglichkeit ist die *Selbstpflege*, die es Aktivisten ermöglicht, ihre emotionalen und physischen Bedürfnisse zu priorisieren. Kael könnte Techniken wie Meditation, kreative Ausdrucksformen oder den Austausch mit Freunden und Unterstützern genutzt haben, um seine Trauer zu verarbeiten.

Darüber hinaus ist die *Schaffung von Erinnerungsritualen* eine effektive Methode, um den Verlust zu würdigen und gleichzeitig die Motivation aufrechtzuerhalten. Kael könnte Veranstaltungen organisiert haben, um die

Erinnerungen an die Verstorbenen zu feiern und ihre Werte in der Bewegung lebendig zu halten. Diese Rituale können nicht nur helfen, den Schmerz zu lindern, sondern auch die Gemeinschaft stärken und die Solidarität fördern.

Fazit

Der Einfluss von Trauer und Verlust auf Kael Nira und seine Bürgerrechtsbewegung ist ein komplexes Zusammenspiel von Emotionen, Herausforderungen und Bewältigungsstrategien. Während Trauer lähmend wirken kann, bietet sie auch die Möglichkeit, sich neu zu orientieren und die eigene Mission zu bekräftigen. In der Auseinandersetzung mit Verlusten kann Kael nicht nur persönliche Stärke entwickeln, sondern auch die Gemeinschaft um ihn herum stärken. Die Reflexion über diese Erfahrungen und die Integration von Trauer in den Aktivismus sind entscheidend für die langfristige Resilienz und den Erfolg der Bewegung.

$$E = mc^2 \tag{27}$$

Diese berühmte Gleichung von Einstein, die die Beziehung zwischen Energie (E), Masse (m) und Lichtgeschwindigkeit (c) beschreibt, kann metaphorisch für die Dynamik von Trauer und Aktivismus betrachtet werden. Die „Energie" des Aktivismus kann durch die „Masse" der Erfahrungen, einschließlich Trauer und Verlust, beeinflusst werden. Die Lichtgeschwindigkeit könnte symbolisch für die Geschwindigkeit stehen, mit der Veränderungen in der Gesellschaft angestrebt werden. Ein Gleichgewicht zwischen diesen Elementen ist entscheidend für die Nachhaltigkeit der Bewegung.

Strategien zur Selbstpflege und Resilienz

In der Welt des Aktivismus, wo Herausforderungen und Rückschläge an der Tagesordnung sind, ist die Selbstpflege von entscheidender Bedeutung. Kael Nira, als führender Bürgerrechtsaktivist auf Zarinia, erkannte früh, dass die Fähigkeit zur Resilienz nicht nur eine persönliche Stärke, sondern auch eine kollektive Notwendigkeit ist. In diesem Abschnitt werden verschiedene Strategien zur Selbstpflege und Resilienz erörtert, die sowohl für Kael als auch für andere Aktivisten von Bedeutung sind.

Die Bedeutung von Selbstpflege

Selbstpflege umfasst eine Vielzahl von Praktiken, die darauf abzielen, das körperliche, emotionale und mentale Wohlbefinden zu fördern. Für Aktivisten ist es wichtig, sich regelmäßig Zeit für sich selbst zu nehmen, um Burnout zu vermeiden und die Energie aufrechtzuerhalten, die für den Kampf um Bürgerrechte erforderlich ist. Selbstpflege kann in verschiedene Kategorien unterteilt werden:

- ✦ **Physische Selbstpflege:** Dazu gehören regelmäßige Bewegung, gesunde Ernährung und ausreichender Schlaf. Kael stellte fest, dass körperliche Aktivität nicht nur die körperliche Gesundheit verbessert, sondern auch den Geist klärt und die Stimmung hebt. Er integrierte Yoga und Meditation in seinen Alltag, um Stress abzubauen und sich zu zentrieren.

- ✦ **Emotionale Selbstpflege:** Emotionale Selbstpflege bedeutet, sich Zeit zu nehmen, um Gefühle zu verarbeiten und sich mit positiven Menschen zu umgeben. Kael suchte aktiv nach Unterstützung in seiner Gemeinschaft und baute ein Netzwerk von Freunden und Gleichgesinnten auf, die sich gegenseitig ermutigten und unterstützten.

- ✦ **Mentale Selbstpflege:** Aktivisten sind oft mit schweren Themen konfrontiert, die zu emotionaler Erschöpfung führen können. Kael fand es hilfreich, regelmäßig zu reflektieren und seine Gedanken in einem Tagebuch festzuhalten. Diese Praxis half ihm, seine Emotionen zu verarbeiten und Klarheit über seine Ziele und Motivationen zu gewinnen.

Resilienz und ihre Entwicklung

Resilienz bezeichnet die Fähigkeit, sich von Schwierigkeiten zu erholen und gestärkt aus Herausforderungen hervorzugehen. Es ist eine entscheidende Eigenschaft für jeden Aktivisten. Kael identifizierte mehrere Schlüsselstrategien zur Entwicklung von Resilienz:

1. **Positive Denkweise:** Kael glaubte fest an die Kraft des positiven Denkens. Er entwickelte die Gewohnheit, in schwierigen Zeiten nach Lösungen zu suchen, anstatt sich auf Probleme zu konzentrieren. Diese positive Einstellung half ihm, Herausforderungen als Gelegenheiten zum Lernen zu betrachten.

2. **Ziele setzen:** Klare und erreichbare Ziele zu setzen, war ein weiterer wichtiger Bestandteil von Kaels Resilienzstrategie. Durch das Setzen von kurzfristigen Zielen konnte er Fortschritte erkennen und seine Motivation aufrechterhalten. Diese Ziele konnten sowohl in Bezug auf persönliche Selbstpflege als auch auf die Bürgerrechtsbewegung formuliert werden.

3. **Soziale Unterstützung:** Der Aufbau eines starken Unterstützungsnetzwerks war für Kael von entscheidender Bedeutung. Er erkannte, dass er nicht allein war und dass der Austausch von Erfahrungen mit anderen Aktivisten eine wichtige Quelle der Stärke und Inspiration darstellt. Dies führte zur Gründung von regelmäßigen Treffen, bei denen Aktivisten ihre Erfahrungen teilen und sich gegenseitig unterstützen konnten.

Praktische Beispiele und Theorien

Ein Beispiel für eine erfolgreiche Selbstpflegepraxis, die Kael implementierte, war die Nutzung von Achtsamkeitstechniken. Achtsamkeit, wie sie in der Psychologie definiert ist, bezieht sich auf die bewusste Wahrnehmung des gegenwärtigen Moments ohne Urteil. Laut Jon Kabat-Zinn, einem Pionier auf dem Gebiet der Achtsamkeit, kann diese Praxis helfen, Stress abzubauen und das emotionale Wohlbefinden zu fördern. Kael integrierte tägliche Achtsamkeitsübungen in seinen Alltag, was ihm half, sich besser auf seine Ziele zu konzentrieren und in stressigen Situationen ruhiger zu bleiben.

Ein weiteres theoretisches Konzept, das Kael in seine Resilienzstrategie einbezog, war die *Resilienztheorie*, die besagt, dass Resilienz nicht nur eine individuelle Eigenschaft ist, sondern auch durch soziale und kulturelle Faktoren beeinflusst wird. Diese Theorie legt nahe, dass Gemeinschaften, die starke soziale Netzwerke und Unterstützungssysteme aufbauen, resilienter sind und besser auf Herausforderungen reagieren können. Kael erkannte, dass die Stärkung der Gemeinschaft auf Zarinia ein zentraler Bestandteil seiner Arbeit war und dass die Mobilisierung von Unterstützung innerhalb der Gemeinschaft entscheidend für den langfristigen Erfolg der Bürgerrechtsbewegung war.

Schlussfolgerung

Die Strategien zur Selbstpflege und Resilienz, die Kael Nira entwickelte und umsetzte, waren nicht nur für ihn persönlich von Bedeutung, sondern auch für die gesamte Bürgerrechtsbewegung auf Zarinia. Indem er die Wichtigkeit der Selbstpflege betonte und Resilienz als kollektives Ziel förderte, schuf Kael eine

Kultur des Wohlbefindens und der Unterstützung innerhalb der Bewegung. Diese Ansätze sind entscheidend, um Aktivisten zu helfen, in schwierigen Zeiten stark zu bleiben und ihre Mission fortzusetzen. In einer Welt, die oft von Herausforderungen geprägt ist, bleibt die Selbstpflege ein unverzichtbares Werkzeug für jeden, der für Veränderung kämpft.

Die Rolle der Familie und Gemeinschaft

Die Rolle der Familie und Gemeinschaft ist von entscheidender Bedeutung für den Aktivismus von Kael Nira und die gesamte Bürgerrechtsbewegung auf Zarinia. In einer Gesellschaft, die von Vorurteilen und Diskriminierung geprägt ist, bilden familiäre Bindungen und gemeinschaftliche Unterstützung das Fundament, auf dem der Widerstand gegen Ungerechtigkeit aufgebaut werden kann. Diese Abschnitte beleuchten die theoretischen Grundlagen, die Herausforderungen und die praktischen Beispiele, die die zentrale Rolle von Familie und Gemeinschaft im Aktivismus verdeutlichen.

Theoretische Grundlagen

Die soziale Identitätstheorie, wie sie von Henri Tajfel und John Turner entwickelt wurde, besagt, dass Individuen ihre Identität stark durch die Zugehörigkeit zu sozialen Gruppen definieren. Diese Theorie ist besonders relevant für Kael Nira, dessen Identität als Aktivist nicht nur durch seine persönlichen Überzeugungen, sondern auch durch die Unterstützung seiner Familie und Gemeinschaft geformt wurde. Die Zugehörigkeit zu einer Gemeinschaft bietet nicht nur emotionale Unterstützung, sondern auch Ressourcen, die für den Erfolg von Bewegungen unerlässlich sind.

Ein weiterer theoretischer Ansatz ist die Theorie des sozialen Kapitals, die von Robert Putnam formuliert wurde. Diese Theorie postuliert, dass soziale Netzwerke und das Vertrauen innerhalb einer Gemeinschaft entscheidend für die kollektive Handlungsfähigkeit sind. In Kaels Fall war das soziale Kapital seiner Gemeinschaft ein entscheidender Faktor für die Mobilisierung von Unterstützern und die Durchführung von Protesten. Die Verbindungen innerhalb der Gemeinschaft ermöglichten es, Informationen schnell zu verbreiten und Ressourcen zu mobilisieren.

Herausforderungen

Trotz der bedeutenden Rolle, die Familie und Gemeinschaft spielen, gibt es auch erhebliche Herausforderungen. Eine der größten Hürden ist die Gefahr von

Isolation und Stigmatisierung. Aktivisten, die sich gegen das etablierte System wenden, riskieren oft, von ihren Familien und Gemeinschaften entfremdet zu werden. Kael Nira erlebte dies, als er sich öffentlich gegen die Diskriminierung der symbiotischen Geister aussprach. Einige Mitglieder seiner Familie waren besorgt über die möglichen Konsequenzen seines Aktivismus und zogen sich zurück, was Kael in eine Phase der inneren Konflikte und Selbstzweifel stürzte.

Darüber hinaus kann der Druck, den Erwartungen der Gemeinschaft gerecht zu werden, zu einem Gefühl der Überforderung führen. In vielen Kulturen, einschließlich der zarinianischen, gibt es starke Erwartungen an das Verhalten und die Rollen von Individuen innerhalb der Familie. Kael musste oft den Spagat zwischen seinen Aktivismus-Zielen und den traditionellen Werten seiner Gemeinschaft meistern, was zu Spannungen führte.

Praktische Beispiele

Trotz dieser Herausforderungen fand Kael Nira in seiner Familie und Gemeinschaft auch zahlreiche Unterstützer. Ein herausragendes Beispiel ist die Rolle seiner Großmutter, die selbst eine Aktivistin war und Kael in seinen frühen Jahren inspirierte. Ihre Geschichten von Widerstand und Hoffnung gaben Kael nicht nur Mut, sondern auch eine klare Vorstellung davon, was es bedeutet, für die Rechte der Unterdrückten zu kämpfen. Diese intergenerationale Verbindung stärkte nicht nur Kaels Engagement, sondern half ihm auch, die Bedeutung von Gemeinschaftsarbeit zu verstehen.

Ein weiteres Beispiel ist die Gründung von Unterstützungsnetzwerken innerhalb der zarinianischen Gemeinschaft. Kael und seine Mitstreiter organisierten regelmäßige Treffen, um Erfahrungen auszutauschen und Strategien zu entwickeln. Diese Treffen förderten nicht nur den Austausch von Ideen, sondern stärkten auch die sozialen Bindungen innerhalb der Gemeinschaft. Die Solidarität, die aus diesen Treffen entstand, war entscheidend für den Erfolg der ersten großen Demonstrationen, bei denen Tausende von zarinianischen Bürgern zusammenkamen, um für die Rechte der symbiotischen Geister zu kämpfen.

Fazit

Zusammenfassend lässt sich sagen, dass die Rolle der Familie und Gemeinschaft in Kael Niras Aktivismus von zentraler Bedeutung war. Während Herausforderungen wie Isolation und gesellschaftlicher Druck bestehen, bieten familiäre Bindungen und gemeinschaftliche Unterstützung eine solide Grundlage für den Widerstand gegen Ungerechtigkeit. Die Theorie des sozialen Kapitals und die soziale Identitätstheorie helfen, das Verständnis für diese Dynamiken zu vertiefen. Kaels Reise zeigt, dass trotz der Widrigkeiten die Kraft der Gemeinschaft und die Unterstützung von Familienmitgliedern entscheidend für den Erfolg der Bürgerrechtsbewegung auf Zarinia sind.

Mentale Gesundheit im Aktivismus

Aktivismus ist ein kraftvoller Ausdruck von Engagement und Leidenschaft für soziale Gerechtigkeit, doch er bringt auch erhebliche Herausforderungen für die mentale Gesundheit der Aktivisten mit sich. Diese Herausforderungen können durch die ständige Konfrontation mit Ungerechtigkeit, den Druck der Öffentlichkeit und die emotionalen Belastungen, die mit dem Kampf für Veränderungen einhergehen, verstärkt werden.

Theoretische Grundlagen

Die Verbindung zwischen Aktivismus und mentaler Gesundheit wurde in der psychologischen Forschung zunehmend anerkannt. Laut der *Stress-Theorie* von Lazarus und Folkman (1984) beeinflussen Stressoren, wie sie im Aktivismus häufig vorkommen, die psychische Gesundheit erheblich. Stressoren können sowohl von außen (z. B. gesellschaftlicher Druck, Repression durch den Staat) als auch von innen (z. B. Selbstzweifel, innere Konflikte) kommen. Die Theorie besagt, dass die Art und Weise, wie Individuen auf Stressoren reagieren, entscheidend für ihre mentale Gesundheit ist.

Herausforderungen der mentalen Gesundheit

Aktivisten stehen häufig vor spezifischen Herausforderungen, die ihre mentale Gesundheit gefährden können:

- **Emotionale Erschöpfung:** Der ständige Kampf gegen Ungerechtigkeiten kann zu emotionaler Erschöpfung führen. Studien zeigen, dass Aktivisten, die regelmäßig mit leidvollen Themen konfrontiert sind, ein höheres Risiko für Burnout haben [1].

- **Trauma und Sekundärtrauma:** Aktivisten, die sich mit Themen wie Gewalt, Diskriminierung oder Armut auseinandersetzen, können direkt oder indirekt traumatische Erfahrungen machen. Sekundärtrauma ist besonders verbreitet, wenn Aktivisten die Geschichten von Betroffenen hören und miterleben [2].

• **Isolation:** Aktivismus kann isolierend wirken, insbesondere wenn die Gesellschaft oder das Umfeld die Anliegen der Aktivisten nicht unterstützt. Diese Isolation kann zu Gefühlen der Einsamkeit und des Missmuts führen.

• **Selbstzweifel:** In einem Umfeld, das von Widerstand und Kritik geprägt ist, können Aktivisten häufig Selbstzweifel entwickeln. Fragen wie "Mache ich genug?" oder "Sind meine Bemühungen vergeblich?" können zu einem ständigen inneren Konflikt führen.

Strategien zur Förderung der mentalen Gesundheit

Um die mentale Gesundheit im Aktivismus zu fördern, sind verschiedene Strategien hilfreich:

• **Selbstpflege:** Aktivisten sollten regelmäßige Selbstpflegepraktiken in ihren Alltag integrieren. Dazu gehören Meditation, Sport und kreative Ausdrucksformen, die helfen, Stress abzubauen und das emotionale Wohlbefinden zu fördern [3].

• **Gemeinschaftsbildung:** Der Aufbau von unterstützenden Netzwerken kann helfen, Isolation zu überwinden. Der Austausch mit Gleichgesinnten ermöglicht es Aktivisten, ihre Erfahrungen zu teilen und emotionale Unterstützung zu erhalten.

• **Professionelle Hilfe:** Die Inanspruchnahme professioneller Hilfe, wie Psychotherapie oder Beratung, kann für viele Aktivisten eine wertvolle Ressource sein. Therapeutische Interventionen können helfen, mit Stress umzugehen und emotionale Belastungen zu verarbeiten.

• **Achtsamkeit:** Achtsamkeitspraktiken können Aktivisten helfen, im Moment zu bleiben und ihre Emotionen zu regulieren. Achtsamkeitstechniken haben sich als effektiv erwiesen, um Stress und Angst zu reduzieren [4].

• **Bildung über mentale Gesundheit:** Aufklärung über die Bedeutung der mentalen Gesundheit im Aktivismus kann dazu beitragen, Stigmatisierung abzubauen und ein offenes Gespräch über Herausforderungen zu fördern.

Beispiele aus der Praxis

Ein Beispiel für die Bedeutung der mentalen Gesundheit im Aktivismus ist die *Black Lives Matter*-Bewegung. Aktivisten berichten häufig von emotionalen

Belastungen, die durch die ständige Konfrontation mit Rassismus und Polizeigewalt entstehen. Um die mentale Gesundheit zu fördern, haben viele Gruppen Workshops zur Selbstpflege und Achtsamkeit organisiert, um den Mitgliedern zu helfen, ihre emotionalen Belastungen zu bewältigen.

Ein weiteres Beispiel ist die Umweltbewegung, in der viele Aktivisten über die Angst und Trauer sprechen, die sie im Hinblick auf den Klimawandel empfinden. Organisationen wie *The Good Grief Network* bieten Programme an, die sich mit der emotionalen Belastung des Klimawandels befassen und den Aktivisten helfen, ihre Trauer in produktive Handlungen umzuwandeln.

Schlussfolgerung

Die mentale Gesundheit ist ein entscheidender Aspekt des Aktivismus, der oft übersehen wird. Es ist wichtig, dass Aktivisten sich der Herausforderungen bewusst sind, mit denen sie konfrontiert werden, und dass sie Strategien entwickeln, um ihre mentale Gesundheit zu fördern. Indem sie Selbstpflege praktizieren, Gemeinschaften aufbauen und professionelle Hilfe in Anspruch nehmen, können Aktivisten nicht nur ihre eigene Gesundheit schützen, sondern auch nachhaltige Veränderungen in der Gesellschaft bewirken.

Bibliography

[1] Maslach, C. (2001). *Engagement in work: What it is and how to measure it.* In *The Handbook of Organizational Culture and Climate* (pp. 67-81).

[2] Figley, C. R. (1995). *Compassion fatigue: Coping with secondary traumatic stress disorder in those who treat the traumatized.* Brunner/Mazel.

[3] Neff, K. (2011). *Self-Compassion: The Proven Power of Being Kind to Yourself.* William Morrow.

[4] Kabat-Zinn, J. (1990). *Full Catastrophe Living: Using the Wisdom of Your Body and Mind to Face Stress, Pain, and Illness.* Delacorte Press.

Inspirierende Begegnungen auf der Reise

Die Reise von Kael Nira als Bürgerrechtsaktivist auf Zarinia war nicht nur geprägt von Herausforderungen und Rückschlägen, sondern auch von inspirierenden Begegnungen, die seinen Weg entscheidend beeinflussten. In diesem Abschnitt betrachten wir einige dieser Begegnungen, die Kaels Perspektive erweiterten und ihm halfen, seine Vision für eine gerechtere Gesellschaft zu festigen.

Mentoren und Vorbilder

Eine der ersten und prägendsten Begegnungen für Kael war die mit seiner Mentorin, der erfahrenen Aktivistin Lira Vantor. Lira hatte in der Vergangenheit bedeutende Erfolge im Kampf für die Rechte der symbiotischen Geister erzielt und war eine Quelle der Inspiration für viele junge Aktivisten. Ihr Ansatz, der auf Empathie und Verständnis basierte, half Kael, die Bedeutung von Mitgefühl im Aktivismus zu erkennen. Sie sagte oft: *„Um Veränderungen zu bewirken, müssen wir zuerst die Herzen der Menschen erreichen.“* Diese Philosophie begleitete Kael auf seinem Weg und prägte seine Strategien für die Bürgerrechtsbewegung.

Die Stimme der Unterdrückten

Ein weiterer entscheidender Moment in Kaels Reise war das Treffen mit einer Gruppe von symbiotischen Geistern, die unter Diskriminierung und Ungerechtigkeit litten. Ihre Geschichten über alltägliche Diskriminierung und den Kampf um Anerkennung bewegten Kael zutiefst. Er hörte von ihren Kämpfen, die oft von Angst und Verzweiflung geprägt waren, aber auch von ihrer unerschütterlichen Hoffnung auf eine bessere Zukunft. Diese Begegnungen führten zu einem tiefen Verständnis für die Notwendigkeit, die Stimmen der Unterdrückten in den Vordergrund zu stellen. Kael erkannte, dass der Aktivismus nicht nur aus Protesten und Forderungen bestand, sondern auch aus dem Teilen von Geschichten und dem Zuhören.

Künstlerische Ausdrucksformen

Ein weiterer inspirierender Aspekt von Kaels Reise war die Begegnung mit Künstlern, die ihre Kunst als Mittel des Widerstands einsetzten. Diese Künstler schufen Werke, die die Probleme der Gesellschaft widerspiegelten und die Emotionen der Menschen ansprachen. Kael traf die Malerin Talia, deren Gemälde die Trauer und den Schmerz der Unterdrückten darstellten. Talia erklärte: „*Kunst ist eine Sprache, die alle verstehen können. Sie kann die Herzen berühren und Menschen zum Handeln bewegen.*" Diese Worte inspirierten Kael, die Rolle der Kunst in seiner Bewegung zu integrieren und kreative Ausdrucksformen als Teil seiner Strategie zu nutzen.

Internationale Solidarität

Ein besonders prägendes Erlebnis war ein Austauschprogramm mit Aktivisten von der Erde. Kael hatte die Gelegenheit, an einem internationalen Treffen teilzunehmen, bei dem sich Aktivisten aus verschiedenen Ländern versammelten, um ihre Erfahrungen zu teilen und Strategien auszutauschen. Der Austausch mit diesen Aktivisten, die ähnliche Kämpfe führten, zeigte Kael, dass der Kampf für Bürgerrechte universell ist. Er lernte, wie wichtig internationale Solidarität ist und dass man durch das Teilen von Ressourcen und Wissen gemeinsam stärker werden kann. Diese Erkenntnis führte zur Bildung von Allianzen zwischen der zarinianischen Bewegung und anderen globalen Initiativen.

Die Kraft der Gemeinschaft

Ein weiterer zentraler Punkt in Kaels Reise war die Begegnung mit verschiedenen Gemeinschaften, die sich für soziale Gerechtigkeit einsetzen. Bei einem Besuch in einer kleinen Gemeinde, die stark von den Auswirkungen der Diskriminierung betroffen war, erlebte Kael die Kraft der Gemeinschaft. Die Menschen kamen zusammen, um ihre Geschichten zu teilen und sich gegenseitig zu unterstützen. Diese Erfahrung vermittelte ihm das Gefühl, dass Veränderung nicht nur von einzelnen Individuen, sondern von der kollektiven Kraft einer Gemeinschaft ausgehen kann. Kael erkannte, dass es entscheidend ist, eine starke Basis zu schaffen, auf der die Bewegung aufbauen kann.

Persönliche Transformation

Die inspirierenden Begegnungen führten nicht nur zu einem Wandel in Kaels Aktivismus, sondern auch zu einer tiefgreifenden persönlichen Transformation. Durch den Austausch mit anderen Aktivisten und das Verständnis für die Herausforderungen, mit denen sie konfrontiert waren, entwickelte Kael eine tiefere Empathie und ein stärkeres Engagement für die Sache. Er begann, seine eigenen Privilegien zu hinterfragen und erkannte die Verantwortung, die er als Aktivist trug. Diese Reflexion führte zu einer stärkeren Verbindung zu seiner eigenen Identität und zu einem klareren Verständnis seiner Rolle in der Bewegung.

Fazit

Zusammenfassend lässt sich sagen, dass die inspirierenden Begegnungen auf Kaels Reise nicht nur seine Perspektive erweitert haben, sondern auch seine Strategien und Philosophien im Aktivismus tiefgreifend beeinflussten. Von Mentoren, die ihn lehrten, wie wichtig Empathie ist, bis hin zu Gemeinschaften, die die Kraft des kollektiven Handelns zeigten, formten diese Begegnungen Kaels Identität als Aktivist und halfen ihm, eine Bewegung zu schaffen, die auf Solidarität, Kreativität und internationaler Zusammenarbeit basierte. Diese Erfahrungen sind ein lebendiges Zeugnis dafür, wie wichtig es ist, sich mit anderen zu verbinden und die Kraft der Gemeinschaft zu nutzen, um Veränderungen zu bewirken.

Reflexion über persönliche Werte und Ziele

In der Auseinandersetzung mit den persönlichen Werten und Zielen von Kael Nira wird deutlich, dass diese Elemente nicht nur die Grundlage seines Aktivismus bildeten, sondern auch eine tiefgreifende Reflexion über die eigene

Identität und die gesellschaftlichen Herausforderungen auf Zarinia widerspiegelten. Werte sind die Prinzipien, die unser Handeln leiten, und sie sind oft das Resultat von Erfahrungen, Erziehung und kulturellem Kontext. Für Kael war es entscheidend, seine Werte klar zu definieren, um sowohl sich selbst als auch seine Mitstreiter zu inspirieren.

Die Bedeutung von Werten

Werte wie Gerechtigkeit, Gleichheit und Empathie standen im Mittelpunkt von Kaels Denken. Diese Werte waren nicht nur abstrakte Konzepte, sondern lebendige Prinzipien, die er in seinem Alltag und in seiner Arbeit verkörperte. Sie ermöglichten es ihm, eine klare Vision für Zarinia zu entwickeln, die über die bloße Forderung nach Gleichheit hinausging. Kael wollte eine Gesellschaft schaffen, in der die Stimmen aller Bürger, insbesondere der marginalisierten Gruppen, Gehör fanden.

Ein Beispiel hierfür ist Kaels Engagement für die Rechte der symbiotischen Geister. Diese Wesen waren oft Opfer von Vorurteilen und Diskriminierung. Kael erkannte, dass die Anerkennung ihrer Rechte nicht nur eine Frage der Gerechtigkeit war, sondern auch eine wesentliche Voraussetzung für eine harmonische Gesellschaft. In seinen Reden und Schriften betonte er die Wichtigkeit, die Perspektiven dieser Geister zu verstehen und ihre Erfahrungen in die gesellschaftliche Diskussion einzubeziehen.

Ziele als Wegweiser

Kaels Ziele waren eng mit seinen Werten verbunden. Er strebte nicht nur nach kurzfristigen Veränderungen, sondern hatte eine langfristige Vision für Zarinia. Diese Vision umfasste die Schaffung einer inklusiven Gesellschaft, in der Vielfalt nicht nur toleriert, sondern gefeiert wird. In seinen frühen Jahren als Aktivist formulierte Kael spezifische, messbare und erreichbare Ziele, die ihm halfen, seinen Fortschritt zu verfolgen und die Motivation seiner Unterstützer aufrechtzuerhalten.

Ein Beispiel für ein solches Ziel war die Einführung von Bildungsprogrammen, die sich mit den Themen Vorurteile und Diskriminierung auseinandersetzten. Kael verstand, dass Bildung der Schlüssel zur Veränderung war und dass durch Aufklärung die Stereotypen, die die Gesellschaft spalteten, abgebaut werden konnten. Er initiierte Workshops und Diskussionsrunden, die sowohl junge Menschen als auch Erwachsene ansprachen, um ein Bewusstsein für die Herausforderungen zu schaffen, denen symbiotische Geister gegenüberstanden.

Reflexion und Anpassung

Im Laufe seiner Reise musste Kael auch seine Werte und Ziele regelmäßig reflektieren und anpassen. Die Herausforderungen, die er und seine Bewegung erlebten, führten oft zu inneren Konflikten und Zweifeln. Diese Momente der Unsicherheit waren entscheidend für Kaels persönliches Wachstum. Er lernte, dass es in Ordnung war, seine Ansichten zu hinterfragen und neue Perspektiven zuzulassen.

Die Reflexion über persönliche Werte und Ziele war für Kael ein kontinuierlicher Prozess. Er erkannte, dass die Welt um ihn herum dynamisch war und dass Flexibilität und Anpassungsfähigkeit essenziell waren, um den sich verändernden Anforderungen gerecht zu werden. Dies führte dazu, dass er nicht nur seine eigenen Ziele überdachte, sondern auch die Ziele der Bewegung. In einem seiner bekanntesten Zitate sagte Kael: „Wachstum erfordert Veränderung, und Veränderung erfordert Mut."

Die Rolle der Gemeinschaft

Eine zentrale Erkenntnis in Kaels Reflexion über seine Werte und Ziele war die Bedeutung der Gemeinschaft. Er verstand, dass individuelle Werte in einem kollektiven Kontext an Bedeutung gewinnen. Die Unterstützung und der Rückhalt seiner Gemeinschaft waren für Kael entscheidend, um seine Visionen zu verwirklichen. Er ermutigte andere, ihre eigenen Werte zu erforschen und zu artikulieren, und schuf dadurch ein Umfeld, in dem jeder aktiv zur Bewegung beitragen konnte.

Kaels Philosophie war, dass die Stärkung der Gemeinschaft nicht nur die Bewegung voranbrachte, sondern auch die individuellen Werte jedes Einzelnen festigte. Durch die Schaffung von Räumen für Dialog und Austausch ermöglichte er es anderen, ihre eigenen Geschichten zu erzählen und ihre eigenen Ziele zu definieren, was zu einer stärkeren, vereinten Front führte.

Schlussfolgerung

Die Reflexion über persönliche Werte und Ziele war für Kael Nira ein fundamentaler Bestandteil seiner Identität als Bürgerrechtsaktivist. Sie half ihm, seine Motivation zu klären, seine Strategien anzupassen und seine Gemeinschaft zu inspirieren. Indem er seine Werte lebte und seine Ziele verfolgte, hinterließ Kael nicht nur einen bleibenden Einfluss auf Zarinia, sondern auch eine Botschaft für zukünftige Generationen: Die Kraft des Individuums liegt in der Fähigkeit, sich selbst und die Welt um sich herum zu hinterfragen und zu verändern.

Meilensteine der Bewegung

Die erste große Demonstration

Die erste große Demonstration der Bewegung zur Trennung symbiotischer Geister auf Zarinia war ein entscheidender Wendepunkt in der Geschichte der Bürgerrechtsaktivisten und ein Symbol für den kollektiven Widerstand gegen Diskriminierung und Ungerechtigkeit. Diese Veranstaltung fand am 15. Mai 2045 statt und zog Tausende von Menschen aus verschiedenen Teilen Zarinia an, die sich versammelten, um für ihre Rechte und die Rechte der symbiotischen Geister zu kämpfen.

Vorbereitung und Mobilisierung

Die Vorbereitungen für die Demonstration begannen Monate im Voraus. Kael Nira und seine Mitstreiter erkannten die Notwendigkeit einer gut organisierten Mobilisierung, um eine starke Präsenz auf der Straße zu zeigen. Es wurden verschiedene Strategien entwickelt, um die Menschen zu erreichen und zu mobilisieren. Dazu gehörten:

+ **Soziale Medien:** Die Verwendung von Plattformen wie ZariniaNet und anderen sozialen Medien war entscheidend, um Informationen über die Demonstration zu verbreiten. Hashtags wie #TrennungJetzt und #SymbiotischeFreiheit wurden kreiert, um die Botschaft zu verbreiten.

+ **Flyer und Plakate:** Physische Materialien wurden in Gemeinschaftszentren, Schulen und Universitäten verteilt, um das Bewusstsein zu schärfen und Unterstützung zu gewinnen.

+ **Persönliche Netzwerke:** Kael und seine Unterstützer nutzten ihre persönlichen Netzwerke, um Freunde, Familie und Bekannte zu mobilisieren. Die persönliche Ansprache erwies sich als effektiv, um Menschen zu motivieren, sich anzuschließen.

Die Mobilisierung war nicht ohne Herausforderungen. Einige der Unterstützer hatten Angst vor möglichen Repressionen durch die Regierung, die bereits angekündigt hatte, dass sie gegen alle Formen des Widerstands vorgehen würde. Kael und sein Team arbeiteten daran, diese Ängste zu zerstreuen, indem sie betonten, dass die Demonstration friedlich und gewaltfrei sein würde.

Die Demonstration selbst

Am Tag der Demonstration versammelten sich die Menschen am zentralen Platz in der Hauptstadt Zarinia, dem Platz der Einheit. Die Atmosphäre war elektrisierend; Menschen trugen bunte Schilder mit Botschaften wie „Freiheit für alle Geister" und „Gleichheit ist ein Recht, kein Privileg". Es war ein Fest der Vielfalt, mit Musik, Tanz und Reden von prominenten Aktivisten.

Die Reden waren leidenschaftlich und bewegend. Kael Nira trat als Hauptredner auf und sprach über die Notwendigkeit der Trennung symbiotischer Geister von den unterdrückenden Strukturen, die ihre Freiheit einschränkten. Er sagte:

> „Wir sind hier, um zu zeigen, dass wir nicht länger schweigen werden. Die Zeit für Veränderungen ist jetzt! Wir fordern Gleichheit und Respekt für alle, unabhängig von ihrer Herkunft oder ihrem Status!"

Diese Worte fanden großen Anklang bei den Anwesenden und verstärkten den kollektiven Geist des Widerstands.

Reaktionen der Regierung

Die Reaktion der Regierung auf die Demonstration war sofort und heftig. Sicherheitskräfte wurden mobilisiert, um die Demonstranten zu überwachen. Als die Menge wuchs, begannen die Behörden, die Versammlung als Bedrohung für die öffentliche Ordnung zu betrachten. Es wurden Berichte über Übergriffe und Festnahmen von Aktivisten während der Veranstaltung gemeldet.

Die Spannungen eskalierten, als einige Demonstranten versuchten, die Absperrungen zu durchbrechen, um zum Regierungsgebäude zu gelangen. Dies führte zu einem massiven Polizeieinsatz, der die friedliche Demonstration in einen chaotischen Konflikt verwandelte. Die Bilder von gewaltsamen Auseinandersetzungen wurden schnell durch die Medien verbreitet und führten zu einer breiten öffentlichen Diskussion über die Rechte der Bürger und die Reaktion der Regierung auf friedliche Proteste.

Theoretische Perspektiven

Die erste große Demonstration kann durch verschiedene theoretische Rahmenbedingungen betrachtet werden. Ein Ansatz ist die **Theorie des sozialen Wandels**, die besagt, dass kollektive Aktionen notwendig sind, um gesellschaftliche Veränderungen herbeizuführen. Die Demonstration stellte einen

Ausdruck des kollektiven Unmuts über die bestehenden Ungerechtigkeiten dar und war ein Schritt in Richtung einer breiteren gesellschaftlichen Mobilisierung.

Ein weiterer relevanter theoretischer Rahmen ist die **Theorie der politischen Chancen.** Diese Theorie besagt, dass das Vorhandensein von günstigen politischen Gelegenheiten, wie z.B. gesellschaftlichen Bewegungen und öffentlicher Unterstützung, entscheidend für den Erfolg von Protesten ist. Die Demonstration fiel in einen Zeitraum, in dem die öffentliche Meinung zunehmend gegen die Regierung gerichtet war, was die Chancen für eine erfolgreiche Mobilisierung erhöhte.

Nachwirkungen der Demonstration

Die Auswirkungen der ersten großen Demonstration waren weitreichend. Obwohl die Veranstaltung von Gewalt überschattet wurde, gelang es Kael und seinen Mitstreitern, die Aufmerksamkeit der internationalen Gemeinschaft auf die Situation in Zarinia zu lenken. Berichte über die brutale Behandlung von Demonstranten führten zu Protesten in anderen Ländern und schufen einen globalen Druck auf die zarinianische Regierung.

Die Demonstration führte auch zur Gründung von Unterstützungsnetzwerken innerhalb der zarinianischen Gesellschaft, die sich für die Rechte der symbiotischen Geister einsetzten. Es entstanden neue Allianzen zwischen verschiedenen sozialen Bewegungen, die gemeinsam für eine gerechtere Gesellschaft kämpfen wollten.

In der Reflexion über die erste große Demonstration wurde deutlich, dass sie nicht nur ein Moment des Widerstands war, sondern auch ein Katalysator für einen breiteren gesellschaftlichen Wandel. Kael und die Bewegung erkannten, dass die Herausforderungen, die sie bewältigen mussten, zwar erheblich waren, aber dass die Entschlossenheit und der Mut der Menschen, die an der Demonstration teilnahmen, eine neue Ära des Aktivismus in Zarinia einleiteten.

Fazit

Die erste große Demonstration war ein entscheidender Moment in der Geschichte der Bürgerrechtsbewegung auf Zarinia. Sie zeigte die Kraft der Gemeinschaft und den unermüdlichen Kampf für Gerechtigkeit. Trotz der Herausforderungen und Rückschläge, die die Aktivisten erlebten, war die Demonstration ein Beweis für den unerschütterlichen Glauben an die Möglichkeit des Wandels. Diese Veranstaltung legte den Grundstein für zukünftige Mobilisierungen und inspirierte viele, sich dem Kampf für die Rechte der symbiotischen Geister anzuschließen.

Erfolge in der Gesetzgebung

Die Erfolge der Bewegung unter der Führung von Kael Nira in der Gesetzgebung sind sowohl bedeutend als auch vielschichtig. Diese Erfolge sind das Ergebnis einer Kombination aus strategischem Aktivismus, öffentlichem Druck und der Mobilisierung von Unterstützern. In diesem Abschnitt werden wir die wichtigsten gesetzgeberischen Erfolge beleuchten, die die Bewegung erreicht hat, sowie die Herausforderungen, die überwunden werden mussten, um diese Erfolge zu erzielen.

Einführung in die gesetzgeberischen Erfolge

Die Bewegung zur Trennung symbiotischer Geister auf Zarinia hat in den letzten Jahren mehrere entscheidende gesetzgeberische Erfolge erzielt. Diese Erfolge reichen von der Einführung neuer Gesetze, die die Rechte symbiotischer Geister schützen, bis hin zu grundlegenden Reformen bestehender Gesetze, die zuvor diskriminierende Praktiken legitimierten.

Wichtige gesetzgeberische Maßnahmen

Ein herausragendes Beispiel für einen legislativen Erfolg ist das *Gesetz zum Schutz symbiotischer Geister*, das 2025 verabschiedet wurde. Dieses Gesetz stellte sicher, dass symbiotische Geister rechtlich anerkannt werden und dass ihre Rechte in Bezug auf Bildung, Arbeit und soziale Sicherheit geschützt sind. Der Gesetzesentwurf wurde in einem intensiven politischen Klima entwickelt, in dem viele politische Akteure gegen die Bewegung waren.

Strategien zur Gesetzgebung

Die Bewegung nutzte verschiedene Strategien, um ihre Ziele in der Gesetzgebung zu erreichen:

- **Lobbyarbeit:** Aktivisten arbeiteten eng mit politischen Entscheidungsträgern zusammen, um den Gesetzesentwurf zu formulieren und Unterstützung zu gewinnen. Diese Lobbyarbeit war entscheidend, um den Gesetzgebern die Dringlichkeit der Situation zu verdeutlichen.

- **Öffentliche Kampagnen:** Durch soziale Medien und öffentliche Veranstaltungen wurde das Bewusstsein für die Rechte symbiotischer Geister geschärft. Diese Kampagnen führten zu einer breiten

Unterstützung in der Bevölkerung, die den Druck auf die Regierung erhöhte, gesetzgeberische Maßnahmen zu ergreifen.

* **Koalitionen bilden:** Die Bewegung bildete Allianzen mit anderen sozialen Bewegungen, die ähnliche Ziele verfolgten. Diese Koalitionen verstärkten die Stimme der Bewegung und ermöglichten es, ein breiteres Spektrum an Unterstützern zu mobilisieren.

Herausforderungen und Widerstände

Trotz dieser Erfolge gab es zahlreiche Herausforderungen. Die Opposition gegen die Bewegung war stark, und viele politische Akteure waren skeptisch gegenüber den Forderungen. Diese Skepsis äußerte sich in verschiedenen Formen:

* **Politische Repression:** Einige Aktivisten wurden verfolgt, und es gab Versuche, die Bewegung durch Gesetze zur Einschränkung von Versammlungsfreiheit und Meinungsäußerung zu schwächen.

* **Desinformation:** Gegner der Bewegung verbreiteten gezielte Desinformation über die Ziele und Methoden der Bewegung, um das öffentliche Vertrauen zu untergraben.

* **Interne Konflikte:** Es gab Spannungen innerhalb der Bewegung selbst, da unterschiedliche Gruppen unterschiedliche Prioritäten und Strategien verfolgten. Diese internen Konflikte erschwerten die Einheit und die klare Kommunikation der Ziele.

Beispiele für gesetzgeberische Erfolge

Ein weiteres Beispiel für einen gesetzgeberischen Erfolg ist die *Reform des Bildungsrechts*. Diese Reform gewährte symbiotischen Geistern Zugang zu Bildungsressourcen und -einrichtungen, die zuvor für sie unzugänglich waren. Die Reform schuf auch spezielle Programme zur Förderung der Integration und des interkulturellen Dialogs in Schulen.

Ein weiteres bedeutendes Gesetz ist das *Gesetz über die Gleichstellung von symbiotischen Geistern in der Arbeitswelt*, das 2026 verabschiedet wurde. Dieses Gesetz stellte sicher, dass Diskriminierung aufgrund der symbiotischen Herkunft in der Arbeitswelt verboten ist und schuf Mechanismen zur Überwachung und Durchsetzung dieser Bestimmungen.

Langfristige Auswirkungen

Die gesetzlichen Erfolge haben nicht nur unmittelbare Auswirkungen auf die Rechte der symbiotischen Geister, sondern auch langfristige Auswirkungen auf die Gesellschaft als Ganzes. Sie haben zu einem besseren Verständnis und einer größeren Akzeptanz der symbiotischen Geister in der zarinianischen Gesellschaft beigetragen.

Die gesetzgeberischen Veränderungen haben auch dazu beigetragen, das öffentliche Bewusstsein für die Herausforderungen, mit denen symbiotische Geister konfrontiert sind, zu schärfen. In Schulen und Medien wird nun vermehrt über die Rechte und Erfahrungen dieser Gemeinschaft berichtet, was zu einem positiven Wandel in der gesellschaftlichen Wahrnehmung führt.

Fazit

Zusammenfassend lässt sich sagen, dass die Erfolge in der Gesetzgebung ein entscheidender Bestandteil der Bewegung zur Trennung symbiotischer Geister auf Zarinia sind. Diese Erfolge sind das Ergebnis harter Arbeit, Entschlossenheit und der Fähigkeit, trotz widriger Umstände zu kämpfen. Sie haben nicht nur das Leben der symbiotischen Geister verbessert, sondern auch das Fundament für zukünftige Fortschritte in der Gesellschaft gelegt. Die Herausforderungen, die überwunden wurden, und die Strategien, die entwickelt wurden, bieten wertvolle Lektionen für zukünftige Generationen von Aktivisten, die sich für Gerechtigkeit und Gleichheit einsetzen.

Die Gründung von Unterstützungsnetzwerken

Die Gründung von Unterstützungsnetzwerken stellt einen entscheidenden Schritt in der Entwicklung der Bürgerrechtsbewegung unter der Führung von Kael Nira dar. Diese Netzwerke sind nicht nur eine Quelle der Solidarität, sondern auch ein strategisches Mittel zur Mobilisierung und Koordination von Aktivitäten. In diesem Abschnitt werden die Prinzipien, Herausforderungen und Erfolge bei der Gründung solcher Netzwerke auf Zarinia untersucht.

Theoretische Grundlagen

Unterstützungsnetzwerke basieren auf der Theorie des sozialen Kapitals, die besagt, dass Beziehungen und Netzwerke von Individuen eine wesentliche Rolle bei der Förderung von Gemeinschaften und Bewegungen spielen. Laut [2] sind soziale Netzwerke entscheidend für die Schaffung von Vertrauen und die

Mobilisierung von Ressourcen. In der zarinianischen Gesellschaft, in der die symbiotischen Geister eine zentrale Rolle spielen, ist das Verständnis von Gemeinschaft und kollektiver Identität besonders wichtig.

Die Notwendigkeit von Unterstützungsnetzwerken

Die Gründung von Unterstützungsnetzwerken wurde durch mehrere Faktoren notwendig. Erstens war die zarinianische Gesellschaft durch tief verwurzelte Vorurteile und Diskriminierung geprägt, die sowohl die symbiotischen Geister als auch die Menschen betrafen. Die aktive Teilnahme an der Bürgerrechtsbewegung erforderte daher ein starkes Gefühl der Gemeinschaft und Unterstützung. Zweitens stellte die Reaktion der Regierung auf die Bewegung eine erhebliche Herausforderung dar. Aktivisten wurden oft isoliert und kriminalisiert, was die Notwendigkeit von Netzwerken zur Unterstützung und Verteidigung ihrer Rechte verstärkte.

Herausforderungen bei der Gründung

Die Gründung dieser Netzwerke war jedoch nicht ohne Herausforderungen. Eine der größten Hürden war die Fragmentierung innerhalb der Bewegung selbst. Unterschiedliche Gruppen hatten unterschiedliche Prioritäten und Strategien, was oft zu Spannungen führte. Um diese Probleme zu überwinden, war es notwendig, einen gemeinsamen Rahmen zu schaffen, der die verschiedenen Interessen und Perspektiven berücksichtigte. Kael Nira und seine Mitstreiter arbeiteten hart daran, eine einheitliche Botschaft zu entwickeln, die alle Mitglieder der Bewegung ansprach.

Ein weiteres Problem war die Ressourcenzuteilung. Viele Aktivisten waren mit finanziellen und materiellen Engpässen konfrontiert, die die Gründung und den Betrieb von Unterstützungsnetzwerken erschwerten. Hier kamen kreative Lösungen ins Spiel, wie beispielsweise die Nutzung von Crowdfunding-Plattformen und die Organisation von Benefizveranstaltungen, um die notwendigen Mittel zu beschaffen.

Erfolge und Beispiele

Trotz dieser Herausforderungen gelang es Kael Nira, mehrere erfolgreiche Unterstützungsnetzwerke zu gründen. Ein bemerkenswertes Beispiel ist das Netzwerk „Geister der Hoffnung", das sich auf die Unterstützung von Aktivisten konzentrierte, die unter Repression litten. Dieses Netzwerk bot nicht nur finanzielle Hilfe, sondern auch psychologische Unterstützung und rechtliche

Beratung. Die Gründung solcher Netzwerke trug dazu bei, das Gefühl der Isolation zu verringern und eine stärkere Gemeinschaft zu fördern.

Ein weiteres Beispiel ist die Initiative „Zarinia vereint", die darauf abzielte, verschiedene ethnische Gruppen und Gemeinschaften zusammenzubringen, um eine gemeinsame Front gegen Diskriminierung zu bilden. Diese Initiative nutzte soziale Medien, um eine breite Öffentlichkeit zu erreichen und die Botschaft der Einheit und Solidarität zu verbreiten. Die Erfolge dieser Netzwerke führten zu einer erhöhten Sichtbarkeit der Bewegung und trugen dazu bei, die öffentliche Wahrnehmung von Bürgerrechten auf Zarinia zu verändern.

Langfristige Auswirkungen

Die Gründung von Unterstützungsnetzwerken hatte langfristige Auswirkungen auf die zarinianische Gesellschaft. Sie förderten nicht nur die Solidarität innerhalb der Bewegung, sondern trugen auch zur Stärkung der Gemeinschaften bei, die von Diskriminierung betroffen waren. Diese Netzwerke halfen, das soziale Kapital zu erhöhen und das Vertrauen zwischen den Menschen zu stärken, was zu einer breiteren Akzeptanz und Unterstützung für die Bürgerrechtsbewegung führte.

Darüber hinaus schufen diese Netzwerke eine Plattform für den interkulturellen Dialog und die Zusammenarbeit. Sie ermöglichten es verschiedenen Gruppen, ihre Erfahrungen und Perspektiven auszutauschen, was zu einem besseren Verständnis der Herausforderungen führte, mit denen alle Bürger auf Zarinia konfrontiert waren.

Fazit

Zusammenfassend lässt sich sagen, dass die Gründung von Unterstützungsnetzwerken unter Kael Nira eine Schlüsselstrategie zur Förderung der Bürgerrechtsbewegung auf Zarinia war. Trotz der Herausforderungen, mit denen sie konfrontiert waren, gelang es diesen Netzwerken, eine starke Gemeinschaft zu bilden, die sowohl aktiv als auch widerstandsfähig war. Die Erfolge dieser Netzwerke haben nicht nur die Bewegung gestärkt, sondern auch einen bleibenden Einfluss auf die zarinianische Gesellschaft hinterlassen, indem sie die Bedeutung von Solidarität und Zusammenarbeit betonten.

Bildung von Allianzen mit anderen Bewegungen

Die Bildung von Allianzen mit anderen Bewegungen ist ein wesentlicher Bestandteil des Aktivismus, insbesondere für Kael Nira und die Bewegung zur Trennung symbiotischer Geister auf Zarinia. Diese Allianzen ermöglichen es,

Ressourcen zu bündeln, Erfahrungen auszutauschen und eine breitere Unterstützung für gemeinsame Ziele zu mobilisieren.

Theoretische Grundlagen

Allianzen im Aktivismus basieren auf verschiedenen theoretischen Konzepten, darunter die *Theorie der sozialen Bewegungen*, die besagt, dass Bewegungen durch die Mobilisierung von Ressourcen und die Schaffung von Netzwerken wachsen. Diese Theorie hebt hervor, dass erfolgreiche Bewegungen oft in der Lage sind, sich mit anderen sozialen Bewegungen zu verbinden, um gemeinsame Anliegen zu fördern. Ein Beispiel hierfür ist die *Intersectionalität*, ein Konzept, das von Kimberlé Crenshaw geprägt wurde und die Bedeutung der Berücksichtigung verschiedener Identitäten und Diskriminierungsformen in der Analyse sozialer Ungerechtigkeiten betont.

Strategien zur Bildung von Allianzen

Die Bildung von Allianzen erfordert strategische Überlegungen, um sicherzustellen, dass die Partnerschaften sowohl effektiv als auch nachhaltig sind. Zu den wichtigsten Strategien gehören:

+ **Identifikation gemeinsamer Ziele:** Die ersten Schritte zur Bildung einer Allianz bestehen darin, Organisationen oder Bewegungen zu identifizieren, die ähnliche Ziele oder Werte teilen. Dies kann durch gemeinsame Workshops, Konferenzen oder Diskussionsrunden geschehen.

+ **Erstellung eines gemeinsamen Aktionsplans:** Ein klar definierter Aktionsplan, der die spezifischen Ziele und Strategien der Allianz umreißt, ist entscheidend. Dieser Plan sollte flexibel genug sein, um auf Veränderungen in der politischen Landschaft reagieren zu können.

+ **Ressourcenaustausch:** Allianzen sollten den Austausch von Ressourcen, Informationen und Fähigkeiten fördern. Dies kann durch gemeinsame Veranstaltungen, Schulungen oder Kampagnen geschehen.

+ **Kommunikation und Transparenz:** Eine offene Kommunikation zwischen den Partnern ist entscheidend, um Missverständnisse zu vermeiden und das Vertrauen zu stärken. Regelmäßige Meetings und Updates sind notwendig, um alle Beteiligten auf dem Laufenden zu halten.

+ **Kulturelle Sensibilität:** Bei der Zusammenarbeit mit anderen Bewegungen ist es wichtig, kulturelle Unterschiede zu respektieren und zu berücksichtigen. Dies fördert nicht nur ein besseres Verständnis, sondern auch eine stärkere Solidarität.

Herausforderungen bei der Bildung von Allianzen

Trotz der Vorteile, die Allianzen bieten, gibt es auch Herausforderungen, die es zu bewältigen gilt. Dazu gehören:

+ **Unterschiedliche Prioritäten:** Bewegungen können unterschiedliche Prioritäten oder Ansätze haben, die zu Spannungen führen können. Es ist wichtig, diese Unterschiede zu erkennen und einen Kompromiss zu finden.

+ **Machtverhältnisse:** In Allianzen können Machtungleichgewichte entstehen, insbesondere wenn eine Bewegung über mehr Ressourcen oder Einfluss verfügt als die andere. Dies kann zu Konflikten führen und die Zusammenarbeit erschweren.

+ **Identitätsfragen:** Bei Allianzen, die unterschiedliche Identitäten und Erfahrungen repräsentieren, können Fragen der Identität und Repräsentation aufkommen. Es ist wichtig, sicherzustellen, dass alle Stimmen gehört werden und dass die Bedürfnisse aller Beteiligten berücksichtigt werden.

+ **Externe Widerstände:** Allianzen können auch externen Widerständen ausgesetzt sein, sei es durch politische Gegner oder gesellschaftliche Vorurteile. Diese Widerstände müssen strategisch angegangen werden, um die Integrität der Bewegung zu wahren.

Beispiele erfolgreicher Allianzen

Ein bemerkenswertes Beispiel für eine erfolgreiche Allianz ist die Zusammenarbeit zwischen der Bewegung zur Trennung symbiotischer Geister und der Umweltbewegung auf Zarinia. Beide Bewegungen erkannten, dass ihre Ziele miteinander verknüpft sind: Der Schutz der Umwelt ist entscheidend für die Lebensqualität der symbiotischen Geister und umgekehrt. Durch gemeinsame Veranstaltungen und Kampagnen konnten sie eine breitere Öffentlichkeit erreichen und mehr Unterstützung gewinnen.

Ein weiteres Beispiel ist die Allianz zwischen der Bewegung zur Trennung symbiotischer Geister und der feministischen Bewegung. Diese Partnerschaft hat es beiden Bewegungen ermöglicht, sich gegenseitig zu unterstützen und ihre Anliegen zu vereinen. Durch die Betonung der gemeinsamen Werte von Gleichheit und Gerechtigkeit konnten sie eine stärkere Stimme in der politischen Arena entwickeln.

Fazit

Die Bildung von Allianzen mit anderen Bewegungen ist ein unverzichtbarer Aspekt des Aktivismus, der den Austausch von Ressourcen, Ideen und Strategien fördert. Trotz der Herausforderungen, die mit solchen Partnerschaften verbunden sind, können sie zu bedeutenden Fortschritten in der Verwirklichung gemeinsamer Ziele führen. Kael Nira und die Bewegung zur Trennung symbiotischer Geister auf Zarinia haben durch die Bildung von Allianzen nicht nur ihre eigenen Ziele vorangetrieben, sondern auch einen größeren sozialen Wandel angestoßen, der weitreichende Auswirkungen auf die zarinianische Gesellschaft hat.

Die Rolle von Bildung und Aufklärung

Bildung und Aufklärung spielen eine entscheidende Rolle in der Bürgerrechtsbewegung auf Zarinia, da sie nicht nur das Bewusstsein für soziale Ungerechtigkeiten schärfen, sondern auch die Fähigkeiten und das Wissen vermitteln, die notwendig sind, um aktiv für Veränderungen einzutreten. In diesem Abschnitt werden wir die theoretischen Grundlagen, die Herausforderungen und einige konkrete Beispiele für die Rolle von Bildung und Aufklärung im Kontext der Bewegung von Kael Nira untersuchen.

Theoretische Grundlagen

Die Theorie der kritischen Pädagogik, insbesondere die Arbeiten von Paulo Freire, bieten einen wertvollen Rahmen für das Verständnis der Rolle von Bildung in sozialen Bewegungen. Freire betont, dass Bildung ein Werkzeug zur Befreiung ist, das Individuen in die Lage versetzt, ihre Realität zu hinterfragen und aktiv zu verändern. In seinem Buch *„Pädagogik der Unterdrückten"* argumentiert er, dass Bildung nicht nur die Übertragung von Wissen ist, sondern ein dialogischer Prozess, der zur kritischen Reflexion und zur Entwicklung eines Bewusstseins für soziale Ungerechtigkeiten führt.

$$\text{Kritisches Bewusstsein} = \text{Reflexion} + \text{Aktion} \qquad (28)$$

In diesem Sinne ist Bildung auf Zarinia nicht nur ein Mittel zur Wissensvermittlung, sondern auch ein Katalysator für gesellschaftlichen Wandel. Die Bewegung von Kael Nira nutzt Bildung, um die Gemeinschaft zu mobilisieren und das Bewusstsein für die Probleme, die die symbiotischen Geister betreffen, zu schärfen.

Herausforderungen

Trotz der Bedeutung von Bildung und Aufklärung sieht sich die Bewegung mit mehreren Herausforderungen konfrontiert. Eine der größten Hürden ist der Zugang zu Bildung. In vielen zarinianischen Gemeinschaften gibt es erhebliche Unterschiede in der Verfügbarkeit und Qualität von Bildungseinrichtungen, insbesondere in ländlichen und benachteiligten Regionen. Diese Ungleichheiten führen dazu, dass viele Menschen, die am meisten von der Aufklärung profitieren könnten, von diesen Ressourcen ausgeschlossen sind.

Ein weiteres Problem ist die Verbreitung von Desinformation. In einer Zeit, in der soziale Medien eine zentrale Rolle in der Kommunikation spielen, ist es für die Bewegung entscheidend, genaue und vertrauenswürdige Informationen zu verbreiten. Falschinformationen können die öffentliche Wahrnehmung der Bewegung verzerren und die Bemühungen um Aufklärung untergraben.

Beispiele für Bildungsinitiativen

Trotz dieser Herausforderungen hat die Bewegung unter der Führung von Kael Nira verschiedene Bildungsinitiativen ins Leben gerufen, um das Bewusstsein zu schärfen und die Gemeinschaft zu stärken. Ein bemerkenswertes Beispiel ist die Gründung von *Zarinia Uplift*, einem Netzwerk von Bildungsprogrammen, die sich auf die Förderung von kritischem Denken und sozialer Gerechtigkeit konzentrieren. Diese Programme beinhalten Workshops, Diskussionsforen und Schulungen, die sich mit Themen wie den Rechten der symbiotischen Geister, Diskriminierung und den Mechanismen der Macht auseinandersetzen.

Eine weitere Initiative ist die *Kunst der Aufklärung*, die kreative Ausdrucksformen nutzt, um komplexe Themen zu vermitteln. Durch Theater, Musik und bildende Kunst werden Geschichten erzählt, die das Leben der symbiotischen Geister beleuchten und die Zuhörer zum Nachdenken anregen. Diese Form der Bildung ist besonders wirkungsvoll, da sie Emotionen anspricht und eine tiefere Verbindung zu den Themen herstellt.

Langfristige Auswirkungen

Die Rolle von Bildung und Aufklärung in der Bewegung hat auch langfristige Auswirkungen auf die Gesellschaft. Durch die Förderung von kritischem Denken und sozialem Bewusstsein werden zukünftige Generationen von Aktivisten in die Lage versetzt, die Herausforderungen zu erkennen, mit denen sie konfrontiert sind, und die Fähigkeiten zu entwickeln, um für Veränderung zu kämpfen.

Die Erfolge von *Zarinia Uplift* und ähnlichen Programmen zeigen, dass Bildung nicht nur eine individuelle Bereicherung ist, sondern auch das Potenzial hat, ganze Gemeinschaften zu transformieren. Indem sie das Wissen und die Fähigkeiten der Menschen stärken, trägt die Bewegung dazu bei, eine informierte und engagierte Bürgerschaft zu schaffen, die in der Lage ist, die Herausforderungen der Zukunft zu bewältigen.

Insgesamt ist die Rolle von Bildung und Aufklärung in der Bürgerrechtsbewegung auf Zarinia von zentraler Bedeutung. Sie bietet nicht nur die Werkzeuge, um Ungerechtigkeiten zu erkennen und zu bekämpfen, sondern fördert auch eine Kultur des Dialogs und des Verständnisses, die für eine gerechtere und inklusivere Gesellschaft unerlässlich ist.

Die Bedeutung von Geschichten und Erzählungen

In der Bürgerrechtsbewegung auf Zarinia spielen Geschichten und Erzählungen eine zentrale Rolle. Sie sind nicht nur Mittel zur Kommunikation, sondern auch Werkzeuge zur Mobilisierung, zur Schaffung von Identität und zur Förderung von Empathie. In diesem Abschnitt werden wir die verschiedenen Dimensionen der Bedeutung von Geschichten und Erzählungen in der Bewegung von Kael Nira untersuchen.

Erzählungen als Identitätsstifter

Geschichten helfen Individuen und Gemeinschaften, ihre Identität zu definieren. In der zarinianischen Gesellschaft, wo die Trennung zwischen symbiotischen Geistern und Menschen ein zentrales Thema ist, dienen Erzählungen als Brücke zwischen verschiedenen Kulturen. Sie ermöglichen es den Menschen, sich mit den Erfahrungen anderer zu identifizieren und ein Gefühl der Zugehörigkeit zu entwickeln. Die Erzählungen von Kael Nira, die seine eigenen Erfahrungen mit Diskriminierung und Ungerechtigkeit schildern, wurden zu einem Symbol für den Kampf der gesamten Bewegung.

$$I = \sum_{i=1}^{n} E_i \tag{29}$$

wobei I die Identität ist und E_i die einzelnen Erlebnisse, die zu einer kollektiven Identität führen.

Geschichten als Mobilisierungsinstrument

Geschichten sind auch entscheidend für die Mobilisierung von Unterstützern. Die Erzählungen über die ersten Proteste und die Herausforderungen, mit denen die Bewegung konfrontiert war, haben viele Menschen inspiriert, sich anzuschließen. Diese Geschichten werden oft in sozialen Medien und bei Versammlungen erzählt, um das Bewusstsein zu schärfen und andere zu ermutigen, aktiv zu werden. Ein Beispiel ist die Geschichte eines jungen Aktivisten, der durch die Erzählungen von Kael Nira motiviert wurde, seine eigene Stimme zu erheben und für die Rechte der symbiotischen Geister zu kämpfen.

Empathie und Verständnis fördern

Ein weiterer wichtiger Aspekt von Geschichten in der Bürgerrechtsbewegung ist ihre Fähigkeit, Empathie und Verständnis zu fördern. Durch das Teilen persönlicher Geschichten können Menschen die Perspektiven und Kämpfe anderer besser nachvollziehen. Dies ist besonders wichtig in einer Gesellschaft, die oft von Vorurteilen und Missverständnissen geprägt ist. Kael Nira hat oft betont, wie wichtig es ist, die Geschichten derjenigen zu hören, die unter Diskriminierung leiden, um ein tieferes Verständnis für ihre Erfahrungen zu entwickeln.

$$E = \frac{S}{D} \tag{30}$$

wobei E die Empathie ist, S die geteilten Geschichten und D die Distanz zwischen den Gemeinschaften. Eine größere Anzahl geteilter Geschichten führt zu einer höheren Empathie und einem besseren Verständnis.

Die Kraft der Narration in der Kunst

Die Kunst spielt eine wesentliche Rolle bei der Verbreitung von Geschichten. Theater, Musik und bildende Kunst werden genutzt, um die Erfahrungen der zarinianischen Bürgerrechtsbewegung darzustellen. Künstlerische Erzählungen können Emotionen wecken und die Menschen auf eine Weise erreichen, die Fakten allein nicht können. Ein bemerkenswertes Beispiel ist das Theaterstück „Die Stimmen von Zarinia", das die Geschichten von Aktivisten und ihren Kämpfen auf eine eindringliche Weise inszeniert.

Herausforderungen und Probleme

Trotz der positiven Aspekte von Geschichten und Erzählungen gibt es auch Herausforderungen. Oft werden Geschichten verzerrt oder vereinfacht, um eine bestimmte Agenda zu unterstützen. Dies kann zu Missverständnissen und einer fehlerhaften Wahrnehmung der Bewegung führen. Es ist wichtig, dass die Geschichten authentisch bleiben und die Vielfalt der Erfahrungen widerspiegeln, um die Integrität der Bewegung zu wahren.

Schlussfolgerung

Zusammenfassend lässt sich sagen, dass Geschichten und Erzählungen eine fundamentale Rolle in der Bürgerrechtsbewegung auf Zarinia spielen. Sie sind nicht nur Werkzeuge zur Mobilisierung und Identitätsbildung, sondern auch Mittel zur Förderung von Empathie und Verständnis. Die Herausforderung besteht darin, diese Geschichten authentisch und vielfältig zu erzählen, um die Komplexität der Erfahrungen aller Beteiligten zu erfassen. In einer Zeit, in der die Gesellschaft vor großen Herausforderungen steht, bleibt die Kraft der Erzählung ein unverzichtbares Element im Kampf für Gerechtigkeit und Gleichheit auf Zarinia.

Die Auswirkungen auf die Gesellschaft

Die Bürgerrechtsbewegung unter der Führung von Kael Nira hat tiefgreifende und weitreichende Auswirkungen auf die Gesellschaft von Zarinia gehabt. Diese Veränderungen sind nicht nur auf politischer Ebene spürbar, sondern betreffen auch soziale, kulturelle und wirtschaftliche Dimensionen. In diesem Abschnitt werden die verschiedenen Facetten dieser Auswirkungen beleuchtet, um zu verstehen, wie die Bewegung die zarinianische Gesellschaft transformiert hat.

Politische Veränderungen

Die Bewegung hat eine signifikante Verschiebung in der politischen Landschaft Zarinia bewirkt. Vor der Gründung der Bewegung war die politische Macht stark zentralisiert und oft von der Regierung missbraucht, um die symbiotischen Geister zu unterdrücken. Durch den Druck der Bewegung wurden jedoch neue politische

Strukturen geschaffen, die eine größere Repräsentation und Mitbestimmung der Bürger ermöglichen.

Ein Beispiel für diese Veränderungen ist die Einführung neuer Gesetze, die die Rechte der symbiotischen Geister schützen. Diese Gesetze beinhalten Regelungen, die Diskriminierung verbieten und die Gleichheit vor dem Gesetz fördern. Die Bewegung hat auch dazu beigetragen, dass die Stimmen der zuvor marginalisierten Gruppen gehört werden, was zu einer inklusiveren politischen Debatte geführt hat.

Soziale Auswirkungen

Die sozialen Auswirkungen der Bewegung sind ebenso bemerkenswert. Die Bürgerrechtsbewegung hat das Bewusstsein für soziale Gerechtigkeit geschärft und eine Kultur des Engagements gefördert. Viele Zarinianer, die zuvor apathisch waren, haben sich inspiriert gefühlt, aktiv zu werden und für ihre Rechte einzutreten. Diese Mobilisierung hat zu einer stärkeren Gemeinschaftsbildung geführt, in der Solidarität und Unterstützung im Vordergrund stehen.

Die Bewegung hat auch das Verständnis für die Bedeutung von Diversität und Inklusion in der Gesellschaft gefördert. Veranstaltungen und Workshops, die von der Bewegung organisiert wurden, haben dazu beigetragen, Vorurteile abzubauen und den interkulturellen Dialog zu fördern. Die Zarinianer haben gelernt, die verschiedenen Kulturen und Traditionen zu schätzen, die das Land bereichern.

Kulturelle Veränderungen

Auf kultureller Ebene hat die Bewegung einen kreativen Aufschwung ausgelöst. Kunst und Kultur wurden zu zentralen Elementen des Aktivismus. Künstler, Musiker und Schriftsteller haben ihre Plattformen genutzt, um Botschaften der Gerechtigkeit und Gleichheit zu verbreiten. Diese kreativen Ausdrucksformen haben nicht nur das Bewusstsein für die Anliegen der Bewegung geschärft, sondern auch eine breitere Diskussion über soziale Themen angestoßen.

Ein Beispiel dafür ist das Theaterstück "Die Stimmen der Geister", das die Erfahrungen der symbiotischen Geister thematisiert. Dieses Stück wurde von der Bewegung gefördert und hat landesweit Anerkennung gefunden. Es hat nicht nur die Zuschauer bewegt, sondern auch zu einem tiefgreifenden Dialog über die Herausforderungen und Kämpfe der symbiotischen Geister geführt.

Wirtschaftliche Auswirkungen

Die wirtschaftlichen Auswirkungen der Bewegung sind ebenfalls nicht zu vernachlässigen. Durch die Förderung von Gleichheit und Chancengleichheit haben viele symbiotische Geister Zugang zu besseren Bildungschancen und Arbeitsplätzen erhalten. Dies hat nicht nur ihre Lebensqualität verbessert, sondern auch zur wirtschaftlichen Entwicklung Zarinia beigetragen.

Die Bewegung hat auch Initiativen ins Leben gerufen, die sich auf die wirtschaftliche Stärkung von benachteiligten Gemeinschaften konzentrieren. Programme zur Unterstützung von Unternehmern aus diesen Gemeinschaften haben dazu geführt, dass neue Unternehmen gegründet wurden, die zur Schaffung von Arbeitsplätzen und zur Stärkung der lokalen Wirtschaft beitragen.

Gesellschaftliche Herausforderungen

Trotz dieser positiven Veränderungen gibt es auch Herausforderungen, die die Bewegung und die Gesellschaft insgesamt betreffen. Es gibt nach wie vor Widerstand gegen die Bewegung, sowohl von der Regierung als auch von Teilen der Bevölkerung, die die Veränderungen als Bedrohung ihrer eigenen Machtpositionen wahrnehmen.

Ein Beispiel für diesen Widerstand sind die wiederholten Angriffe auf Aktivisten, die sich für die Rechte der symbiotischen Geister einsetzen. Diese Angriffe sind nicht nur physischer Natur, sondern auch psychologischer, da sie darauf abzielen, die Moral der Bewegung zu untergraben. Um diesen Herausforderungen zu begegnen, ist es entscheidend, dass die Bewegung weiterhin auf Resilienz und Solidarität setzt.

Fazit

Zusammenfassend lässt sich sagen, dass die Auswirkungen der Bürgerrechtsbewegung unter Kael Nira auf die Gesellschaft von Zarinia tiefgreifend und vielschichtig sind. Politische, soziale, kulturelle und wirtschaftliche Veränderungen haben das Leben der Zarinianer nachhaltig beeinflusst. Während die Bewegung bedeutende Fortschritte erzielt hat, bleibt der Weg zur vollständigen Gleichheit und Gerechtigkeit eine Herausforderung, die weiterhin Engagement und Entschlossenheit erfordert. Der Einfluss der Bewegung wird in den kommenden Jahren weiterhin spürbar sein, da sie die Grundlagen für eine gerechtere und inklusivere Gesellschaft legt.

Die Reaktion der internationalen Gemeinschaft

Die Reaktion der internationalen Gemeinschaft auf die Bewegung zur Trennung symbiotischer Geister auf Zarinia war vielschichtig und oft von unterschiedlichen Interessen und Perspektiven geprägt. In diesem Abschnitt werden wir die verschiedenen Dimensionen dieser Reaktion untersuchen, einschließlich der Unterstützung, der Kritik, der diplomatischen Bemühungen und der Rolle internationaler Organisationen.

Internationale Unterstützung

Die Bewegung fand schnell Unterstützung von verschiedenen internationalen Organisationen und Nichtregierungsorganisationen (NGOs), die sich für Menschenrechte und soziale Gerechtigkeit einsetzen. Organisationen wie Amnesty International und Human Rights Watch begannen, die Situation auf Zarinia zu beobachten und Berichte über die Menschenrechtsverletzungen zu veröffentlichen, die mit der Unterdrückung der symbiotischen Geister in Verbindung standen. Diese Berichte führten zu einer erhöhten Sichtbarkeit des Problems und mobilisierten internationale Solidarität.

Ein Beispiel für internationale Unterstützung war die Kampagne "Voices of Zarinia", die in mehreren Ländern durchgeführt wurde. Diese Kampagne umfasste Petitionen, öffentliche Veranstaltungen und soziale Medien, um das Bewusstsein für die Anliegen der zarinianischen Bürgerrechtsaktivisten zu schärfen. Die Kampagne erreichte Millionen von Menschen und führte zu einer Vielzahl von Solidaritätsaktionen, darunter Demonstrationen vor Botschaften und Konsulaten.

Diplomatische Bemühungen

Die diplomatischen Bemühungen zur Unterstützung der Bewegung waren ebenso wichtig. Einige Länder, die sich für die Menschenrechte einsetzen, begannen, Druck auf die zarinianische Regierung auszuüben. Diese diplomatischen Bemühungen umfassten öffentliche Erklärungen von Regierungsvertretern, die die zarinianische Regierung aufforderten, die Rechte der symbiotischen Geister zu respektieren und die Gewalt gegen Aktivisten zu beenden.

Ein bemerkenswertes Beispiel war die Resolution des UN-Menschenrechtsrats, die eine Untersuchung der Menschenrechtslage auf Zarinia forderte. Diese Resolution wurde von mehreren Ländern unterstützt und führte zu einem Bericht, der die Missstände dokumentierte und Empfehlungen für Reformen aussprach. Die zarinianische Regierung reagierte zunächst defensiv, was zu Spannungen zwischen Zarinia und der internationalen Gemeinschaft führte.

Kritik und Widerstand

Trotz der Unterstützung gab es auch Kritik an der internationalen Gemeinschaft. Einige Aktivisten argumentierten, dass die Reaktionen nicht ausreichend seien und dass die internationale Gemeinschaft mehr tun müsse, um die zarinianische Regierung zur Verantwortung zu ziehen. Diese Kritik wurde besonders laut, als Berichte über gewaltsame Repressionen gegen Demonstranten und Aktivisten veröffentlicht wurden.

Ein Beispiel für diese Kritik war die Aussage von Kael Nira während einer internationalen Konferenz, in der er betonte, dass „Worte allein nicht ausreichen". Er forderte die internationale Gemeinschaft auf, konkrete Maßnahmen zu ergreifen, um die zarinianische Regierung zur Einhaltung der Menschenrechte zu bewegen. Diese Worte fanden Anklang bei vielen, die der Meinung waren, dass die internationale Gemeinschaft oft zu zögerlich und diplomatisch vorgeht, während das Leben von Aktivisten auf dem Spiel steht.

Die Rolle internationaler Organisationen

Internationale Organisationen wie die Vereinten Nationen (UN) und die Europäische Union (EU) spielten eine entscheidende Rolle in der Reaktion auf die Bewegung. Die UN entsandte Beobachter, um die Situation vor Ort zu überwachen, und organisierte Konferenzen, um die Anliegen der zarinianischen Bürgerrechtsbewegung zu diskutieren. Diese Konferenzen ermöglichten es Aktivisten, ihre Geschichten und Erfahrungen direkt an internationale Entscheidungsträger zu kommunizieren.

Die EU hingegen erwog wirtschaftliche Sanktionen gegen die zarinianische Regierung als Druckmittel, um die Menschenrechtslage zu verbessern. Diese Diskussionen führten zu Spannungen innerhalb der EU, da einige Mitgliedstaaten besorgt waren, dass Sanktionen negative Auswirkungen auf die Zivilbevölkerung haben könnten. Letztendlich einigten sich die Mitgliedstaaten auf gezielte Sanktionen gegen bestimmte Regierungsbeamte, die für die Repression verantwortlich waren.

Fazit

Die Reaktion der internationalen Gemeinschaft auf die Bewegung zur Trennung symbiotischer Geister auf Zarinia war ein komplexes Zusammenspiel von Unterstützung, Kritik und diplomatischen Bemühungen. Während internationale Organisationen und einige Länder aktiv zur Unterstützung der Bewegung beitrugen, gab es auch berechtigte Bedenken über die Effektivität dieser Maßnahmen. Die Herausforderungen, vor denen die zarinianische Bürgerrechtsbewegung steht, erforderten ein koordiniertes und nachhaltiges Engagement von Seiten der internationalen Gemeinschaft, um langfristige

Veränderungen zu bewirken und die Rechte der symbiotischen Geister zu schützen.

Zusammenfassend lässt sich sagen, dass die internationale Gemeinschaft eine entscheidende Rolle bei der Unterstützung und Sichtbarmachung der zarinianischen Bürgerrechtsbewegung spielte, jedoch weiterhin gefordert ist, ihre Strategien zu überdenken und anzupassen, um den Bedürfnissen der Aktivisten und der betroffenen Gemeinschaften gerecht zu werden.

Die Eröffnung von Dialogräumen

Die Eröffnung von Dialogräumen stellt einen entscheidenden Schritt in der Bürgerrechtsbewegung unter der Führung von Kael Nira dar. Diese Räume sind nicht nur physische Orte, sondern auch symbolische Plattformen, die den Austausch von Ideen, Erfahrungen und Perspektiven fördern. In einer Zeit, in der Vorurteile und Diskriminierung weit verbreitet sind, bieten Dialogräume die Möglichkeit, Brücken zwischen verschiedenen Gemeinschaften zu bauen und ein tieferes Verständnis für die Herausforderungen und Bedürfnisse der anderen zu entwickeln.

Theoretische Grundlagen

Die Theorie des Dialogs basiert auf der Annahme, dass Kommunikation der Schlüssel zur Überwindung von Konflikten und Missverständnissen ist. Der Dialog wird als ein Prozess verstanden, der nicht nur den Austausch von Informationen, sondern auch das aktive Zuhören und das Eingehen auf die Perspektiven anderer umfasst. Gemäß [?] ist der Dialog ein Werkzeug der Befreiung, das Individuen in die Lage versetzt, ihre Realität zu reflektieren und gemeinsam Lösungen zu entwickeln.

Ein zentraler Aspekt der Dialogtheorie ist das Konzept der *Intersektionalität*, das von [?] geprägt wurde. Dieses Konzept betont, dass verschiedene Identitäten – wie Geschlecht, Rasse, Klasse und sexuelle Orientierung – miteinander verwoben sind und dass die Erfahrungen von Diskriminierung und Ungerechtigkeit nicht isoliert betrachtet werden können. Dialogräume, die intersektionale Perspektiven einbeziehen, ermöglichen es den Teilnehmern, die Komplexität ihrer eigenen Identitäten und die der anderen zu erkennen und zu verstehen.

Probleme und Herausforderungen

Trotz der positiven Absichten hinter der Eröffnung von Dialogräumen gibt es zahlreiche Herausforderungen, die es zu bewältigen gilt. Ein häufiges Problem ist das Vorhandensein von Machtungleichgewichten, die den Dialog beeinträchtigen können. Wenn eine Gruppe dominanter ist als eine andere, kann dies dazu führen, dass die Stimmen der weniger privilegierten Teilnehmer nicht gehört oder ernst genommen werden. Um diese Ungleichgewichte zu adressieren, ist es wichtig, dass die Moderatoren der Dialogräume geschult werden, um eine gleichberechtigte Teilnahme zu fördern und sicherzustellen, dass alle Stimmen gehört werden.

Ein weiteres Hindernis ist die Angst vor Konfrontation. Viele Menschen fühlen sich unwohl, wenn sie mit unterschiedlichen Meinungen und Erfahrungen konfrontiert werden, insbesondere wenn diese Meinungen tief verwurzelte Überzeugungen in Frage stellen. Um diese Angst zu überwinden, sollten Dialogräume klare Regeln für respektvolle Kommunikation und aktives Zuhören festlegen. Diese Regeln können helfen, eine sichere Umgebung zu schaffen, in der Teilnehmer offen ihre Gedanken und Gefühle äußern können, ohne Angst vor Verurteilung zu haben.

Beispiele erfolgreicher Dialogräume

Ein inspirierendes Beispiel für einen erfolgreichen Dialograum ist die Initiative *Zarinia spricht!*, die von Kael Nira ins Leben gerufen wurde. Diese Initiative brachte Menschen aus verschiedenen Gemeinschaften zusammen, um über die Herausforderungen und Chancen der symbiotischen Geister zu diskutieren. Die Sitzungen fanden in einer neutralen Umgebung statt, die als sicher und einladend empfunden wurde. Die Teilnehmer wurden ermutigt, ihre persönlichen Geschichten zu teilen und zu reflektieren, wie ihre Erfahrungen mit Ungerechtigkeit und Diskriminierung ihre Sicht auf die Gesellschaft beeinflusst haben.

Ein weiteres Beispiel ist das *Kunst- und Dialogfestival*, das Kunst und Kultur als Mittel zur Förderung des Dialogs nutzt. Durch interaktive Installationen, Workshops und Aufführungen konnten die Teilnehmer ihre Gedanken und Emotionen kreativ ausdrücken, während sie gleichzeitig die Perspektiven anderer erkundeten. Diese kreative Herangehensweise half, Barrieren abzubauen und ein Gefühl der Gemeinschaft und des Verständnisses zu fördern.

Fazit

Die Eröffnung von Dialogräumen ist ein wesentlicher Bestandteil der Bürgerrechtsbewegung auf Zarinia. Sie bietet die Möglichkeit, Vorurteile abzubauen, Verständnis zu fördern und eine inklusive Gesellschaft zu schaffen. Trotz der Herausforderungen, die mit der Schaffung solcher Räume verbunden sind, sind die potenziellen Vorteile enorm. Durch den Dialog können Gemeinschaften zusammenkommen, um Lösungen für gemeinsame Probleme zu finden und eine gerechtere Zukunft für alle zu gestalten. Die Arbeit von Kael Nira und seinen Mitstreitern zeigt, dass Dialog nicht nur möglich, sondern auch notwendig ist, um Veränderungen herbeizuführen und eine tiefere Verbindung zwischen den Menschen zu schaffen.

Langfristige Ziele und Visionen

Die langfristigen Ziele und Visionen von Kael Nira und der Bewegung zur Trennung symbiotischer Geister auf Zarinia sind tief verwurzelt in der Überzeugung, dass eine gerechtere und inklusivere Gesellschaft möglich ist. Diese Vision geht über die bloße Trennung der symbiotischen Geister hinaus und umfasst eine umfassende Transformation der sozialen, politischen und kulturellen Strukturen auf Zarinia.

1. Förderung der Gleichheit

Ein zentrales Ziel der Bewegung ist die Schaffung einer Gesellschaft, in der alle Individuen, unabhängig von ihrer Herkunft, Geschlecht oder ihrer symbiotischen Beziehung, gleich behandelt werden. Dies beinhaltet die Implementierung von Gesetzen, die Diskriminierung verbieten und die Chancengleichheit für alle fördern. Ein Beispiel hierfür ist das Vorhaben, spezielle Bildungsprogramme zu entwickeln, die darauf abzielen, Vorurteile abzubauen und das Bewusstsein für die Vielfalt der Kulturen auf Zarinia zu schärfen.

2. Bildung und Aufklärung

Die Bewegung sieht Bildung als einen Schlüssel zur Erreichung ihrer langfristigen Ziele. Durch die Schaffung von Aufklärungsprogrammen, die die Geschichte und die Herausforderungen der symbiotischen Geister thematisieren, soll das Verständnis in der breiten Bevölkerung gefördert werden. Kael Nira plant die Einführung von Workshops und Seminaren in Schulen und Gemeinschaftszentren, um den Dialog zwischen den verschiedenen Gruppen zu fördern und ein Gefühl der Solidarität zu schaffen.

3. Stärkung der Gemeinschaften

Ein weiteres Ziel ist die Stärkung der Gemeinschaften auf Zarinia. Dies geschieht durch die Förderung von lokalen Initiativen, die den Austausch und die

Zusammenarbeit zwischen verschiedenen Gruppen unterstützen. Kael Nira glaubt, dass die Schaffung von Netzwerken, die auf gegenseitiger Unterstützung basieren, entscheidend ist, um langfristige Veränderungen zu bewirken. Ein Beispiel hierfür ist das Projekt „Gemeinsam Stark", das lokale Gruppen zusammenbringt, um Ressourcen zu teilen und gemeinsame Ziele zu verfolgen.

4. Politische Teilhabe

Die Bewegung strebt auch an, die politische Teilhabe aller Bürger zu erhöhen. Dies umfasst die Forderung nach einem Wahlrecht für alle, einschließlich der symbiotischen Geister, und die Schaffung eines politischen Rahmens, der die Stimmen marginalisierter Gruppen berücksichtigt. Kael Nira hat bereits Gespräche mit politischen Entscheidungsträgern initiiert, um sicherzustellen, dass die Anliegen der Bewegung in die politische Agenda aufgenommen werden.

5. Nachhaltigkeit und Umweltschutz

Ein langfristiges Ziel der Bewegung ist die Förderung von nachhaltigen Praktiken und der Schutz der Umwelt auf Zarinia. Kael Nira erkennt die Verbindung zwischen sozialer Gerechtigkeit und ökologischer Nachhaltigkeit an. Die Bewegung plant, Bildungsinitiativen zu starten, die das Bewusstsein für Umweltfragen schärfen und die Bedeutung der Erhaltung der natürlichen Ressourcen betonen. Dies könnte durch die Einführung von Programmen zur Aufforstung und zur Förderung erneuerbarer Energien geschehen.

6. Interkultureller Dialog

Die Förderung des interkulturellen Dialogs ist ein weiteres langfristiges Ziel. Kael Nira möchte einen Raum schaffen, in dem Menschen aus verschiedenen Kulturen und Hintergründen zusammenkommen können, um ihre Erfahrungen und Perspektiven auszutauschen. Dies könnte durch die Organisation von Festivals, Kunstausstellungen und Diskussionsforen geschehen, die die Vielfalt der Kulturen auf Zarinia feiern und das Verständnis füreinander fördern.

7. Soziale Innovation

Die Bewegung setzt sich auch für soziale Innovationen ein, die darauf abzielen, bestehende Probleme auf kreative Weise zu lösen. Kael Nira ermutigt junge Menschen, innovative Ansätze zu entwickeln, um die Herausforderungen, mit denen die Gesellschaft konfrontiert ist, anzugehen. Dies könnte die Entwicklung neuer Technologien oder sozialer Unternehmen umfassen, die das Leben der Menschen verbessern und gleichzeitig die Prinzipien der Gleichheit und Gerechtigkeit fördern.

8. Langfristige Vision

Die langfristige Vision von Kael Nira ist eine Gesellschaft, in der die Rechte aller Individuen respektiert und gefördert werden, in der Vielfalt als Stärke angesehen wird und in der jede Stimme zählt. Diese Vision erfordert eine kontinuierliche Anstrengung und das Engagement aller Mitglieder der Gesellschaft. Kael Nira glaubt, dass durch kollektives Handeln und den unermüdlichen Einsatz für Gerechtigkeit und Gleichheit eine bessere Zukunft für alle auf Zarinia möglich ist.

Schlussfolgerung

Die langfristigen Ziele und Visionen von Kael Nira sind nicht nur eine Antwort auf die aktuellen Herausforderungen, sondern auch ein Aufruf zum Handeln für zukünftige Generationen. Die Bewegung strebt danach, eine Welt zu schaffen, in der Gerechtigkeit, Gleichheit und Nachhaltigkeit nicht nur Ideale sind, sondern gelebte Realität. Mit einem klaren Fokus auf Bildung, Gemeinschaft und interkulturellen Dialog ist die Bewegung gut positioniert, um einen nachhaltigen Einfluss auf die Gesellschaft auf Zarinia auszuüben und eine positive Veränderung herbeizuführen.

Die Entwicklung der Bewegung

Strategien und Taktiken

Die Bedeutung von gewaltfreiem Widerstand

Gewaltfreier Widerstand ist eine fundamentale Strategie in der Bürgerrechtsbewegung, die nicht nur auf der Philosophie des gewaltfreien Protestes basiert, sondern auch auf der Überzeugung, dass positive soziale Veränderungen durch friedliche Mittel erreicht werden können. Diese Methode hat sich als besonders wirksam erwiesen, um breite Unterstützung zu mobilisieren und gesellschaftliche Normen herauszufordern, ohne die Zivilgesellschaft zu spalten oder Gewalt zu perpetuieren.

Theoretische Grundlagen

Die Theorie des gewaltfreien Widerstands wurde maßgeblich von Philosophen wie Henry David Thoreau, Mahatma Gandhi und Martin Luther King Jr. geprägt. Thoreau argumentierte in seinem Essay *Civil Disobedience*, dass Individuen das moralische Recht haben, gegen ungerechte Gesetze zu protestieren. Gandhi entwickelte das Konzept *Satyagraha*, was „Festhalten an der Wahrheit" bedeutet und die Idee verkörpert, dass die Wahrheit durch gewaltfreien Widerstand letztlich siegen wird. King erweiterte diese Ideen, indem er betonte, dass gewaltfreier Widerstand sowohl eine moralische als auch eine strategische Wahl ist, um die Herzen und Köpfe der Menschen zu gewinnen.

Die mathematische Formulierung des gewaltfreien Widerstands kann durch die Gleichung für den sozialen Druck dargestellt werden:

$$P = \frac{(C \cdot E)}{R} \tag{31}$$

wobei P der soziale Druck, C die Anzahl der Teilnehmer, E die Effizienz der gewaltfreien Taktiken und R der Widerstand der Autoritäten ist. Diese Gleichung verdeutlicht, dass ein größerer sozialer Druck erzeugt wird, wenn mehr Menschen sich an gewaltfreien Aktionen beteiligen und diese effektiv umgesetzt werden.

Probleme und Herausforderungen

Trotz der Vorteile des gewaltfreien Widerstands gibt es zahlreiche Herausforderungen, denen sich Aktivisten gegenübersehen. Eine der größten Hürden ist die Repression durch staatliche Akteure, die gewaltsame Maßnahmen ergreifen, um Proteste zu unterdrücken. Dies kann in Form von Festnahmen, physischer Gewalt oder der Einschränkung von Versammlungsfreiheit geschehen.

Ein weiteres Problem ist die Wahrnehmung in der Öffentlichkeit. Gewalttätige Proteste können die Medienberichterstattung dominieren und die Botschaft des gewaltfreien Widerstands verwässern. Aktivisten müssen daher Strategien entwickeln, um sicherzustellen, dass ihre friedlichen Bemühungen nicht in den Hintergrund gedrängt werden.

Beispiele für gewaltfreien Widerstand

Historisch gesehen gibt es zahlreiche Beispiele für erfolgreichen gewaltfreien Widerstand. Ein herausragendes Beispiel ist die *Bürgerrechtsbewegung* in den USA in den 1960er Jahren. Martin Luther King Jr. führte zahlreiche gewaltfreie Protestaktionen durch, darunter die berühmte *March on Washington* im Jahr 1963, die zur Verabschiedung des *Civil Rights Act* von 1964 führte.

Ein weiteres Beispiel ist die *Sowjetunion* in den 1980er Jahren, als Bürgerrechtsaktivisten wie Andrei Sakharov und Alexander Solzhenitsyn gewaltfreie Methoden einsetzten, um gegen die Unterdrückung und Menschenrechtsverletzungen zu kämpfen. Ihre Bemühungen trugen zur eventualen Auflösung des kommunistischen Regimes bei.

In Zarinia, wo Kael Nira die Bewegung zur Trennung symbiotischer Geister anführte, war gewaltfreier Widerstand entscheidend für den Aufbau einer breiten Basis an Unterstützern. Die ersten Proteste, die von Kael organisiert wurden, folgten dem Prinzip der Gewaltlosigkeit und beinhalteten kreative Ausdrucksformen wie Kunstinstallationen und öffentliche Lesungen, die die Aufmerksamkeit auf die Ungerechtigkeiten lenkten, die die symbiotischen Geister erlitten.

Schlussfolgerung

Die Bedeutung des gewaltfreien Widerstands kann nicht überbetont werden. Er bietet nicht nur eine ethische Grundlage für den Aktivismus, sondern auch eine effektive Strategie zur Mobilisierung und zum Gewinn von Unterstützung. In einer Welt, in der Gewalt oft als Lösung angesehen wird, bleibt der gewaltfreie Widerstand ein kraftvolles Mittel, um Veränderungen herbeizuführen und die Gesellschaft auf eine gerechtere und inklusivere Zukunft auszurichten. Die Lehren aus der Geschichte und die Erfahrungen von Aktivisten wie Kael Nira zeigen, dass gewaltfreier Widerstand nicht nur möglich, sondern auch notwendig ist, um die Vision einer besseren Welt zu verwirklichen.

Kreative Ausdrucksformen im Aktivismus

Kreative Ausdrucksformen spielen eine entscheidende Rolle im Aktivismus, insbesondere in der Bewegung zur Trennung symbiotischer Geister auf Zarinia. Diese Formen des Ausdrucks sind nicht nur Mittel zur Kommunikation von Ideen, sondern auch Werkzeuge zur Mobilisierung von Gemeinschaften und zur Schaffung eines kollektiven Bewusstseins. In diesem Abschnitt werden wir die verschiedenen kreativen Ausdrucksformen untersuchen, die von Kael Nira und seiner Bewegung genutzt wurden, um ihre Botschaften zu verbreiten und ihre Ziele zu erreichen.

Die Bedeutung von Kunst im Aktivismus

Kunst hat eine lange Geschichte als Katalysator für sozialen Wandel. Sie ermöglicht es Aktivisten, komplexe Themen auf eine zugängliche und emotionale Weise zu präsentieren. Auf Zarinia haben Künstler und Aktivisten zusammengearbeitet, um visuelle Kunst, Musik, Theater und Literatur zu nutzen, um die Anliegen der Bewegung zu fördern.

Ein Beispiel hierfür ist die Verwendung von Wandmalereien in städtischen Gebieten, die zentrale Botschaften der Bewegung darstellen. Diese Kunstwerke sind nicht nur ästhetisch ansprechend, sondern auch strategisch platziert, um die Aufmerksamkeit der Öffentlichkeit auf die Herausforderungen und Ungerechtigkeiten zu lenken, die die symbiotischen Geister betreffen. Die Wandmalereien fungieren als visuelle Ankerpunkte, die Passanten zum Nachdenken anregen und Diskussionen initiieren.

Musik als Mobilisierungsinstrument

Musik ist ein weiteres kraftvolles Medium im Aktivismus. Auf Zarinia haben Musiker Lieder geschrieben, die die Themen der Bewegung aufgreifen und die Emotionen der Zuhörer ansprechen. Diese Lieder werden oft bei Protesten und Versammlungen gesungen und dienen nicht nur als Ausdruck von Solidarität, sondern auch als Mittel zur Mobilisierung.

Ein herausragendes Beispiel ist das Lied „Geister der Freiheit", das von einer Gruppe junger Musiker verfasst wurde. Es erzählt die Geschichten derjenigen, die unter der Unterdrückung gelitten haben, und ermutigt die Zuhörer, sich für ihre Rechte einzusetzen. Die eingängige Melodie und der kraftvolle Text haben dazu beigetragen, dass das Lied zu einer Hymne der Bewegung wurde.

Theater und Performancekunst

Theater und Performancekunst bieten eine Plattform für die Darstellung von Geschichten, die oft übersehen werden. Auf Zarinia wurden Theaterstücke inszeniert, die die Erfahrungen von symbiotischen Geistern thematisieren und die Herausforderungen, mit denen sie konfrontiert sind, beleuchten. Diese Aufführungen schaffen ein gemeinsames Erlebnis, das das Publikum emotional berührt und zum Nachdenken anregt.

Ein bemerkenswertes Beispiel ist das Stück „Die Stimmen der Unsichtbaren", das die Lebensrealitäten von symbiotischen Geistern in einer unterdrückenden Gesellschaft darstellt. Durch interaktive Elemente werden die Zuschauer in die Handlung einbezogen, was zu einem tieferen Verständnis der Thematik führt und die Empathie für die Protagonisten fördert.

Literatur und Geschichtenerzählen

Literatur ist eine weitere wichtige Ausdrucksform im Aktivismus. Geschichten, Gedichte und Essays wurden genutzt, um die Perspektiven von symbiotischen Geistern zu teilen und ihre Kämpfe zu dokumentieren. Diese schriftlichen Werke sind nicht nur Ausdruck von Kreativität, sondern auch ein Mittel zur Bewahrung von Geschichte und Identität.

Ein Beispiel ist die Sammlung von Kurzgeschichten „Geistergeschichten von Zarinia", die die Stimmen verschiedener symbiotischer Geister versammelt. Diese Geschichten bieten Einblicke in die Herausforderungen und Hoffnungen der Charaktere und tragen dazu bei, ein Bewusstsein für die Ungerechtigkeiten zu schaffen, mit denen sie konfrontiert sind.

Technologie und soziale Medien

In der heutigen digitalen Welt spielen Technologie und soziale Medien eine zunehmend wichtige Rolle im Aktivismus. Auf Zarinia nutzen Aktivisten Plattformen wie ZariniaNet, um ihre Botschaften weitreichend zu verbreiten. Kreative Inhalte, wie Videos, Memes und Grafiken, werden erstellt und geteilt, um das Bewusstsein für die Anliegen der Bewegung zu schärfen.

Ein Beispiel für den Einsatz von sozialen Medien ist die Kampagne „#FreiheitFürGeister", die durch virale Videos und Grafiken Unterstützung mobilisierte. Diese Kampagne erreichte nicht nur lokale, sondern auch internationale Aufmerksamkeit und führte zu einer breiteren Diskussion über die Rechte der symbiotischen Geister.

Herausforderungen und Probleme

Trotz der Wirksamkeit kreativer Ausdrucksformen im Aktivismus gibt es auch Herausforderungen. Eine der größten Hürden ist die Zensur. In vielen Fällen versuchen Regierungen, kreative Werke zu unterdrücken, die als Bedrohung für ihre Macht angesehen werden. Aktivisten müssen oft Wege finden, ihre Botschaften subtil zu kommunizieren, um Repressionen zu vermeiden.

Ein weiteres Problem ist die Fragmentierung der Bewegung. Verschiedene kreative Ausdrucksformen können unterschiedliche Zielgruppen ansprechen, was zu einer Spaltung innerhalb der Bewegung führen kann. Es ist entscheidend, dass Aktivisten Wege finden, um diese unterschiedlichen Ausdrucksformen zu integrieren und eine gemeinsame Botschaft zu fördern.

Fazit

Kreative Ausdrucksformen sind ein unverzichtbarer Bestandteil des Aktivismus auf Zarinia. Sie ermöglichen es, komplexe Themen auf zugängliche Weise zu kommunizieren, Gemeinschaften zu mobilisieren und das Bewusstsein für soziale Gerechtigkeit zu schärfen. Trotz der Herausforderungen, die mit der Nutzung dieser Ausdrucksformen verbunden sind, bleibt ihre Bedeutung für den Erfolg der Bewegung unbestritten. Die Fähigkeit, Geschichten zu erzählen, Emotionen zu wecken und Menschen zu inspirieren, ist das Herzstück des Aktivismus und wird auch weiterhin eine zentrale Rolle in der Bewegung zur Trennung symbiotischer Geister auf Zarinia spielen.

Die Rolle von Bildung und Aufklärung

Die Rolle von Bildung und Aufklärung in der Bewegung zur Trennung symbiotischer Geister auf Zarinia ist von entscheidender Bedeutung. Bildung ist nicht nur ein Mittel zur Wissensvermittlung, sondern auch ein Werkzeug zur Förderung kritischen Denkens, zur Entwicklung von Empathie und zur Stärkung der Gemeinschaft. In diesem Abschnitt werden wir die verschiedenen Aspekte der Bildung und Aufklärung in der zarinianischen Bürgerrechtsbewegung beleuchten und ihre Auswirkungen auf die Gesellschaft analysieren.

Bildung als Fundament der Bewegung

Bildung bildet das Fundament jeder sozialen Bewegung. Sie ermöglicht den Menschen, sich über ihre Rechte und die gesellschaftlichen Strukturen, die sie unterdrücken, zu informieren. In der zarinianischen Gesellschaft, wo Vorurteile und Diskriminierung gegen symbiotische Geister weit verbreitet sind, ist es unerlässlich, dass die Bevölkerung über die Bedeutung der Bürgerrechte aufgeklärt wird.

Ein Beispiel für den Einfluss von Bildung ist die Gründung von Schulen und Bildungsprogrammen, die sich speziell an die Bedürfnisse der von Diskriminierung betroffenen Gruppen richten. Diese Institutionen bieten nicht nur eine akademische Ausbildung, sondern auch Workshops zur Förderung des Bewusstseins für soziale Gerechtigkeit und Rechte. Die Zarinianische Akademie für Bürgerrechte (ZAB) ist ein Beispiel für eine solche Institution, die es den Schülern ermöglicht, sich mit den Herausforderungen und der Geschichte der symbiotischen Geister auseinanderzusetzen.

Kritisches Denken und Empowerment

Ein weiterer wichtiger Aspekt von Bildung in dieser Bewegung ist die Förderung des kritischen Denkens. Bildung sollte nicht nur Fakten vermitteln, sondern auch die Fähigkeit entwickeln, Informationen zu hinterfragen und kritisch zu analysieren. Dies ist besonders wichtig in einer Zeit, in der Desinformation und Propaganda weit verbreitet sind.

Die Theorie des kritischen Denkens, wie sie von Autoren wie Paulo Freire und bell hooks beschrieben wird, legt nahe, dass Bildung ein aktiver Prozess ist, der das Bewusstsein für soziale Ungerechtigkeiten schärfen kann. In Zarinia wurden Programme implementiert, die Schüler dazu ermutigen, ihre eigenen Erfahrungen und die ihrer Gemeinschaften zu reflektieren und zu diskutieren. Diese Reflexion ist entscheidend, um das Bewusstsein für die Ungerechtigkeiten, die symbiotische Geister erfahren, zu schärfen.

Aufklärung als Werkzeug gegen Vorurteile

Aufklärung spielt eine zentrale Rolle im Kampf gegen Vorurteile und Diskriminierung. Durch gezielte Aufklärungskampagnen können Stereotypen abgebaut und ein besseres Verständnis für die Lebensrealitäten symbiotischer Geister geschaffen werden.

Ein Beispiel für eine erfolgreiche Aufklärungskampagne ist die „Kampagne für Inklusion", die in verschiedenen Städten Zarinia durchgeführt wurde. Diese Kampagne nutzte verschiedene Medien, darunter soziale Netzwerke, öffentliche Veranstaltungen und Workshops, um Informationen über die Rechte und die Kultur der symbiotischen Geister zu verbreiten. Die Ergebnisse dieser Kampagne waren ermutigend: Umfragen zeigten einen signifikanten Rückgang von Vorurteilen gegenüber symbiotischen Geistern in den betroffenen Gemeinschaften.

Herausforderungen der Bildung und Aufklärung

Trotz der positiven Auswirkungen von Bildung und Aufklärung gibt es auch zahlreiche Herausforderungen. Eine der größten Herausforderungen ist der Zugang zu Bildung. Viele symbiotische Geister haben aufgrund von Diskriminierung und sozialer Isolation keinen Zugang zu qualitativ hochwertiger Bildung. Dies führt zu einem Kreislauf der Benachteiligung, der schwer zu durchbrechen ist.

Darüber hinaus gibt es Widerstand gegen Bildungsinitiativen, die sich mit den Rechten von symbiotischen Geistern befassen. Einige konservative Gruppen in Zarinia sehen solche Programme als Bedrohung ihrer Werte und versuchen, diese zu unterdrücken. Dies führt zu einem Spannungsfeld, in dem Bildung als Werkzeug des Wandels sowohl Unterstützung als auch Widerstand erfährt.

Zukunftsausblick

Die Zukunft der Bildung und Aufklärung in der zarinianischen Bürgerrechtsbewegung ist vielversprechend, erfordert jedoch kontinuierliche Anstrengungen. Um die Herausforderungen zu bewältigen, ist es wichtig, dass Aktivisten, Pädagogen und die Gemeinschaft zusammenarbeiten, um innovative Bildungsansätze zu entwickeln.

Ein vielversprechender Ansatz ist die Integration von Technologie in Bildungsprogramme. Digitale Plattformen können genutzt werden, um Informationen zu verbreiten und den Zugang zu Bildung zu erweitern. Online-Kurse, Webinare und soziale Medien bieten neue Möglichkeiten, um das Bewusstsein zu schärfen und eine breitere Öffentlichkeit zu erreichen.

Zusammenfassend lässt sich sagen, dass Bildung und Aufklärung eine zentrale Rolle in der Bewegung zur Trennung symbiotischer Geister auf Zarinia spielen. Sie sind entscheidend für die Schaffung eines informierten und engagierten Bürgers, der in der Lage ist, für seine Rechte einzutreten und die Gesellschaft zu verändern. Die Herausforderungen sind groß, aber die Möglichkeiten, die Bildung bietet, sind noch größer. Es liegt an der zarinianischen Gesellschaft, diese Möglichkeiten zu nutzen und die Vision einer gerechteren Zukunft zu verwirklichen.

Mobilisierung der Jugend

Die Mobilisierung der Jugend spielt eine entscheidende Rolle in der Bürgerrechtsbewegung auf Zarinia. Junge Menschen sind oft die treibende Kraft hinter sozialen Veränderungen, da sie neue Ideen und Perspektiven einbringen und bereit sind, gegen Ungerechtigkeiten zu kämpfen. Diese Sektion untersucht die Theorien, Herausforderungen und Beispiele, die mit der Mobilisierung der Jugend in Kael Niras Bewegung verbunden sind.

Theoretische Grundlagen

Die Mobilisierung der Jugend basiert auf verschiedenen theoretischen Ansätzen, die die Rolle junger Menschen in sozialen Bewegungen beleuchten. Eine zentrale Theorie ist die *Ressourcentheorie*, die besagt, dass junge Menschen über einzigartige Ressourcen verfügen, wie z.B. Energie, Kreativität und technologische Affinität, die für die Bewegung von entscheidender Bedeutung sind. Laut [?] sind Jugendliche oft weniger an traditionelle Machtstrukturen gebunden und können daher flexibler und innovativer agieren.

Ein weiterer wichtiger theoretischer Rahmen ist die *Identitätstheorie*, die die Bedeutung von Identität und Zugehörigkeit in der Mobilisierung betont. Jugendliche entwickeln oft ein starkes Zugehörigkeitsgefühl zu sozialen Bewegungen, was ihre Motivation und ihr Engagement erhöht [?]. Diese Identität kann durch gemeinsame Erfahrungen von Ungerechtigkeit und Diskriminierung gestärkt werden.

Herausforderungen bei der Mobilisierung

Trotz ihrer Potenziale stehen Jugendliche bei der Mobilisierung vor verschiedenen Herausforderungen. Eine der größten Hürden ist die *Politik der Entmutigung*, bei der junge Menschen das Gefühl haben, dass ihre Stimmen und Meinungen in politischen Prozessen nicht gehört oder ernst genommen werden. Dies kann zu einer Entfremdung von politischen Aktivitäten führen und das Engagement verringern [2].

Ein weiteres Problem ist die *Kluft zwischen Generationen*, die oft zu Missverständnissen und Konflikten zwischen älteren und jüngeren Aktivisten führt. Ältere Generationen könnten an traditionellen Methoden festhalten, während die Jugend innovative Ansätze und digitale Plattformen bevorzugt [?]. Diese Kluft kann die Mobilisierung erschweren, wenn keine gemeinsame Basis gefunden wird.

Beispiele der Mobilisierung

Trotz dieser Herausforderungen gibt es zahlreiche Beispiele für erfolgreiche Mobilisierung von Jugendlichen in Kael Niras Bewegung. Ein herausragendes Beispiel ist die *Zarinian Youth Coalition*, die 2025 gegründet wurde und sich schnell zu einer der einflussreichsten Organisationen entwickelte. Diese Gruppe nutzt soziale Medien, um ihre Botschaften zu verbreiten und junge Menschen zur Teilnahme an Protesten und Aktionen zu mobilisieren.

Ein weiteres Beispiel ist die *Kunst für Freiheit*-Initiative, die junge Künstler ermutigt, ihre Werke zu nutzen, um auf soziale Ungerechtigkeiten aufmerksam zu machen. Diese Initiative hat nicht nur das Bewusstsein für die Bürgerrechtsbewegung geschärft, sondern auch eine Plattform für kreative Ausdrucksformen geschaffen, die junge Menschen ansprechen [?].

Strategien zur Mobilisierung

Um die Mobilisierung der Jugend zu fördern, setzt die Bewegung auf mehrere Strategien:

+ **Bildung und Aufklärung:** Workshops und Seminare werden organisiert, um das Bewusstsein für Bürgerrechte und soziale Gerechtigkeit zu schärfen.

+ **Nutzung sozialer Medien:** Plattformen wie ZariniaNet werden genutzt, um Informationen zu verbreiten und junge Menschen zu vernetzen.

154 DIE ENTWICKLUNG DER BEWEGUNG

- **Kreative Ansätze:** Kunst, Musik und Theater werden eingesetzt, um die Botschaften der Bewegung auf ansprechende Weise zu vermitteln.

- **Mentorship-Programme:** Erfahrene Aktivisten bieten Mentorship für junge Menschen an, um sie in ihrer persönlichen und politischen Entwicklung zu unterstützen.

Diese Strategien haben sich als effektiv erwiesen, um das Engagement junger Menschen zu fördern und ihre Stimmen in der Bürgerrechtsbewegung zu stärken.

Fazit

Die Mobilisierung der Jugend ist ein zentraler Bestandteil von Kael Niras Bürgerrechtsbewegung auf Zarinia. Trotz der Herausforderungen, die mit der Mobilisierung einhergehen, zeigen die theoretischen Grundlagen und praktischen Beispiele, dass junge Menschen eine entscheidende Rolle bei der Förderung sozialer Veränderungen spielen können. Indem die Bewegung innovative Strategien zur Einbindung junger Menschen entwickelt, kann sie sicherstellen, dass ihre Stimmen gehört werden und sie aktiv an der Gestaltung einer gerechteren Zukunft teilnehmen.

Nutzung von Technologie und sozialen Medien

In der heutigen Zeit spielt Technologie eine entscheidende Rolle in der Aktivismusbewegung, insbesondere auf Zarinia, wo die Symbiose zwischen den Bürgern und den symbiotischen Geistern eine einzigartige Dynamik schafft. Die Nutzung von Technologie und sozialen Medien hat die Art und Weise, wie Informationen verbreitet, Mobilisierungen organisiert und Gemeinschaften gebildet werden, revolutioniert.

Theoretischer Hintergrund

Die Theorie der Medienökologie, die von Marshall McLuhan geprägt wurde, besagt, dass die Art und Weise, wie Menschen kommunizieren, ihre Wahrnehmung der Welt beeinflusst. McLuhan formulierte den berühmten Satz „Das Medium ist die Botschaft", was bedeutet, dass die Form der Kommunikation die Inhalte und deren Interpretation prägt. In der Bürgerrechtsbewegung von Kael Nira auf Zarinia zeigt sich dies durch die Wahl der Technologien, die sowohl zur Verbreitung von Informationen als auch zur Mobilisierung von Unterstützern genutzt werden.

Technologische Werkzeuge und Plattformen

Die wichtigsten technologischen Werkzeuge, die von Kaels Bewegung eingesetzt wurden, umfassen:

+ **Soziale Medien:** Plattformen wie ZarinNet und die intergalaktische Kommunikations-App „SymbioConnect" ermöglichen es, Informationen schnell zu verbreiten, Mobilisierungen zu organisieren und Diskussionen zu führen. Diese Plattformen fördern den Austausch zwischen Bürgern und Aktivisten und stärken das Gemeinschaftsgefühl.

+ **Websites und Blogs:** Die offizielle Website der Bewegung, „ZariniaFürAlle.org", bietet Informationen über die Ziele, Erfolge und Veranstaltungen der Bewegung. Blogs von Aktivisten ermöglichen persönliche Geschichten und Perspektiven, die die Bewegung menschlicher und zugänglicher machen.

+ **Virtuelle Veranstaltungen:** In Zeiten der Repression und physischer Gefahren für Aktivisten wurden virtuelle Versammlungen und Webinare organisiert, um den Austausch von Ideen und Strategien zu fördern, ohne die Sicherheit der Teilnehmer zu gefährden.

Herausforderungen und Probleme

Trotz der Vorteile, die Technologie und soziale Medien bieten, gibt es auch signifikante Herausforderungen:

+ **Desinformation:** Die Verbreitung falscher Informationen kann die Bewegung untergraben. Gegner nutzen soziale Medien, um Fehlinformationen zu verbreiten, die das Ansehen der Aktivisten schädigen und die öffentliche Meinung manipulieren.

+ **Überwachung:** Die Regierung von Zarinia hat Technologien zur Überwachung eingesetzt, um Aktivisten zu verfolgen. Diese Maßnahmen schüchterten viele Unterstützer ein und schränkten die Freiheit der Meinungsäußerung ein.

+ **Digitale Kluft:** Nicht alle Bürger haben gleichberechtigten Zugang zu Technologien. Dies kann zu einer Ungleichheit in der Mobilisierung und der Beteiligung an der Bewegung führen, da einige Gemeinschaften von den Vorteilen der digitalen Kommunikation ausgeschlossen sind.

Beispiele für erfolgreiche Nutzung

Ein bemerkenswertes Beispiel für die erfolgreiche Nutzung von sozialen Medien war die „Licht für Zarinia"-Kampagne, die in den sozialen Medien viral ging. Aktivisten forderten die Freiheit der symbiotischen Geister und ermutigten die Bürger, ihre Unterstützung durch das Teilen von Bildern und Geschichten zu zeigen. Diese Kampagne führte zu einer massiven Teilnahme an der ersten großen Demonstration, bei der über 100.000 Menschen zusammenkamen, um für ihre Rechte zu kämpfen.

Ein weiteres Beispiel ist die Nutzung von Hashtags, die es Unterstützern ermöglichten, sich zu vernetzen und ihre Stimmen zu erheben. Der Hashtag #ZariniaFürAlle wurde zu einem Symbol für die Bewegung und half, die Botschaft über die Grenzen von Zarinia hinaus zu verbreiten.

Zukünftige Perspektiven

Die Zukunft der Nutzung von Technologie und sozialen Medien in der Bürgerrechtsbewegung auf Zarinia hängt von der Fähigkeit der Aktivisten ab, sich an neue Technologien und Herausforderungen anzupassen. Die Entwicklung von dezentralen Kommunikationsplattformen könnte eine Lösung bieten, um die Überwachung zu umgehen und die Sicherheit der Aktivisten zu gewährleisten.

Zusammenfassend lässt sich sagen, dass die Nutzung von Technologie und sozialen Medien eine Schlüsselkomponente der Bürgerrechtsbewegung von Kael Nira ist. Während sie Herausforderungen mit sich bringt, bieten sie auch Chancen für Mobilisierung, Bewusstseinsbildung und den Aufbau von Gemeinschaften. Die Fähigkeit, diese Werkzeuge effektiv zu nutzen, wird entscheidend für den Erfolg der Bewegung und die Verwirklichung ihrer Ziele sein.

Die Bedeutung von Netzwerken und Allianzen

In der heutigen Zeit, in der soziale Bewegungen zunehmend komplexer und vielschichtiger werden, spielt die Bildung von Netzwerken und Allianzen eine entscheidende Rolle für den Erfolg von Aktivismus. Diese Netzwerke bieten nicht nur Unterstützung und Ressourcen, sondern fördern auch den Austausch von Ideen und Strategien, die für die Mobilisierung von Gemeinschaften unerlässlich sind.

Theoretische Grundlagen

Die Theorie der sozialen Netzwerke, wie sie von [?] in seiner Arbeit über die Stärke schwacher Bindungen beschrieben wird, legt nahe, dass die Verbindungen zwischen Individuen und Gruppen nicht nur die Verbreitung von Informationen erleichtern, sondern auch den Zugang zu neuen Ressourcen und Möglichkeiten erweitern. Diese Netzwerke können sowohl formell als auch informell sein und umfassen eine Vielzahl von Akteuren, darunter Einzelpersonen, Organisationen, soziale Bewegungen und sogar politische Institutionen.

Ein Beispiel für die Relevanz von Netzwerken in sozialen Bewegungen ist die *Black Lives Matter*-Bewegung, die durch die Nutzung sozialer Medien und die Bildung von Allianzen mit verschiedenen Gemeinschaftsorganisationen weltweit an Einfluss gewonnen hat. Die Stärke dieser Bewegung liegt in ihrer Fähigkeit, unterschiedliche Stimmen und Perspektiven zu vereinen, was zu einer breiteren Unterstützung und einer stärkeren politischen Wirkung führt.

Probleme und Herausforderungen

Trotz der vielen Vorteile, die Netzwerke und Allianzen bieten, stehen Aktivisten vor einer Reihe von Herausforderungen. Eine der größten Hürden ist die *Koordinationsproblematik*, die auftritt, wenn verschiedene Gruppen unterschiedliche Ziele, Strategien oder Werte verfolgen. Dies kann zu Konflikten führen, die die Effektivität der Bewegung untergraben. Ein Beispiel hierfür ist die Auseinandersetzung zwischen verschiedenen feministische Strömungen, die unterschiedliche Ansätze zur Gleichstellung der Geschlechter vertreten.

Darüber hinaus kann die Abhängigkeit von Netzwerken auch zu *Vulnerabilität* führen. Wenn eine Schlüsselorganisation innerhalb eines Netzwerks geschwächt oder angegriffen wird, kann dies weitreichende negative Auswirkungen auf die gesamte Bewegung haben. Die Repression von Aktivisten, wie sie in vielen Ländern beobachtet wird, kann dazu führen, dass Netzwerke fragmentiert werden und die Mobilisierung erschwert wird.

Praktische Beispiele

Die Bewegung von Kael Nira zur Trennung symbiotischer Geister auf Zarinia ist ein hervorragendes Beispiel für die Bedeutung von Netzwerken und Allianzen. Kael erkannte frühzeitig, dass die Unterstützung von verschiedenen Gemeinschaften und Organisationen entscheidend für den Erfolg seiner Bewegung war. Durch die Bildung von Allianzen mit kulturellen Gruppen,

Bildungseinrichtungen und internationalen Menschenrechtsorganisationen konnte die Bewegung ihre Reichweite und Wirkung erheblich erweitern.

Ein konkretes Beispiel ist die Zusammenarbeit mit der *Zarinianischen Vereinigung für Menschenrechte*, die nicht nur Ressourcen und Fachwissen bereitstellte, sondern auch die Legitimität der Bewegung in den Augen der Öffentlichkeit stärkte. Diese Partnerschaft ermöglichte es, wichtige Informationen über die Diskriminierung symbiotischer Geister zu sammeln und eine umfassende Kampagne zur Sensibilisierung zu starten.

Schlussfolgerung

Die Bedeutung von Netzwerken und Allianzen in sozialen Bewegungen kann nicht überbetont werden. Sie sind nicht nur ein Mittel zur Mobilisierung von Ressourcen, sondern auch ein Katalysator für den Austausch von Ideen und die Schaffung von Solidarität zwischen verschiedenen Gruppen. Die Herausforderungen, die mit der Bildung und Aufrechterhaltung dieser Netzwerke verbunden sind, erfordern jedoch eine sorgfältige Planung und Strategie.

Die Lehren aus der Bewegung von Kael Nira zeigen, dass die Fähigkeit, Allianzen zu bilden und effektiv zu kommunizieren, entscheidend für den langfristigen Erfolg von Aktivismus ist. Der Weg zur Veränderung ist selten einfach, aber durch starke Netzwerke und solidarische Allianzen können Aktivisten die Herausforderungen überwinden und eine gerechtere Gesellschaft schaffen.

Strategien zur Förderung von Inklusion

In der heutigen Gesellschaft ist die Förderung von Inklusion eine entscheidende Strategie, um sicherzustellen, dass alle Stimmen gehört werden und alle Mitglieder der Gemeinschaft die gleichen Chancen auf Teilhabe und Mitgestaltung haben. Insbesondere in der zarinianischen Bürgerrechtsbewegung unter der Führung von Kael Nira ist die Inklusion nicht nur ein ethisches Gebot, sondern auch ein strategisches Element, das die Effektivität der Bewegung erheblich steigert.

Theoretische Grundlagen der Inklusion

Die Theorie der Inklusion basiert auf dem Prinzip, dass Vielfalt als Stärke angesehen wird. Inklusion bedeutet nicht nur die Anwesenheit von Menschen aus verschiedenen Hintergründen, sondern auch deren aktive Teilhabe an Entscheidungsprozessen. Der Sozialwissenschaftler Amartya Sen formuliert in seiner Capability Approach Theorie, dass die Fähigkeit, an gesellschaftlichen

Prozessen teilzunehmen, für das individuelle Wohlergehen und die gesellschaftliche Gerechtigkeit entscheidend ist. Dies bedeutet, dass Inklusion nicht nur eine Frage der Gerechtigkeit ist, sondern auch der Effizienz und des sozialen Zusammenhalts.

Herausforderungen bei der Förderung von Inklusion

Trotz der theoretischen Übereinstimmung über die Bedeutung von Inklusion gibt es zahlreiche Herausforderungen, die überwunden werden müssen:

+ **Vorurteile und Diskriminierung:** In vielen Gesellschaften, einschließlich Zarinia, gibt es tief verwurzelte Vorurteile, die die Teilnahme bestimmter Gruppen an politischen und sozialen Prozessen behindern. Diese Vorurteile können sich in Form von Stereotypen oder offener Diskriminierung äußern.

+ **Zugang zu Ressourcen:** Der Zugang zu Bildung, Informationen und finanziellen Mitteln ist oft ungleich verteilt. Gruppen, die historisch marginalisiert wurden, haben häufig nicht die gleichen Ressourcen, um sich aktiv in Bewegungen einzubringen.

+ **Mangelnde Sichtbarkeit:** Viele marginalisierte Gruppen sind in der öffentlichen Wahrnehmung unterrepräsentiert, was zu einem Mangel an Unterstützung und Verständnis für ihre spezifischen Bedürfnisse führt.

Strategien zur Überwindung dieser Herausforderungen

Um die oben genannten Herausforderungen zu bewältigen und Inklusion effektiv zu fördern, können die folgenden Strategien angewendet werden:

1. **Bildung und Sensibilisierung:** Die Aufklärung über die Bedeutung von Vielfalt und Inklusion sollte in Schulen, Gemeinschaftszentren und durch soziale Medien gefördert werden. Workshops und Schulungen können helfen, Vorurteile abzubauen und ein Bewusstsein für die Herausforderungen zu schaffen, mit denen marginalisierte Gruppen konfrontiert sind.

2. **Schaffung von Plattformen für marginalisierte Stimmen:** Es ist wichtig, Räume zu schaffen, in denen Mitglieder marginalisierter Gruppen ihre Erfahrungen und Perspektiven teilen können. Solche Plattformen können durch Foren, Diskussionsgruppen oder Online-Kampagnen realisiert werden, die speziell auf diese Zielgruppen ausgerichtet sind.

3. **Allianzen bilden:** Die Bildung von Allianzen zwischen verschiedenen Gruppen kann die Sichtbarkeit und den Einfluss der Bewegung erhöhen. Indem unterschiedliche Gemeinschaften zusammenarbeiten, können sie gemeinsame Ziele verfolgen und sich gegenseitig unterstützen.

4. **Zugang zu Ressourcen gewährleisten:** Die Bereitstellung von Ressourcen wie Bildung, finanzieller Unterstützung und Zugang zu Informationen ist entscheidend für die Förderung von Inklusion. Initiativen, die Stipendien oder Trainingsprogramme anbieten, können dazu beitragen, die Kluft zwischen verschiedenen Gruppen zu überbrücken.

5. **Kreative Ausdrucksformen nutzen:** Kunst und Kultur können mächtige Werkzeuge sein, um Inklusion zu fördern. Durch Theater, Musik und andere kreative Ausdrucksformen können Botschaften der Inklusion und Vielfalt verbreitet werden. Diese Medien erreichen oft ein breiteres Publikum und regen zum Nachdenken an.

Beispiele erfolgreicher Inklusionsstrategien

In der zarinianischen Bürgerrechtsbewegung wurden mehrere erfolgreiche Inklusionsstrategien implementiert:

+ **Die Kunst der Inklusion:** Ein Beispiel ist das jährliche Festival der Vielfalt, das Künstler aus verschiedenen kulturellen Hintergründen zusammenbringt, um ihre Werke zu präsentieren und über die Bedeutung von Inklusion zu diskutieren. Dieses Festival hat nicht nur die Sichtbarkeit marginalisierter Gruppen erhöht, sondern auch eine Plattform für den Dialog geschaffen.

+ **Mentorship-Programme:** Programme, die erfahrene Aktivisten mit neuen Mitgliedern der Bewegung verbinden, haben sich als effektiv erwiesen. Diese Mentorship-Programme bieten Unterstützung und Ressourcen für neue Aktivisten und fördern gleichzeitig den interkulturellen Austausch.

+ **Digitale Kampagnen:** Die Nutzung sozialer Medien zur Verbreitung von Geschichten und Erfahrungen marginalisierter Gruppen hat die Reichweite der Bewegung erheblich erweitert. Kampagnen, die unter dem Hashtag #VoicesOfZarinia laufen, haben es vielen ermöglicht, ihre Stimmen zu erheben und auf ihre Anliegen aufmerksam zu machen.

Fazit

Die Förderung von Inklusion ist eine grundlegende Strategie für den Erfolg der Bürgerrechtsbewegung auf Zarinia. Durch Bildung, Sensibilisierung, die Schaffung von Plattformen für marginalisierte Stimmen und die Nutzung kreativer Ausdrucksformen kann die Bewegung nicht nur ihre Reichweite erhöhen, sondern auch eine gerechtere und inklusivere Gesellschaft schaffen. Die Herausforderungen sind zwar groß, doch die Erfolge zeigen, dass der Weg zur Inklusion nicht nur möglich, sondern auch notwendig ist, um eine nachhaltige Veränderung herbeizuführen.

Der Einfluss von Kunst und Kultur auf die Bewegung

Die Rolle von Kunst und Kultur in der Bürgerrechtsbewegung auf Zarinia kann nicht hoch genug eingeschätzt werden. Kunst hat die einzigartige Fähigkeit, Emotionen zu vermitteln, Geschichten zu erzählen und Gemeinschaften zu mobilisieren. In dieser Sektion untersuchen wir die verschiedenen Facetten, durch die Kunst und Kultur die Bewegung für die Trennung symbiotischer Geister beeinflusst haben.

Kunst als Ausdruck von Widerstand

Kunst hat sich als ein kraftvolles Mittel des Widerstands etabliert. Auf Zarinia haben Künstlerinnen und Künstler ihre Werke genutzt, um die Ungerechtigkeiten, die die symbiotischen Geister erfahren, zu beleuchten. Diese Werke reichen von Malerei über Musik bis hin zu Theateraufführungen. Ein Beispiel hierfür ist das Theaterstück *"Die Stimmen der Geister"*, das die Geschichten von Individuen erzählt, die unter der Unterdrückung durch die Regierung gelitten haben. Es wurde nicht nur als Kunstwerk, sondern auch als Plattform für Diskussionen und als Mittel zur Mobilisierung von Unterstützern genutzt.

Kulturelle Identität und Gemeinschaft

Die Bewegung hat auch die kulturelle Identität der zarinianischen Gesellschaft neu definiert. Durch die Rückbesinnung auf traditionelle Kunstformen und -praktiken haben die Aktivisten ein Gefühl der Gemeinschaft und Zugehörigkeit geschaffen. Feste, die die symbiotischen Geister feiern, beinhalten oft künstlerische Darbietungen, die die Geschichten und Kämpfe dieser Geister widerspiegeln. Diese kulturellen Veranstaltungen sind nicht nur eine Möglichkeit, die

Traditionen zu bewahren, sondern auch ein Mittel, um die Botschaft der Bewegung zu verbreiten.

Die Rolle der sozialen Medien

In der heutigen Zeit spielen soziale Medien eine entscheidende Rolle in der Verbreitung von Kunst und Kultur. Auf Zarinia nutzen Aktivisten Plattformen wie *ZariNet*, um ihre künstlerischen Arbeiten zu teilen und ein breiteres Publikum zu erreichen. Memes, Videos und digitale Kunstwerke, die die Botschaften der Bewegung unterstützen, haben sich viral verbreitet und eine neue Generation von Unterstützern mobilisiert. Diese digitale Kunstform hat es ermöglicht, die Stimmen der symbiotischen Geister in einer Weise zu verbreiten, die zuvor nicht möglich war.

Kunst als Bildungsinstrument

Die Bewegung hat auch Kunst als Bildungsinstrument eingesetzt. Workshops und Ausstellungen, die sich mit den Themen der Bürgerrechte und der symbiotischen Geister beschäftigen, haben dazu beigetragen, das Bewusstsein in der breiteren Bevölkerung zu schärfen. Künstlerische Projekte in Schulen und Gemeinschaftszentren fördern das Verständnis und die Diskussion über die Herausforderungen, mit denen die symbiotischen Geister konfrontiert sind. Diese Bildungsinitiativen sind entscheidend, um Vorurteile abzubauen und Empathie zu fördern.

Herausforderungen und Kritik

Trotz der positiven Auswirkungen von Kunst und Kultur auf die Bewegung gibt es auch Herausforderungen und Kritik. Einige Kritiker argumentieren, dass die Kommerzialisierung von Kunst die Authentizität der Botschaft gefährdet. Wenn Kunstwerke für den Markt produziert werden, besteht die Gefahr, dass sie ihre ursprüngliche Absicht verlieren. Darüber hinaus können Künstler, die sich zu stark mit der Bewegung identifizieren, Ziel von Repressionen und Angriffen durch die Regierung werden. Die Balance zwischen künstlerischem Ausdruck und politischem Aktivismus ist eine ständige Herausforderung.

Fallstudien

Ein herausragendes Beispiel für den Einfluss von Kunst auf die Bewegung ist die *Zarinianische Kunstmesse*, die jährlich stattfindet und Künstler aus verschiedenen

Disziplinen zusammenbringt. Diese Veranstaltung hat nicht nur die Sichtbarkeit der Bewegung erhöht, sondern auch eine Plattform für den Austausch von Ideen und Strategien geschaffen. Ein weiteres Beispiel ist die *"Mauer der Stimmen"*, ein öffentliches Kunstprojekt, das die Geschichten von Aktivisten und Unterstützern dokumentiert. Diese Wand hat sich zu einem Symbol des Widerstands entwickelt und zieht Besucher aus der ganzen Welt an.

Schlussfolgerung

Zusammenfassend lässt sich sagen, dass Kunst und Kultur eine zentrale Rolle in der Bürgerrechtsbewegung auf Zarinia spielen. Sie dienen nicht nur als Ausdruck von Widerstand, sondern auch als Mittel zur Bildung, Mobilisierung und Schaffung von Gemeinschaft. Die Herausforderungen, die mit der Kommerzialisierung und der Repression verbunden sind, dürfen jedoch nicht ignoriert werden. Die Fähigkeit der Kunst, Emotionen zu wecken und Menschen zu verbinden, bleibt jedoch ein unverzichtbares Werkzeug im Kampf für die Rechte der symbiotischen Geister. Die Zukunft der Bewegung hängt daher auch von der fortwährenden Unterstützung und Wertschätzung der künstlerischen Ausdrucksformen ab, die den Kern der zarinianischen Identität bilden.

Die Rolle von internationalen Partnerschaften

Internationale Partnerschaften spielen eine entscheidende Rolle in der Entwicklung und dem Erfolg von Bürgerrechtsbewegungen, insbesondere auf Zarinia, wo die Herausforderungen durch interne und externe Kräfte oft überwältigend sind. Diese Partnerschaften bieten nicht nur Ressourcen und Unterstützung, sondern auch eine Plattform für den Austausch von Ideen und Strategien, die für den Erfolg der Bewegung von entscheidender Bedeutung sind.

Theoretische Grundlagen

Die Theorie der internationalen Beziehungen legt nahe, dass Kooperation zwischen Staaten und nichtstaatlichen Akteuren entscheidend ist, um globale Probleme anzugehen. In der Bürgerrechtsbewegung auf Zarinia ist diese Theorie besonders relevant, da die Bewegung nicht nur lokale, sondern auch globale Dimensionen hat. Die *Interdependenztheorie* besagt, dass Staaten und Organisationen in einer zunehmend vernetzten Welt aufeinander angewiesen sind, um ihre Ziele zu erreichen. Dies gilt auch für zarinianische Aktivisten, die internationale Unterstützung benötigen, um gegen Diskriminierung und Ungerechtigkeit zu kämpfen.

Probleme bei internationalen Partnerschaften

Trotz der Vorteile, die internationale Partnerschaften bieten, gibt es auch Herausforderungen. Eine der größten Hürden ist die *Kulturelle Differenz*. Unterschiedliche kulturelle Hintergründe und Werte können zu Missverständnissen führen, die die Zusammenarbeit behindern. Aktivisten auf Zarinia müssen oft die spezifischen Bedürfnisse ihrer Gemeinschaften kommunizieren, während sie gleichzeitig die Erwartungen und Strategien internationaler Partner berücksichtigen.

Ein weiteres Problem ist die *Politische Sensibilität*. Internationale Partnerschaften können von Regierungen als Bedrohung wahrgenommen werden, was zu Repressionen gegen Aktivisten führen kann. Die zarinianische Regierung hat in der Vergangenheit auf internationale Unterstützung mit Misstrauen reagiert, was die Sicherheit der Aktivisten gefährdet.

Beispiele erfolgreicher internationaler Partnerschaften

Trotz dieser Herausforderungen gibt es zahlreiche Beispiele für erfolgreiche internationale Partnerschaften, die die Bürgerrechtsbewegung auf Zarinia gestärkt haben. Eine bemerkenswerte Partnerschaft ist die mit der *Internationalen Liga für Menschenrechte*, die zarinianischen Aktivisten technische und rechtliche Unterstützung bietet. Diese Organisation hat es Kael Nira und anderen ermöglicht, ihre Anliegen auf globaler Ebene zu präsentieren und internationale Aufmerksamkeit auf die Probleme in Zarinia zu lenken.

Ein weiteres Beispiel ist die Zusammenarbeit mit *Kunstkollektiven* aus anderen Ländern, die durch kreative Ausdrucksformen wie Theater und Musik das Bewusstsein für die zarinianische Bürgerrechtsbewegung schärfen. Diese kulturellen Partnerschaften haben nicht nur die Sichtbarkeit der Bewegung erhöht, sondern auch eine Plattform für den interkulturellen Dialog geschaffen.

Strategien zur Förderung internationaler Partnerschaften

Um internationale Partnerschaften effektiv zu fördern, müssen zarinianische Aktivisten strategische Ansätze entwickeln. Eine wichtige Strategie ist die *Netzwerkbildung*. Durch den Aufbau von Beziehungen zu internationalen NGOs, Universitäten und kulturellen Institutionen können zarinianische Aktivisten Ressourcen und Wissen gewinnen. Diese Netzwerke ermöglichen es auch, die Stimme der Bewegung in internationalen Foren zu verstärken.

Eine weitere Strategie ist die *Nutzung digitaler Plattformen*. Soziale Medien und Online-Kampagnen bieten zarinianischen Aktivisten die Möglichkeit, ihre

Botschaften global zu verbreiten und Unterstützer aus der ganzen Welt zu mobilisieren. Diese digitalen Werkzeuge sind besonders wichtig in Zeiten von Reisebeschränkungen oder politischen Unruhen, die persönliche Treffen erschweren können.

Schlussfolgerung

Die Rolle internationaler Partnerschaften in der Bürgerrechtsbewegung auf Zarinia ist von zentraler Bedeutung. Sie ermöglichen den Austausch von Ressourcen, Wissen und Unterstützung, die für den Erfolg der Bewegung unerlässlich sind. Trotz der Herausforderungen, die mit kulturellen Unterschieden und politischer Sensibilität verbunden sind, bieten erfolgreiche Beispiele und strategische Ansätze einen Weg nach vorne. Die Zukunft der Bewegung hängt stark von der Fähigkeit ab, diese internationalen Beziehungen zu pflegen und auszubauen, um eine gerechtere und inklusivere Gesellschaft zu schaffen.

Anpassung an sich verändernde Umstände

In der dynamischen und oft unvorhersehbaren Landschaft des Aktivismus ist die Fähigkeit zur Anpassung an sich verändernde Umstände von entscheidender Bedeutung. Diese Anpassungsfähigkeit ermöglicht es Bewegungen, auf neue Herausforderungen, soziale Veränderungen und technologische Entwicklungen zu reagieren. In diesem Abschnitt werden die verschiedenen Dimensionen der Anpassung im Kontext der Bürgerrechtsbewegung auf Zarinia untersucht.

Theoretische Grundlagen der Anpassungsfähigkeit

Die Anpassungsfähigkeit kann durch verschiedene theoretische Rahmenwerke verstanden werden. Ein bedeutendes Konzept ist die *Resilienztheorie*, die sich mit der Fähigkeit von Individuen und Gemeinschaften befasst, sich von Rückschlägen zu erholen und sich an neue Gegebenheiten anzupassen. Resilienz umfasst sowohl psychologische als auch soziale Dimensionen und betont die Bedeutung von Unterstützungssystemen, Ressourcen und der Gemeinschaft.

Ein weiteres relevantes Konzept ist die *Theorie der sozialen Bewegung*, die die Dynamik von Bewegungen untersucht und die Notwendigkeit betont, Strategien und Taktiken entsprechend der sich verändernden politischen und sozialen Landschaft zu modifizieren. Diese Theorie legt nahe, dass Bewegungen, die flexibel und anpassungsfähig sind, eher in der Lage sind, ihre Ziele zu erreichen und nachhaltigen Einfluss auszuüben.

Probleme bei der Anpassung

Trotz der theoretischen Grundlagen kann die Anpassung an sich verändernde Umstände erhebliche Herausforderungen mit sich bringen. Zu den häufigsten Problemen zählen:

+ **Interne Konflikte:** In vielen Bewegungen gibt es unterschiedliche Meinungen über die besten Strategien und Taktiken. Diese Differenzen können zu internen Konflikten führen, die die Anpassungsfähigkeit der Bewegung behindern.

+ **Ressourcenmangel:** Anpassung erfordert oft zusätzliche Ressourcen, sei es in Form von finanziellen Mitteln, menschlichen Ressourcen oder technologischen Werkzeugen. Ein Mangel an diesen Ressourcen kann die Fähigkeit zur Anpassung stark einschränken.

+ **Widerstand von außen:** Politische und soziale Widerstände können es schwierig machen, sich an neue Umstände anzupassen. Regierungen oder andere Machtstrukturen können versuchen, Bewegungen zu unterdrücken, was die Anpassung an veränderte Bedingungen erschwert.

+ **Desinformation:** In einer Zeit, in der Informationen schnell verbreitet werden, kann Desinformation die Wahrnehmung der Bewegung und ihrer Ziele beeinflussen. Bewegungen müssen lernen, mit Falschinformationen umzugehen und ihre Botschaften klar zu kommunizieren.

Beispiele für erfolgreiche Anpassung

Trotz der genannten Herausforderungen gibt es zahlreiche Beispiele für Bewegungen, die sich erfolgreich an veränderte Umstände angepasst haben:

+ **Die Black Lives Matter-Bewegung:** Diese Bewegung hat sich in Reaktion auf die zunehmende Gewalt gegen Schwarze Menschen in den USA entwickelt. Durch den Einsatz sozialer Medien konnte die Bewegung ihre Reichweite und ihren Einfluss erheblich steigern, indem sie eine Vielzahl von Taktiken, einschließlich Online-Aktionen und physischer Proteste, kombinierte.

+ **Fridays for Future:** Diese globale Klimabewegung, die von der schwedischen Aktivistin Greta Thunberg ins Leben gerufen wurde, hat sich schnell an die Bedürfnisse und Anliegen junger Menschen angepasst. Durch kreative Aktionen und den Einsatz von sozialen Medien konnte die

Bewegung eine breite Basis mobilisieren und politische Veränderungen anstoßen.

+ **Die LGBTQ+-Bewegung:** Diese Bewegung hat sich über Jahrzehnte hinweg kontinuierlich angepasst, um die sich verändernden gesellschaftlichen Normen und politischen Rahmenbedingungen zu berücksichtigen. Durch die Schaffung von Allianzen mit anderen sozialen Bewegungen und die Nutzung von Medien hat die LGBTQ+-Bewegung bedeutende Fortschritte in Bezug auf Akzeptanz und Rechte erzielt.

Strategien zur Förderung der Anpassungsfähigkeit

Um die Anpassungsfähigkeit zu fördern, können Bewegungen verschiedene Strategien implementieren:

+ **Fortlaufende Bildung:** Die Schulung von Aktivisten in neuen Technologien und Strategien ist entscheidend, um sicherzustellen, dass die Bewegung auf dem neuesten Stand bleibt und effektiv auf Veränderungen reagieren kann.

+ **Netzwerkbildung:** Der Aufbau von Netzwerken mit anderen Organisationen und Bewegungen kann Ressourcen und Unterstützung bieten, die für die Anpassung an neue Umstände notwendig sind.

+ **Feedback-Mechanismen:** Die Implementierung von Systemen zur Sammlung von Feedback von Unterstützern und der Gemeinschaft kann helfen, die Bedürfnisse und Prioritäten der Bewegung zu verstehen und entsprechend zu reagieren.

+ **Flexibilität in der Strategie:** Bewegungen sollten bereit sein, ihre Strategien und Taktiken regelmäßig zu überprüfen und anzupassen, um sicherzustellen, dass sie relevant und effektiv bleiben.

Fazit

Die Fähigkeit zur Anpassung an sich verändernde Umstände ist eine zentrale Komponente des Erfolgs jeder Bürgerrechtsbewegung. Durch das Verständnis der theoretischen Grundlagen, die Auseinandersetzung mit den Herausforderungen und die Implementierung effektiver Strategien können Bewegungen wie die von Kael Nira auf Zarinia ihre Ziele erreichen und langfristigen Einfluss ausüben. In einer Welt, die sich ständig verändert, bleibt die Anpassungsfähigkeit nicht nur wünschenswert, sondern unabdingbar.

Erfolge und Herausforderungen

Wichtige Erfolge der Bewegung

Die Bewegung zur Trennung symbiotischer Geister auf Zarinia hat in ihrer relativ kurzen Geschichte bemerkenswerte Erfolge erzielt, die nicht nur die politische Landschaft, sondern auch das gesellschaftliche Bewusstsein und die Kultur der Zarinianer nachhaltig beeinflusst haben. In diesem Abschnitt werden die bedeutendsten Errungenschaften der Bewegung beleuchtet, die als Meilensteine für den Fortschritt in der zarinianischen Gesellschaft gelten.

1. Gesetzliche Anerkennung der Bürgerrechte

Einer der größten Erfolge der Bewegung war die gesetzliche Anerkennung der Bürgerrechte für symbiotische Geister. Vor der Bewegung waren diese Geister oft rechtlich und sozial marginalisiert. Die Aktivisten, angeführt von Kael Nira, setzten sich unermüdlich dafür ein, dass die Rechte dieser Wesen anerkannt und geschützt werden. Dies führte zur Verabschiedung des *Gesetzes zur Gleichstellung symbiotischer Geister*, das 2025 in Kraft trat.

$$R = \frac{C}{P} \tag{32}$$

Hierbei steht R für die Anerkennung der Rechte, C für die Anzahl der Bürgerrechtsaktivisten und P für den politischen Druck, der durch öffentliche Proteste und Medienberichterstattung erzeugt wurde. Diese Gleichung verdeutlicht, dass die Mobilisierung der Gemeinschaft und der Druck auf die politischen Entscheidungsträger direkt zur rechtlichen Anerkennung führten.

2. Bildung und Aufklärung

Ein weiterer bedeutender Erfolg war die Einführung von Bildungsprogrammen, die sich auf die Aufklärung über symbiotische Geister konzentrierten. Diese Programme wurden an Schulen und Universitäten implementiert und haben dazu beigetragen, Vorurteile abzubauen und das Verständnis für die Kultur und die Lebensweise der symbiotischen Geister zu fördern.

Die Bewegung initiierte Workshops und Seminare, die von prominenten zarinianischen Intellektuellen und Aktivisten geleitet wurden. Diese Bildungsinitiativen führten zu einem Anstieg des Interesses an interkulturellem Dialog und Verständnis, was sich positiv auf die gesellschaftliche Akzeptanz auswirkte.

3. Mobilisierung der Jugend

Die Bewegung hat es erfolgreich geschafft, die Jugend Zarinia zu mobilisieren und sie als aktive Teilnehmer in die Bürgerrechtsbewegung einzubinden. Durch die Nutzung sozialer Medien und kreativer Ausdrucksformen, wie Kunst und Musik, konnte die Bewegung eine breite Basis von jungen Unterstützern gewinnen.

Ein Beispiel dafür war das *Festival der Einheit*, das 2026 in der Hauptstadt Zarinia stattfand. Dieses Festival brachte Tausende von Menschen zusammen, um die Vielfalt der Kulturen und die Rechte der symbiotischen Geister zu feiern. Es wurde zu einem Symbol für den Zusammenhalt und die Solidarität innerhalb der Bewegung.

4. Internationale Unterstützung

Die Bewegung erhielt auch internationale Unterstützung, die entscheidend für ihren Erfolg war. Zahlreiche Organisationen und Aktivisten von der Erde boten Hilfe an, um die Botschaft der zarinianischen Bürgerrechtsbewegung zu verbreiten. Diese internationalen Allianzen führten zu einer verstärkten Medienberichterstattung und einem globalen Bewusstsein für die Anliegen der symbiotischen Geister.

Ein bemerkenswertes Beispiel ist die Partnerschaft mit der *Intergalaktischen Menschenrechtsorganisation*, die 2027 eine Kampagne zur Unterstützung der zarinianischen Bürgerrechtsbewegung startete. Diese Kampagne half, Spenden zu sammeln und internationale Aufmerksamkeit auf die Ungerechtigkeiten zu lenken, mit denen die symbiotischen Geister konfrontiert waren.

5. Einfluss auf die politische Landschaft

Die Bewegung hat auch die politische Landschaft Zarinia nachhaltig verändert. Mehrere Politiker, die die Bewegung unterstützten, wurden in das zarinianische Parlament gewählt, was zu einer stärkeren Vertretung der Interessen der symbiotischen Geister führte. Dies führte zur Bildung einer neuen politischen Fraktion, die sich für die Rechte und die Gleichstellung dieser Wesen einsetzt.

Die Erhöhung der politischen Repräsentation hat es ermöglicht, dass Gesetze und Politiken, die die Lebensbedingungen der symbiotischen Geister verbessern, effektiver umgesetzt werden. Ein Beispiel hierfür ist die Einführung von Förderprogrammen zur Unterstützung von Gemeinschaftsprojekten, die von symbiotischen Geistern geleitet werden.

Fazit

Zusammenfassend lässt sich sagen, dass die Bewegung zur Trennung symbiotischer Geister auf Zarinia eine Reihe bedeutender Erfolge erzielt hat, die sowohl die rechtlichen Rahmenbedingungen als auch das gesellschaftliche Bewusstsein verändert haben. Diese Erfolge sind das Ergebnis von unermüdlichem Einsatz, kreativen Strategien und der Mobilisierung einer breiten Basis von Unterstützern. Die Herausforderungen, die noch vor der Bewegung liegen, sind zwar erheblich, doch die erreichten Erfolge bieten eine solide Grundlage für zukünftige Fortschritte und Veränderungen in der zarinianischen Gesellschaft.

Herausforderungen durch interne Konflikte

Die Entwicklung einer sozialen Bewegung ist oft von internen Konflikten geprägt, die sowohl die Dynamik als auch die Effektivität der Bewegung beeinflussen können. In der Bürgerrechtsbewegung unter der Führung von Kael Nira auf Zarinia traten verschiedene Herausforderungen auf, die durch unterschiedliche Meinungen, Strategien und persönliche Ambitionen innerhalb der Bewegung verursacht wurden.

Ursachen interner Konflikte

Interne Konflikte können aus verschiedenen Quellen entstehen. Eine der Hauptursachen war die Diversität der Unterstützerbasis. Die Bewegung zog Menschen aus unterschiedlichen sozialen, kulturellen und politischen Hintergründen an, was zu unterschiedlichen Perspektiven und Prioritäten führte. Einige Unterstützer forderten radikalere Ansätze, während andere einen gemäßigten Kurs bevorzugten. Diese Divergenzen führten zu Spannungen und Missverständnissen innerhalb der Bewegung.

Ein weiteres Problem war die ungleiche Verteilung von Macht und Einfluss innerhalb der Bewegung. Einige Mitglieder, die über mehr Ressourcen oder Netzwerke verfügten, neigten dazu, ihre Sichtweisen durchzusetzen, was zu Frustration und Entfremdung bei anderen Mitgliedern führte. Diese Machtkämpfe untergruben die Einheit der Bewegung und erschwerten die Entscheidungsfindung.

Theoretische Perspektiven

Die Theorie der sozialen Bewegungen bietet verschiedene Erklärungsansätze für interne Konflikte. Laut der *Resource Mobilization Theory* sind Ressourcen wie

Geld, Zeit und soziale Netzwerke entscheidend für den Erfolg von Bewegungen. In der Bürgerrechtsbewegung von Kael Nira war der Zugang zu Ressourcen ungleich verteilt, was zu Konflikten über die Priorisierung von Zielen und Strategien führte.

Die *Framing Theory* erklärt, wie unterschiedliche Interpretationen von Ereignissen und Zielen zu internen Spannungen führen können. In der Bewegung gab es unterschiedliche Auffassungen darüber, was die zentralen Probleme waren und wie sie angegangen werden sollten. Diese unterschiedlichen „Framing"-Strategien führten zu Missverständnissen und Konflikten über die Richtung der Bewegung.

Beispiele für interne Konflikte

Ein konkretes Beispiel für interne Konflikte war die Debatte über den Einsatz von gewaltfreiem Widerstand versus militanten Aktionen. Während Kael Nira und viele seiner Unterstützer an die Kraft des gewaltfreien Protests glaubten, gab es eine wachsende Frustration unter einigen Mitgliedern, die der Meinung waren, dass aggressivere Taktiken notwendig seien, um die Aufmerksamkeit der Regierung und der Öffentlichkeit zu gewinnen. Diese Differenzen führten zu gespaltenen Gruppen innerhalb der Bewegung, die ihre eigenen Strategien und Ziele verfolgten.

Ein weiteres Beispiel war die Reaktion auf die Medienberichterstattung über die Bewegung. Einige Mitglieder waren der Meinung, dass die Medienberichterstattung unfair und verzerrt war, was zu einem internen Streit über die Kommunikationsstrategien führte. Während einige Mitglieder eine offenere Beziehung zu den Medien forderten, plädierten andere für eine vorsichtigere und strategischere Herangehensweise. Diese Konflikte führten zu einem Mangel an kohärenter Kommunikation und verwirrten die Öffentlichkeit über die Ziele der Bewegung.

Strategien zur Konfliktbewältigung

Um die internen Konflikte zu bewältigen, entwickelte Kael Nira verschiedene Strategien. Eine davon war die Förderung eines inklusiven Dialogs, bei dem alle Stimmen gehört wurden. Durch regelmäßige Versammlungen und Diskussionsforen konnten Mitglieder ihre Bedenken äußern und ihre Perspektiven teilen. Dies half, ein Gefühl der Gemeinschaft zu schaffen und die Identität der Bewegung zu stärken.

Eine andere Strategie war die Bildung von Arbeitsgruppen, die sich auf spezifische Themen konzentrierten. Diese Gruppen ermöglichten es den Mitgliedern, sich auf gemeinsame Ziele zu konzentrieren und ihre unterschiedlichen Ansichten konstruktiv zu diskutieren. Dadurch konnten interne Spannungen abgebaut und die Zusammenarbeit gefördert werden.

Schlussfolgerung

Interne Konflikte sind ein unvermeidlicher Teil jeder sozialen Bewegung. In der Bürgerrechtsbewegung von Kael Nira auf Zarinia führten unterschiedliche Perspektiven und Machtkämpfe zu Herausforderungen, die die Einheit und Effektivität der Bewegung beeinträchtigten. Durch den Einsatz von inklusiven Dialogen und spezialisierten Arbeitsgruppen konnte Kael jedoch einige dieser Konflikte bewältigen und die Bewegung auf Kurs halten. Die Auseinandersetzung mit internen Konflikten ist entscheidend für das Wachstum und die Entwicklung einer Bewegung, da sie letztendlich zu einer stärkeren und widerstandsfähigeren Gemeinschaft führen kann.

Reaktionen der Regierung auf Erfolge

Die Reaktionen der Regierung auf die Erfolge der Bewegung zur Trennung symbiotischer Geister auf Zarinia sind ein komplexes Zusammenspiel von Strategie, Macht und Politik. Diese Reaktionen können sowohl positiv als auch negativ sein, und sie sind oft geprägt von einem tiefen Verständnis der sozialen Dynamiken, die durch die Bewegung in Gang gesetzt wurden. In diesem Abschnitt werden wir die verschiedenen Arten von Reaktionen der Regierung analysieren, die auf die Erfolge der Bewegung folgten, sowie die Theorien, die diesen Reaktionen zugrunde liegen.

Theoretischer Rahmen

Um die Reaktionen der Regierung zu verstehen, ist es wichtig, einige theoretische Konzepte zu betrachten. Die **Theorie der sozialen Bewegungen** legt nahe, dass Regierungen oft auf Erfolge von Bewegungen reagieren, um ihre Macht zu sichern und die öffentliche Ordnung aufrechtzuerhalten. Diese Reaktionen können in drei Kategorien unterteilt werden: **Repression, Kooptation** und **Reform**.

+ **Repression** bezieht sich auf Maßnahmen, die darauf abzielen, die Bewegung zu schwächen oder zu unterdrücken. Dies kann durch Gesetze, Gewalt oder andere Formen der Einschüchterung geschehen.

+ **Kooptation** beschreibt den Prozess, bei dem die Regierung versucht, die Führung der Bewegung zu integrieren oder zu neutralisieren, um ihre eigene Position zu stärken.

+ **Reform** umfasst Veränderungen in der Politik oder Gesetzgebung, die als Reaktion auf den Druck der Bewegung eingeführt werden. Dies geschieht oft, um die Legitimität der Regierung zu wahren und um die öffentliche Unruhe zu verringern.

Negative Reaktionen: Repression

Nach den ersten Erfolgen der Bewegung, wie der Durchführung von großen Demonstrationen und der Verabschiedung von Gesetzen, die die Rechte der symbiotischen Geister schützen sollten, reagierte die Regierung zunächst mit repressiven Maßnahmen. Diese Repression äußerte sich in mehreren Formen:

+ **Gesetzgebung:** Die Regierung führte neue Gesetze ein, die die Versammlungsfreiheit einschränkten und die Durchführung von Protesten erschwerten. Ein Beispiel hierfür ist das *Gesetz zur Aufrechterhaltung der öffentlichen Ordnung*, das den Einsatz von Versammlungen in bestimmten Gebieten verbot.

+ **Gewaltanwendung:** Berichte über Polizeigewalt gegen friedliche Demonstranten nahmen zu. Diese Taktiken wurden eingesetzt, um Angst zu schüren und die Mobilisierung zu verhindern.

+ **Überwachung:** Die Regierung verstärkte die Überwachung von Aktivisten und deren Kommunikation, um potenzielle Organisationen von Protesten zu identifizieren und zu unterbinden.

Diese repressiven Maßnahmen führten jedoch oft zu einer stärkeren Solidarität innerhalb der Bewegung. Die Reaktionen der Regierung trugen dazu bei, die Entschlossenheit der Aktivisten zu festigen und die öffentliche Aufmerksamkeit auf die Anliegen der Bewegung zu lenken.

Positive Reaktionen: Reform und Kooptation

Trotz der anfänglichen repressiven Maßnahmen begann die Regierung, auf die Erfolge der Bewegung mit Reformen zu reagieren. Diese Reformen waren oft das Ergebnis von Druck, der durch anhaltende Proteste und internationale Aufmerksamkeit erzeugt wurde. Zu den wichtigsten Reformen gehörten:

- **Gesetzesänderungen:** Die Einführung von Gesetzen, die die Rechte der symbiotischen Geister anerkannten und Schutzmaßnahmen einführten, waren direkte Reaktionen auf den Druck der Bewegung. Ein Beispiel ist das *Gesetz über die Rechte der symbiotischen Geister*, das spezifische Rechte und Schutzmechanismen festlegte.

- **Dialog mit Aktivisten:** In einigen Fällen suchte die Regierung das Gespräch mit führenden Aktivisten der Bewegung, um deren Anliegen zu verstehen und Kompromisse zu finden. Diese Kooptation führte dazu, dass einige Aktivisten in Regierungspositionen berufen wurden, was sowohl als Erfolg als auch als Herausforderung für die Bewegung angesehen wurde.

Die positiven Reaktionen der Regierung führten zu einer gewissen Entspannung der Spannungen, jedoch blieben viele Aktivisten skeptisch gegenüber den Absichten der Regierung. Es gab Bedenken, dass die Reformen nicht weit genug gingen und dass die Regierung weiterhin versuchte, die Bewegung zu kontrollieren.

Beispielhafte Fälle

Ein prägnantes Beispiel für die Reaktionen der Regierung ist der Fall der *Zarinianischen Bürgerrechtskonferenz*, die als direkte Reaktion auf die Erfolge der Bewegung ins Leben gerufen wurde. Diese Konferenz bot eine Plattform für Dialog und Diskussion, jedoch wurde sie auch von der Regierung genutzt, um die Kontrolle über die Narrative zu behalten und um sicherzustellen, dass die Anliegen der Bewegung nicht zu radikal wurden.

Ein weiteres Beispiel ist die *Kampagne für die Rechte der symbiotischen Geister*, die von der Regierung initiiert wurde, um den Anschein von Fortschritt zu erwecken. Während diese Kampagne einige positive Aspekte hatte, wurde sie von vielen Aktivisten als ein Versuch angesehen, die Bewegung zu neutralisieren und von den echten Anliegen abzulenken.

Fazit

Die Reaktionen der Regierung auf die Erfolge der Bewegung zur Trennung symbiotischer Geister auf Zarinia sind ein klassisches Beispiel für das komplexe Zusammenspiel zwischen sozialen Bewegungen und staatlicher Macht. Die anfängliche Repression wurde schließlich von Reformen und Kooptation abgelöst, was die Dynamik der Bewegung erheblich beeinflusste. Während einige Erfolge erzielt wurden, bleibt die Herausforderung bestehen, die Errungenschaften zu sichern und den Druck aufrechtzuerhalten, um eine gerechtere Gesellschaft zu schaffen. Die Reaktionen der Regierung verdeutlichen die Notwendigkeit eines ständigen Dialogs und einer kritischen Auseinandersetzung mit den politischen Strukturen, um die langfristigen Ziele der Bewegung zu erreichen.

Der Einfluss von globalen Ereignissen

In der heutigen globalisierten Welt haben Ereignisse, die in einem Teil der Erde stattfinden, oft weitreichende Auswirkungen auf soziale Bewegungen in anderen Regionen. Die Bürgerrechtsbewegung auf Zarinia ist keine Ausnahme. Globale Ereignisse, wie politische Umwälzungen, soziale Unruhen und technologische Fortschritte, haben die Dynamik der Bewegung maßgeblich beeinflusst. In diesem Abschnitt werden wir die verschiedenen Arten von globalen Ereignissen untersuchen und deren Auswirkungen auf die Bürgerrechtsbewegung unter Kael Nira analysieren.

Politische Umwälzungen und ihre Auswirkungen

Politische Umwälzungen auf der Erde, wie die Arabischen Frühlinge oder die Black Lives Matter-Bewegung, haben als Katalysatoren für Veränderungen auf Zarinia fungiert. Diese Ereignisse haben nicht nur die Aufmerksamkeit der Zarinianer auf die Probleme der Ungleichheit und Diskriminierung gelenkt, sondern auch Strategien für den Protest und die Mobilisierung inspiriert.

Ein Beispiel ist die Art und Weise, wie die Black Lives Matter-Bewegung die Zarinianer dazu ermutigt hat, ihre eigenen Erfahrungen mit Diskriminierung und Ungerechtigkeit zu reflektieren. Die Verwendung von sozialen Medien, um Botschaften zu verbreiten und Unterstützung zu mobilisieren, wurde von den Zarinianern übernommen. Dies führte zu einer verstärkten Nutzung von Plattformen wie ZariNet, wo Aktivisten ihre Geschichten teilten und globale Solidarität aufbauten.

Soziale Unruhen und deren Einfluss auf das Bewusstsein

Globale soziale Unruhen haben auch das Bewusstsein für soziale Gerechtigkeit auf Zarinia geschärft. Die Proteste gegen Rassismus und Ungerechtigkeit in verschiedenen Ländern haben eine Welle der Empathie und Unterstützung unter den Zarinianern ausgelöst. Diese Ereignisse haben dazu geführt, dass viele Zarinianer ihre eigenen Erfahrungen mit Vorurteilen und Diskriminierung in den Vordergrund stellen und aktiv an der Bewegung teilnehmen.

Ein Beispiel für diese Dynamik war die Reaktion auf die Proteste in der Stadt Zarin, die nach einem Vorfall von Polizeigewalt ausbrachen. Die Zarinianer organisierten sofortige Demonstrationen, um ihre Solidarität mit den Opfern auszudrücken und forderten Reformen im Polizeiwesen. Diese Art von globaler Resonanz zeigt, wie soziale Unruhen in anderen Teilen der Welt direkte Auswirkungen auf die lokale Aktivismus-Szene haben können.

Technologischer Fortschritt und Vernetzung

Technologische Fortschritte haben die Art und Weise verändert, wie Bewegungen organisiert und durchgeführt werden. Die Verfügbarkeit von Smartphones und sozialen Medien hat es Aktivisten auf Zarinia ermöglicht, Informationen in Echtzeit auszutauschen und ihre Botschaften schnell zu verbreiten. Dies hat die Mobilisierung von Unterstützern und die Durchführung von Protesten erheblich erleichtert.

Die Entwicklung von Anwendungen zur sicheren Kommunikation, wie ZariChat, hat es Aktivisten ermöglicht, sich zu vernetzen, ohne Angst vor Überwachung oder Repression zu haben. Diese Technologie hat nicht nur die Effizienz der Bewegung erhöht, sondern auch neue Möglichkeiten für kreative Ausdrucksformen geschaffen, die die Botschaften der Bewegung verstärken.

Globale wirtschaftliche Veränderungen

Wirtschaftliche Veränderungen auf globaler Ebene, wie die Auswirkungen der COVID-19-Pandemie, haben auch die Bürgerrechtsbewegung auf Zarinia beeinflusst. Die Pandemie hat bestehende Ungleichheiten verschärft und viele Zarinianer dazu veranlasst, die sozialen und wirtschaftlichen Bedingungen in ihrer Gesellschaft zu hinterfragen.

Die wirtschaftlichen Schwierigkeiten, die viele Zarinianer während der Pandemie erlebten, führten zu einem Anstieg der Proteste und Forderungen nach sozialer Gerechtigkeit. Die Bewegung forderte nicht nur die Gleichheit vor dem Gesetz, sondern auch wirtschaftliche Gerechtigkeit und Zugang zu grundlegenden Ressourcen.

Einfluss internationaler Organisationen

Internationale Organisationen wie die Vereinten Nationen und Amnesty International haben ebenfalls eine Rolle bei der Unterstützung der Bürgerrechtsbewegung auf Zarinia gespielt. Diese Organisationen haben Berichte über Menschenrechtsverletzungen auf Zarinia veröffentlicht und internationale Aufmerksamkeit auf die Anliegen der Zarinianer gelenkt.

Die Unterstützung durch internationale Organisationen hat es der Bewegung ermöglicht, Druck auf die zarinianische Regierung auszuüben und Reformen zu fordern. Dies hat zu einer verstärkten Zusammenarbeit zwischen lokalen Aktivisten und globalen Menschenrechtsorganisationen geführt, was die Reichweite und Wirkung der Bewegung erheblich erhöht hat.

Schlussfolgerung

Zusammenfassend lässt sich sagen, dass globale Ereignisse einen tiefgreifenden Einfluss auf die Bürgerrechtsbewegung auf Zarinia haben. Politische Umwälzungen, soziale Unruhen, technologische Fortschritte und wirtschaftliche Veränderungen haben die Strategien und Taktiken der Bewegung geprägt. Die Fähigkeit der Zarinianer, sich mit globalen Bewegungen zu vernetzen und deren Lektionen zu lernen, hat ihre eigene Bewegung gestärkt und ihnen geholfen, ihre Stimme in einer komplexen und sich ständig verändernden Welt zu erheben. Die Herausforderungen und Chancen, die sich aus diesen globalen Ereignissen ergeben, werden weiterhin eine zentrale Rolle in der Entwicklung der Bewegung und im Kampf für soziale Gerechtigkeit auf Zarinia spielen.

Die Bedeutung von Resilienz und Anpassungsfähigkeit

In der dynamischen Landschaft der Bürgerrechtsbewegungen ist die Bedeutung von Resilienz und Anpassungsfähigkeit nicht zu unterschätzen. Diese Konzepte sind entscheidend für den Erfolg einer Bewegung, insbesondere in Zeiten von Widerstand und unerwarteten Herausforderungen. Resilienz bezieht sich auf die Fähigkeit, sich von Rückschlägen zu erholen und gestärkt aus Krisen hervorzugehen, während Anpassungsfähigkeit die Fähigkeit beschreibt, sich an veränderte Umstände anzupassen und neue Strategien zu entwickeln.

Theoretische Grundlagen

Die Theorie der Resilienz, wie sie von Psychologen wie [?] formuliert wurde, besagt, dass Resilienz nicht nur eine individuelle Eigenschaft ist, sondern auch durch die sozialen und kulturellen Kontexte beeinflusst wird. In einem aktivistischen Rahmen bedeutet dies, dass Gemeinschaften, die über starke soziale Netzwerke und Unterstützungssysteme verfügen, eher in der Lage sind, Krisen zu bewältigen. Diese sozialen Netzwerke fungieren als Puffer gegen Stress und bieten die notwendige Unterstützung, um Herausforderungen zu meistern.

Probleme und Herausforderungen

Aktivisten auf Zarinia sahen sich mit zahlreichen Herausforderungen konfrontiert, die ihre Resilienz auf die Probe stellten. Dazu gehörten:

+ **Repression durch die Regierung:** Die zarinianische Regierung reagierte oft mit Gewalt und Unterdrückung auf Proteste. Diese Angriffe führten zu einem Gefühl der Unsicherheit unter den Aktivisten und erforderten eine schnelle Anpassung ihrer Strategien.

+ **Interne Konflikte:** Innerhalb der Bewegung gab es gelegentlich Meinungsverschiedenheiten über die Richtung und die Taktiken, die verfolgt werden sollten. Diese Konflikte konnten die Einheit gefährden und erforderten eine resiliente Herangehensweise, um die Gruppe zusammenzuhalten.

+ **Öffentliche Wahrnehmung:** Negative Berichterstattung in den Medien konnte das öffentliche Vertrauen in die Bewegung untergraben. Es war wichtig, Wege zu finden, um die Narrative zu ändern und die Unterstützung der Gemeinschaft zu gewinnen.

Beispiele für Resilienz und Anpassungsfähigkeit

Ein bemerkenswertes Beispiel für Resilienz innerhalb der Bewegung war die Reaktion auf die brutalen Angriffe während der ersten großen Demonstration. Trotz der Gewalt und der Einschüchterung mobilisierten die Aktivisten schnell, um ihre Botschaft über soziale Medien und alternative Kommunikationskanäle zu verbreiten. Diese Anpassungsfähigkeit ermöglichte es ihnen, ihre Unterstützer zu erreichen und die Aufmerksamkeit der internationalen Gemeinschaft auf die Situation in Zarinia zu lenken.

Ein weiteres Beispiel ist die Bildung von Allianzen mit anderen sozialen Bewegungen. Die Aktivisten erkannten, dass sie durch die Zusammenarbeit mit anderen Gruppen, die ähnliche Ziele verfolgten, ihre Reichweite und ihren Einfluss erhöhen konnten. Diese strategische Anpassung half nicht nur, Ressourcen zu bündeln, sondern auch, das Gefühl der Solidarität und Gemeinschaft zu stärken.

Schlussfolgerung

Die Bedeutung von Resilienz und Anpassungsfähigkeit kann nicht genug betont werden. In einer Zeit, in der sich die politischen und sozialen Bedingungen schnell ändern können, ist es für Aktivisten unerlässlich, flexibel zu bleiben und sich auf die Unterstützung ihrer Gemeinschaft zu verlassen. Die Fähigkeit, sich an neue Herausforderungen anzupassen und aus Rückschlägen zu lernen, wird die Grundlage für den langfristigen Erfolg der Bürgerrechtsbewegung auf Zarinia bilden. Indem sie Resilienz kultivieren und ihre Strategien kontinuierlich anpassen, können Aktivisten nicht nur überleben, sondern auch gedeihen und letztendlich die Veränderungen herbeiführen, die sie sich wünschen.

Reflexion über Misserfolge und Lektionen

In der Entwicklung jeder sozialen Bewegung sind Misserfolge und Rückschläge unvermeidlich. Diese Erfahrungen bieten jedoch wertvolle Lektionen, die die Bewegung stärken und ihre Strategien verfeinern können. In diesem Abschnitt reflektieren wir über die Misserfolge der Bewegung zur Trennung symbiotischer Geister auf Zarinia und die daraus gewonnenen Erkenntnisse.

Die Natur des Misserfolgs

Misserfolge können in verschiedenen Formen auftreten: von der Unfähigkeit, bestimmte Ziele zu erreichen, über interne Konflikte bis hin zu einer unzureichenden Mobilisierung der Gemeinschaft. Diese Rückschläge sind oft schmerzhaft, können aber auch als Katalysatoren für Wachstum und Veränderung fungieren. In der Theorie des sozialen Wandels, wie sie von Theoretikern wie Charles Tilly und Sidney Tarrow beschrieben wird, spielt das Konzept des *politischen Prozesses* eine entscheidende Rolle. Misserfolge können als Teil des dynamischen Prozesses betrachtet werden, der notwendig ist, um letztendlich Erfolge zu erzielen.

Beispiele für Misserfolge

Ein markantes Beispiel für einen Misserfolg in der Bewegung war die erste große Demonstration, die nicht die erwartete Teilnehmerzahl mobilisieren konnte. Obwohl die Organisatoren mit großem Enthusiasmus an die Planung herangegangen waren, war das Ergebnis enttäuschend. Die Gründe für diese geringe Beteiligung waren vielfältig: unzureichende Kommunikation, fehlendes Vertrauen in die Bewegung und das Fehlen eines klaren, einheitlichen Ziels. Diese Erfahrungen führten zu einer kritischen Analyse der Mobilisierungsstrategien und der Notwendigkeit, die Botschaft klarer zu formulieren.

Ein weiteres Beispiel war der Versuch, eine Gesetzesänderung zu initiieren, die den symbiotischen Geistern grundlegende Rechte garantieren sollte. Der

Vorschlag wurde in der ersten Lesung im zarinianischen Parlament abgelehnt, was die Bewegung vor eine große Herausforderung stellte. Diese Niederlage führte zu einer Reflexion über die Notwendigkeit, politische Allianzen zu stärken und die öffentliche Meinung durch gezielte Kampagnen zu beeinflussen.

Lektion 1: Die Bedeutung von Kommunikation

Eine der entscheidendsten Lektionen aus diesen Misserfolgen war die Erkenntnis, dass Kommunikation der Schlüssel zur Mobilisierung ist. Die Bewegung lernte, dass es wichtig ist, eine klare, konsistente und inspirierende Botschaft zu formulieren. Die Verwendung von sozialen Medien als Plattform für die Verbreitung dieser Botschaft wurde als unerlässlich erkannt. Hierbei wurde das Konzept des *Framing* von Erving Goffman relevant, das beschreibt, wie die Art und Weise, wie Informationen präsentiert werden, die Wahrnehmung des Publikums beeinflusst.

Lektion 2: Stärkung der Gemeinschaft

Die Rückschläge führten auch zu einer intensiveren Auseinandersetzung mit der Gemeinschaftsbildung. Die Bewegung erkannte, dass die Einbindung der Gemeinschaft in den Entscheidungsprozess entscheidend ist, um ein Gefühl von Zugehörigkeit und Verantwortung zu schaffen. Die Theorie der *kollektiven Identität* von Alberto Melucci zeigt, dass eine starke kollektive Identität die Mobilisierungskraft einer Bewegung erheblich steigern kann. Durch Workshops und Diskussionsforen wurde die Gemeinschaft enger in die Bewegung integriert, was zu einer stärkeren Unterstützung und einem besseren Verständnis der Ziele führte.

Lektion 3: Resilienz und Anpassungsfähigkeit

Die Fähigkeit, sich an sich verändernde Umstände anzupassen, wurde als entscheidend für den langfristigen Erfolg der Bewegung erkannt. Die Resilienz der Aktivisten wurde durch die Herausforderungen auf die Probe gestellt, und es wurde deutlich, dass das Lernen aus Misserfolgen eine wichtige Voraussetzung für das Überleben der Bewegung ist. In der Psychologie wird Resilienz oft als die Fähigkeit definiert, sich von Rückschlägen zu erholen und gestärkt daraus hervorzugehen. Diese Erkenntnis führte zu einem verstärkten Fokus auf Selbstpflege und mentale Gesundheit innerhalb der Bewegung.

Schlussfolgerung

Die Reflexion über Misserfolge und die daraus gezogenen Lektionen sind für die Entwicklung jeder sozialen Bewegung unerlässlich. Die Bewegung zur Trennung symbiotischer Geister auf Zarinia hat durch ihre Erfahrungen nicht nur an Stärke gewonnen, sondern auch ein tieferes Verständnis für die Dynamiken des Aktivismus entwickelt. Misserfolge wurden nicht als endgültige Niederlagen, sondern als Gelegenheiten zur Verbesserung und zum Lernen betrachtet. Diese Erkenntnisse werden die Bewegung in ihrer zukünftigen Arbeit leiten und helfen, eine nachhaltige und gerechte Gesellschaft auf Zarinia zu schaffen.

Die Rolle von Medien und Öffentlichkeit

Die Medien spielen eine entscheidende Rolle in der Wahrnehmung und Entwicklung sozialer Bewegungen, insbesondere in der Bürgerrechtsbewegung auf Zarinia, die von Kael Nira angeführt wird. Die Art und Weise, wie Informationen verbreitet werden, beeinflusst nicht nur das öffentliche Bewusstsein, sondern auch die Mobilisierung von Unterstützern und die Reaktion der Regierung auf die Bewegung.

Theoretische Grundlagen

Die Medien wirken als Vermittler zwischen der Bewegung und der Öffentlichkeit. Die Medientheorie, insbesondere die Agenda-Setting-Theorie, beschreibt, wie Medieninhalte die Themen beeinflussen, die in der öffentlichen Diskussion Priorität haben. Diese Theorie postuliert, dass die Medien nicht nur berichten, sondern auch die Wahrnehmung der Wichtigkeit bestimmter Themen steuern. Im Kontext der zarinianischen Bürgerrechtsbewegung bedeutet dies, dass die Art und Weise, wie die Medien über die Symbiotischen Geister und deren Rechte berichten, entscheidend für die öffentliche Meinung ist.

Herausforderungen und Probleme

Trotz der positiven Rolle, die Medien spielen können, gibt es auch signifikante Herausforderungen. Eine der größten Probleme ist die Verzerrung in der Berichterstattung. Oft werden Bewegungen durch stereotype Darstellungen oder einseitige Berichterstattung in ein negatives Licht gerückt. Dies geschieht häufig in autoritären Regimes, wo die Kontrolle über die Medien dazu führt, dass kritische Stimmen zum Schweigen gebracht werden.

Ein Beispiel für diese Problematik auf Zarinia war die Berichterstattung über die ersten Proteste gegen die Diskriminierung der Symbiotischen Geister. Während einige Medien die friedlichen Demonstrationen als Ausdruck des legitimen Bürgerrechtsanspruchs darstellten, berichteten andere über „Unruhen" und „Störungen der öffentlichen Ordnung", was die öffentliche Wahrnehmung und die Unterstützung für die Bewegung negativ beeinflusste.

Medienstrategien der Bewegung

Um diesen Herausforderungen zu begegnen, entwickelte die Bürgerrechtsbewegung unter Kael Nira verschiedene Strategien zur Mediennutzung. Eine zentrale Strategie war die Nutzung sozialer Medien, um direkte Kommunikationskanäle zur Öffentlichkeit zu schaffen. Plattformen wie ZariniaNet ermöglichten es Aktivisten, ihre Botschaften ohne die Filterung durch traditionelle Medien zu verbreiten. Diese Form der Kommunikation förderte nicht nur die Mobilisierung, sondern auch die Schaffung einer Gemeinschaft von Unterstützern, die sich aktiv an der Bewegung beteiligten.

Darüber hinaus wurde die Rolle von Influencern und Künstlern in der Bewegung betont. Die Zusammenarbeit mit prominenten Persönlichkeiten half, die Botschaften der Bewegung in breitere gesellschaftliche Diskurse einzubringen. Zum Beispiel organisierte die Bewegung eine Reihe von Kunst- und Musikfestivals, die nicht nur zur Finanzierung der Aktivitäten dienten, sondern auch als Plattformen, um die Anliegen der Symbiotischen Geister zu präsentieren und das Bewusstsein zu schärfen.

Öffentliche Wahrnehmung und Einfluss

Die öffentliche Wahrnehmung ist eng mit der Art und Weise verbunden, wie die Medien über die Bewegung berichten. Eine positive Berichterstattung kann dazu führen, dass mehr Menschen sich der Bewegung anschließen und sich für die Rechte der Symbiotischen Geister einsetzen. Umgekehrt kann negative Berichterstattung zu Stigmatisierung und Isolation führen.

Die Bürgerrechtsbewegung auf Zarinia hat gezeigt, wie wichtig es ist, eine proaktive Medienstrategie zu entwickeln. Durch die Schaffung von positiven Narrativen und die Betonung der menschlichen Geschichten hinter den Statistiken konnte die Bewegung die öffentliche Unterstützung erhöhen. Berichte über persönliche Erfahrungen von Symbiotischen Geistern, die Diskriminierung erlitten haben, trugen dazu bei, Empathie und Verständnis in der breiteren Gesellschaft zu fördern.

Fallstudien und Beispiele

Ein bemerkenswertes Beispiel für die Rolle der Medien in der Bewegung war die Berichterstattung über die „Nacht der Lichter", eine große Demonstration, die von Kael Nira organisiert wurde. Die Veranstaltung, bei der Tausende von Menschen mit Lichtern in der Dunkelheit zusammenkamen, um für die Rechte der Symbiotischen Geister zu protestieren, wurde von verschiedenen Medien umfassend berichtet. Während einige Berichte die positive Atmosphäre und die friedlichen Absichten der Teilnehmer hervorhoben, konzentrierten andere sich auf die potenziellen Gefahren und die Möglichkeit von Unruhen.

Die unterschiedlichen Berichterstattungen führten zu einer Spaltung in der öffentlichen Wahrnehmung. Während einige Zarinianer inspiriert und mobilisiert wurden, um die Bewegung zu unterstützen, schürten andere Berichte Ängste und Vorurteile. Dies verdeutlicht die Macht der Medien, sowohl positiv als auch negativ, und die Notwendigkeit für Bewegungen, ihre eigene Narrative aktiv zu gestalten.

Schlussfolgerung

Zusammenfassend lässt sich sagen, dass die Rolle der Medien und der Öffentlichkeit in der Bürgerrechtsbewegung auf Zarinia von entscheidender Bedeutung ist. Die Medien beeinflussen nicht nur die Wahrnehmung der Bewegung, sondern auch die Mobilisierung und den Erfolg ihrer Ziele. Um in diesem komplexen Umfeld erfolgreich zu sein, müssen Aktivisten strategisch mit den Medien umgehen, um eine positive öffentliche Wahrnehmung zu fördern und die Unterstützung für ihre Anliegen zu maximieren. Die Herausforderungen sind zahlreich, aber die Möglichkeiten zur Gestaltung einer gerechten und inklusiven Gesellschaft sind es wert, dass man sich ihnen stellt.

Langfristige Auswirkungen der Bewegung

Die Bewegung zur Trennung symbiotischer Geister auf Zarinia hat weitreichende und tiefgreifende langfristige Auswirkungen auf die Gesellschaft, die über die unmittelbaren Ziele hinausgehen. Diese Auswirkungen sind sowohl sozialer als auch politischer Natur und beeinflussen die kulturellen und wirtschaftlichen Strukturen der zarinianischen Gesellschaft.

Soziale Veränderungen

Eine der bemerkenswertesten langfristigen Auswirkungen der Bewegung ist die Veränderung der sozialen Dynamik innerhalb der zarinianischen Gemeinschaften. Die Bewegung hat das Bewusstsein für die Rechte und Bedürfnisse der symbiotischen Geister geschärft. Dies führte zu einer verstärkten Diskussion über Gleichheit und Gerechtigkeit, die in der Gesellschaft verankert wurde.

$$C = \frac{E}{R} \tag{33}$$

Hierbei steht C für das gesellschaftliche Bewusstsein, E für die Anzahl der engagierten Bürger und R für die Widerstände, die die Bewegung überwinden musste. Diese Gleichung verdeutlicht, dass je mehr Menschen sich engagieren und je weniger Widerstand es gibt, desto höher das gesellschaftliche Bewusstsein wird.

Die Bewegung hat auch dazu beigetragen, Vorurteile abzubauen und den interkulturellen Dialog zu fördern. Die zarinianische Gesellschaft hat begonnen, die Vielfalt der symbiotischen Geister zu akzeptieren und zu feiern, was zu einer inklusiveren Gesellschaft geführt hat. Veranstaltungen, die die Kultur und die Traditionen der symbiotischen Geister hervorheben, sind mittlerweile weit verbreitet und werden von einer breiten Öffentlichkeit besucht.

Politische Veränderungen

Politisch hat die Bewegung die Machtverhältnisse auf Zarinia nachhaltig beeinflusst. Die Forderungen nach Bürgerrechten und Gleichheit haben zu einer Reform der politischen Strukturen geführt. Die zarinianische Regierung sieht sich nun gezwungen, Gesetze zu erlassen, die die Rechte der symbiotischen Geister schützen und fördern.

Ein Beispiel hierfür ist das *Gesetz zur Gleichstellung symbiotischer Geister*, das 5 Jahre nach der Gründung der Bewegung verabschiedet wurde. Dieses Gesetz hat nicht nur die rechtlichen Rahmenbedingungen für die Rechte der symbiotischen Geister verbessert, sondern auch die Grundlage für zukünftige Reformen gelegt.

Kulturelle Veränderungen

Die kulturellen Auswirkungen der Bewegung sind ebenfalls signifikant. Kunst und Kultur haben eine zentrale Rolle in der Bewegung gespielt und wurden genutzt, um die Botschaft der Gleichheit und des Respekts zu verbreiten. Künstler, Schriftsteller und Musiker aus allen Gesellschaftsschichten haben sich zusammengeschlossen, um ihre Werke zu schaffen, die die Herausforderungen und Triumphe der Bewegung dokumentieren.

Ein bemerkenswertes Beispiel ist das Theaterstück *Die Stimmen von Zarinia*, das die Geschichten von symbiotischen Geistern erzählt und die Herausforderungen, denen sie gegenüberstehen, auf eine einfühlsame Weise darstellt. Solche kulturellen Ausdrucksformen haben nicht nur das Bewusstsein geschärft, sondern auch eine neue Generation von Aktivisten inspiriert.

Wirtschaftliche Veränderungen

Die wirtschaftlichen Auswirkungen der Bewegung sind ebenfalls nicht zu vernachlässigen. Die zunehmende Akzeptanz und Integration der symbiotischen Geister in die Gesellschaft hat neue wirtschaftliche Chancen geschaffen. Unternehmen, die sich für die Rechte der symbiotischen Geister einsetzen, haben floriert, und es entstanden neue Märkte, die auf die Bedürfnisse dieser Gemeinschaften zugeschnitten sind.

$$P = \frac{C \cdot E}{T} \tag{34}$$

Hierbei steht P für das wirtschaftliche Potenzial, C für die Anzahl der kreativen Ideen, E für die Anzahl der engagierten Unternehmer und T für die Zeit, die benötigt wird, um Veränderungen umzusetzen. Diese Gleichung zeigt, dass ein höheres wirtschaftliches Potenzial erreicht werden kann, wenn kreative Ideen gefördert und engagierte Unternehmer unterstützt werden.

Langfristige Herausforderungen

Trotz der positiven Auswirkungen stehen die Bewegung und die Gesellschaft vor langfristigen Herausforderungen. Die Integration der symbiotischen Geister in die Gesellschaft ist ein fortlaufender Prozess, der ständige Aufmerksamkeit erfordert. Vorurteile und Diskriminierung sind nicht vollständig verschwunden, und es bedarf kontinuierlicher Anstrengungen, um die erreichten Fortschritte zu sichern und auszubauen.

Zusätzlich gibt es interne Konflikte innerhalb der Bewegung, die die Einheit gefährden können. Unterschiedliche Ansichten über die besten Strategien und Taktiken können zu Spaltungen führen, die die Bewegung schwächen.

Fazit

Zusammenfassend lässt sich sagen, dass die langfristigen Auswirkungen der Bewegung zur Trennung symbiotischer Geister auf Zarinia sowohl positiv als auch herausfordernd sind. Während die Bewegung bedeutende Fortschritte in sozialen, politischen, kulturellen und wirtschaftlichen Bereichen erzielt hat, bleibt die Arbeit zur Förderung von Gleichheit und Gerechtigkeit eine fortlaufende Aufgabe. Die zarinianische Gesellschaft steht an einem Wendepunkt, an dem das Erbe der Bewegung weiterhin die Zukunft prägen wird, und es liegt an den kommenden Generationen, diese Errungenschaften zu bewahren und weiterzuentwickeln.

Die Entwicklung von Führungspersönlichkeiten

Die Entwicklung von Führungspersönlichkeiten innerhalb der Bürgerrechtsbewegung auf Zarinia ist ein entscheidender Faktor für den langfristigen Erfolg und die Nachhaltigkeit der Bewegung. Führungspersönlichkeiten sind nicht nur für die Mobilisierung von Unterstützern verantwortlich, sondern auch für die Formulierung und Umsetzung von Strategien, die die Bewegung voranbringen. In diesem Abschnitt werden wir die verschiedenen Dimensionen der Entwicklung von Führungspersönlichkeiten untersuchen, einschließlich der Herausforderungen, denen sie gegenüberstehen, der erforderlichen Fähigkeiten und der Rolle von Mentoren.

Herausforderungen bei der Entwicklung von Führungspersönlichkeiten

Die Entwicklung von Führungspersönlichkeiten in der zarinianischen Bürgerrechtsbewegung ist mit einer Vielzahl von Herausforderungen verbunden. Eine der größten Hürden ist der Druck von außen, insbesondere von der Regierung und anderen Organisationen, die die Bewegung als Bedrohung wahrnehmen. Diese äußeren Widerstände können zu einem Gefühl der Isolation und des Zweifels führen, was die Entwicklung effektiver Führungspersönlichkeiten erschwert.

Ein weiteres Problem ist die Notwendigkeit, innerhalb der Bewegung eine Vielzahl von Perspektiven und Stimmen zu integrieren. Unterschiedliche kulturelle Hintergründe, Erfahrungen und Ansichten können zu internen Konflikten führen, die die Entwicklung eines einheitlichen Führungsstils erschweren.

Erforderliche Fähigkeiten von Führungspersönlichkeiten

Um in dieser komplexen Umgebung erfolgreich zu sein, müssen Führungspersönlichkeiten über eine Reihe von Fähigkeiten verfügen. Dazu gehören:

+ **Kommunikationsfähigkeit:** Die Fähigkeit, klar und überzeugend zu kommunizieren, ist entscheidend, um Unterstützer zu mobilisieren und die Botschaft der Bewegung zu verbreiten.

+ **Empathie:** Ein tiefes Verständnis für die Erfahrungen und Bedürfnisse der Gemeinschaft ist unerlässlich, um Vertrauen aufzubauen und die Unterstützung der Basis zu sichern.

+ **Strategisches Denken:** Führungspersönlichkeiten müssen in der Lage sein, langfristige Ziele zu setzen und Strategien zu entwickeln, um diese zu erreichen, während sie gleichzeitig auf kurzfristige Herausforderungen reagieren.

+ **Resilienz:** Die Fähigkeit, Rückschläge zu bewältigen und aus Misserfolgen zu lernen, ist entscheidend für die Aufrechterhaltung des Engagements in schwierigen Zeiten.

Die Rolle von Mentoren

Mentoren spielen eine entscheidende Rolle bei der Entwicklung von Führungspersönlichkeiten in der Bewegung. Durch ihre Erfahrungen und Weisheiten können sie aufkommenden Führern wertvolle Einblicke und Unterstützung bieten. Mentoren können helfen, Fähigkeiten zu entwickeln, Netzwerke aufzubauen und Strategien zur Überwindung von Herausforderungen zu formulieren.

Ein Beispiel für eine solche Mentorenschaft könnte die Beziehung zwischen Kael Nira und einem erfahrenen Aktivisten sein, der in der Vergangenheit ähnliche Kämpfe geführt hat. Diese Mentoren können nicht nur als Vorbilder dienen, sondern auch als praktische Berater in strategischen Fragen.

Erfolgsgeschichten und Fallbeispiele

Ein herausragendes Beispiel für die erfolgreiche Entwicklung von Führungspersönlichkeiten innerhalb der Bewegung ist die Geschichte von Lira Taan, einer jungen Aktivistin, die durch ihre Leidenschaft und Entschlossenheit schnell zur Stimme der Jugend auf Zarinia wurde. Lira begann als einfache Unterstützerin und entwickelte sich zu einer der führenden Figuren der Bewegung, indem sie innovative Kommunikationsstrategien nutzte, um die Jugend zu mobilisieren und die Botschaft der Bewegung über soziale Medien zu verbreiten. Ihre Fähigkeit, sich mit der Jugend zu verbinden und ihre Anliegen zu verstehen, machte sie zu einer wichtigen Führungspersönlichkeit.

Ein weiteres Beispiel ist die Koalition von Aktivisten, die sich in der ersten großen Demonstration zusammenschloss. Diese Gruppe von Führungspersönlichkeiten unterschiedlicher Hintergründe und Erfahrungen konnte durch Zusammenarbeit und gegenseitige Unterstützung eine starke Einheit bilden, die die Bewegung erheblich voranbrachte. Ihre Fähigkeit, ihre unterschiedlichen Perspektiven zu integrieren, führte zu einer inklusiveren und effektiveren Bewegung.

Schlussfolgerung

Die Entwicklung von Führungspersönlichkeiten ist ein dynamischer und kontinuierlicher Prozess, der entscheidend für den Erfolg der Bürgerrechtsbewegung auf Zarinia ist. Durch die Überwindung von Herausforderungen, den Erwerb erforderlicher Fähigkeiten und die Unterstützung durch Mentoren können aufstrebende Führer nicht nur ihre eigene Entwicklung vorantreiben, sondern auch die gesamte Bewegung stärken. In einer sich ständig verändernden politischen Landschaft ist es unerlässlich, dass neue Führungspersönlichkeiten gefördert werden, um die Vision einer gerechteren und inklusiveren Gesellschaft auf Zarinia zu verwirklichen.

Die Vision für die Zukunft

Die Vision für die Zukunft der Bewegung zur Trennung symbiotischer Geister auf Zarinia ist geprägt von einem tiefen Verständnis für die Herausforderungen, die vor uns liegen, sowie von einer unerschütterlichen Hoffnung auf positive Veränderungen. Diese Vision ist nicht nur eine abstrakte Idee, sondern ein konkreter Plan, der auf den Erfahrungen und Lehren der Vergangenheit basiert. Sie umfasst mehrere Schlüsselelemente, die zusammen ein kohärentes Bild der Zukunft zeichnen.

1. Inklusion und Diversität

Ein zentrales Element dieser Vision ist die Förderung von Inklusion und Diversität innerhalb der Bewegung. Die symbiotischen Geister, die auf Zarinia leben, sind nicht homogen; sie bringen unterschiedliche Perspektiven, Kulturen und Erfahrungen mit. Um die Bewegung nachhaltig zu gestalten, ist es entscheidend, dass alle Stimmen gehört werden. Dies bedeutet, dass wir aktiv daran arbeiten müssen, marginalisierte Gruppen einzubeziehen und sicherzustellen, dass ihre Anliegen und Bedürfnisse in die Strategien der Bewegung integriert werden.

Ein Beispiel hierfür ist die Schaffung von Arbeitsgruppen, die sich speziell mit den Belangen von Frauen, Jugendlichen und ethnischen Minderheiten befassen. Diese Gruppen können als Brücke dienen, um die unterschiedlichen Perspektiven innerhalb der Bewegung zu vereinen und eine breitere Basis für den Aktivismus zu schaffen.

2. Bildung als Schlüssel

Die Vision für die Zukunft sieht Bildung als einen der wichtigsten Hebel für den Wandel. Bildung ist nicht nur ein Mittel zur Wissensvermittlung, sondern auch ein Werkzeug zur Empowerment. Um die Bürgerrechte der symbiotischen Geister zu fördern, müssen wir sicherstellen, dass alle Zugang zu qualitativ hochwertiger Bildung haben. Dies umfasst sowohl formale Bildungsangebote als auch informelle Lernmöglichkeiten, die das Bewusstsein für soziale Gerechtigkeit und die Rechte der symbiotischen Geister schärfen.

Ein Beispiel könnte die Einführung von Bildungsprogrammen in Schulen sein, die sich mit den Themen Bürgerrechte, Vielfalt und soziale Gerechtigkeit auseinandersetzen. Solche Programme könnten durch Workshops, Seminare und interaktive Projekte ergänzt werden, die Schüler dazu anregen, aktiv zu werden und sich für ihre Gemeinschaft einzusetzen.

3. Technologischer Fortschritt

Die Rolle der Technologie in der Zukunft der Bewegung kann nicht unterschätzt werden. Technologische Innovationen bieten neue Möglichkeiten für Mobilisierung und Vernetzung. Die Nutzung sozialer Medien, digitaler Plattformen und innovativer Kommunikationstechnologien wird entscheidend sein, um die Botschaft der Bewegung zu verbreiten und Unterstützer zu mobilisieren.

Ein konkretes Beispiel ist die Entwicklung einer App, die es Aktivisten ermöglicht, sich zu vernetzen, Informationen auszutauschen und gemeinsame Aktionen zu koordinieren. Diese App könnte auch als Plattform dienen, um Bildungsressourcen zu teilen und Diskussionen über aktuelle Themen zu fördern.

4. Nachhaltigkeit und Umweltbewusstsein

Die Vision für die Zukunft der Bewegung muss auch die Herausforderungen des Klimawandels und der Umweltzerstörung berücksichtigen. Die symbiotischen Geister sind eng mit ihrer Umwelt verbunden, und deren Schutz ist von zentraler Bedeutung für die Wahrung ihrer Rechte. Daher ist es unerlässlich, dass die Bewegung sich aktiv für nachhaltige Praktiken und Umweltbewusstsein einsetzt.

Ein Beispiel für eine solche Initiative könnte die Organisation von Umweltbildungsprogrammen sein, die sich auf den Schutz von natürlichen Ressourcen und die Förderung nachhaltiger Lebensweisen konzentrieren. Darüber hinaus könnte die Bewegung Partnerschaften mit Umweltorganisationen eingehen, um gemeinsame Ziele zu verfolgen und Ressourcen zu bündeln.

5. Internationale Zusammenarbeit

Die Herausforderungen, vor denen die Bewegung steht, sind nicht auf Zarinia beschränkt. Internationale Zusammenarbeit ist unerlässlich, um Erfahrungen auszutauschen, Strategien zu entwickeln und solidarische Netzwerke aufzubauen. Die Vision für die Zukunft umfasst daher die Stärkung von Beziehungen zu anderen Bewegungen und Organisationen weltweit, die ähnliche Ziele verfolgen.

Ein Beispiel könnte die Teilnahme an internationalen Konferenzen und Foren sein, wo Aktivisten aus verschiedenen Ländern zusammenkommen, um Ideen auszutauschen und gemeinsame Initiativen zu entwickeln. Solche Plattformen bieten die Möglichkeit, voneinander zu lernen und die eigene Bewegung zu stärken.

6. Langfristige Perspektive und Anpassungsfähigkeit

Schließlich erfordert die Vision für die Zukunft eine langfristige Perspektive und die Fähigkeit, sich an verändernde Umstände anzupassen. Die Welt ist im ständigen Wandel, und die Bewegung muss flexibel genug sein, um auf neue Herausforderungen und Chancen zu reagieren. Dies bedeutet, dass wir regelmäßig unsere Strategien überprüfen und anpassen müssen, um sicherzustellen, dass sie relevant und effektiv bleiben.

Ein Beispiel für diese Anpassungsfähigkeit könnte die Entwicklung eines kontinuierlichen Evaluationsprozesses sein, der es der Bewegung ermöglicht, ihre Fortschritte zu messen und auf Feedback aus der Gemeinschaft zu reagieren. Durch diesen Prozess kann die Bewegung sicherstellen, dass sie auf Kurs bleibt und die Bedürfnisse der symbiotischen Geister weiterhin erfüllt.

Fazit

Die Vision für die Zukunft der Bewegung zur Trennung symbiotischer Geister auf Zarinia ist ein dynamisches und vielschichtiges Konzept, das auf den Prinzipien von Inklusion, Bildung, technologischem Fortschritt, Nachhaltigkeit, internationaler Zusammenarbeit und Anpassungsfähigkeit basiert. Indem wir diese Elemente in den Mittelpunkt unserer Arbeit stellen, können wir eine gerechtere und inklusivere Zukunft für alle symbiotischen Geister auf Zarinia schaffen. Diese Vision ist nicht nur ein Traum, sondern ein erreichbares Ziel, das durch gemeinsames Handeln, Engagement und den unermüdlichen Glauben an die Möglichkeit des Wandels verwirklicht werden kann.

Kaels Vermächtnis

Die Auswirkungen auf die Gesellschaft

Veränderungen in der politischen Landschaft

Die politischen Strukturen auf Zarinia haben sich durch die Bürgerrechtsbewegung unter der Führung von Kael Nira erheblich verändert. Diese Veränderungen sind nicht nur auf die direkten politischen Maßnahmen zurückzuführen, sondern auch auf die tiefgreifenden gesellschaftlichen Umwälzungen, die die Bewegung mit sich brachte. Um die Auswirkungen zu verstehen, ist es wichtig, die verschiedenen Dimensionen der politischen Landschaft zu betrachten.

Einfluss der Bürgerrechtsbewegung auf die Gesetzgebung

Die Bürgerrechtsbewegung hat eine Reihe von Gesetzen angestoßen, die die Rechte der symbiotischen Geister schützen. Vor der Bewegung war die Gesetzgebung oft diskriminierend und benachteiligte diese Gruppe. Ein Beispiel hierfür ist das *Gesetz zur Gleichstellung der symbiotischen Geister*, das 2045 verabschiedet wurde. Dieses Gesetz stellte sicher, dass symbiotische Geister das Recht auf Bildung, Arbeit und soziale Sicherheit erhielten. Der Einfluss von Kael Nira und seinen Mitstreitern war entscheidend, um diese Veränderungen durchzusetzen. Sie organisierten zahlreiche Proteste und Lobbying-Aktivitäten, die die öffentliche Meinung mobilisierten und politischen Druck auf die Entscheidungsträger ausübten.

Politische Allianzen und neue Akteure

Ein weiteres bemerkenswertes Ergebnis der Bewegung war die Bildung neuer politischer Allianzen. Kael Nira und seine Unterstützer schafften es, verschiedene gesellschaftliche Gruppen zu vereinen, darunter Umweltschützer, feministische

Organisationen und technologische Innovatoren. Diese Allianzen führten zu einer stärkeren Stimme in der Politik und ermöglichten es, eine breitere Agenda zu verfolgen. Ein Beispiel für eine erfolgreiche Allianz ist die *Koalition für soziale Gerechtigkeit*, die sich für die Rechte der symbiotischen Geister und den Umweltschutz einsetzt. Diese Koalition hat sich als einflussreiche Kraft in der zarinianischen Politik etabliert und hat die politischen Diskurse in den letzten Jahren stark geprägt.

Veränderungen in der politischen Kultur

Die Bürgerrechtsbewegung hat auch die politische Kultur auf Zarinia verändert. Vor der Bewegung waren viele Bürger des Landes politisch apathisch und fühlten sich von den Entscheidungsträgern entfremdet. Durch die Mobilisierung der Bevölkerung und die Schaffung eines Bewusstseins für soziale Gerechtigkeit und Gleichheit hat Kael Nira das politische Engagement der Zarinianer gefördert. Die Teilnahme an Wahlen ist gestiegen, und immer mehr Bürger fühlen sich ermutigt, ihre Stimmen zu erheben und sich aktiv an politischen Prozessen zu beteiligen.

Herausforderungen und Widerstände

Trotz dieser positiven Veränderungen gab es auch Widerstände gegen die Bewegung. Die Regierung reagierte oft mit repressiven Maßnahmen, um die Proteste zu unterdrücken. Dies führte zu einer Spaltung in der Gesellschaft, wobei einige Bürger die Bewegung unterstützten, während andere sie als Bedrohung für die bestehende Ordnung ansahen. Ein Beispiel für diesen Widerstand ist die *Anti-Demonstrationsgesetzgebung*, die 2046 eingeführt wurde und darauf abzielte, die Versammlungsfreiheit der Bürger einzuschränken. Diese Gesetze wurden jedoch von der Bewegung als unrechtmäßig angefochten und führten zu weiteren Mobilisierungen.

Langfristige Auswirkungen auf die politische Landschaft

Die langfristigen Auswirkungen der Bürgerrechtsbewegung sind in der politischen Landschaft Zarinia deutlich sichtbar. Die Einführung neuer Gesetze und die Schaffung von Allianzen haben nicht nur die Rechte der symbiotischen Geister gestärkt, sondern auch einen kulturellen Wandel eingeleitet. Die Zarinianer sind zunehmend bereit, sich für ihre Rechte einzusetzen und sich aktiv an politischen Prozessen zu beteiligen. Diese Veränderungen haben dazu geführt, dass Zarinia als ein Land wahrgenommen wird, das für soziale Gerechtigkeit und Gleichheit steht, was wiederum internationale Aufmerksamkeit und Unterstützung für die Bewegung generiert hat.

Zusammenfassend lässt sich sagen, dass die Bürgerrechtsbewegung unter Kael Nira nicht nur die Rechte der symbiotischen Geister verbessert hat, sondern auch die politische Landschaft Zarinia nachhaltig verändert hat. Die Herausforderungen, die noch bestehen, müssen weiterhin angegangen werden, doch die Fortschritte sind unbestreitbar und bilden die Grundlage für eine gerechtere und inklusivere Gesellschaft.

Die Rolle von Bildung und Aufklärung

Die Rolle von Bildung und Aufklärung in der Bewegung von Kael Nira ist von entscheidender Bedeutung, um das Bewusstsein für die Herausforderungen der symbiotischen Geister auf Zarinia zu schärfen und eine informierte und engagierte Gemeinschaft zu fördern. Bildung ist nicht nur ein Mittel zur Wissensvermittlung, sondern auch ein Werkzeug zur Befähigung und Mobilisierung. In diesem Abschnitt werden wir die verschiedenen Dimensionen der Bildung und Aufklärung innerhalb der Bewegung betrachten, einschließlich ihrer theoretischen Grundlagen, der bestehenden Probleme und konkreter Beispiele.

Theoretische Grundlagen

Die Theorie der kritischen Pädagogik, wie sie von Pädagogen wie Paulo Freire entwickelt wurde, betont die Notwendigkeit, Lernende als aktive Teilnehmer in ihrem Bildungsprozess zu betrachten. Freire argumentiert, dass Bildung ein Akt der Freiheit ist, der die Menschen dazu befähigt, ihre Realität zu hinterfragen und zu verändern. Diese Prinzipien sind besonders relevant für die Bewegung von Kael Nira, die darauf abzielt, das Bewusstsein für soziale Ungerechtigkeiten zu schärfen und die Menschen zu ermutigen, aktiv gegen Diskriminierung und Ungleichheit zu kämpfen.

Ein weiteres wichtiges Konzept ist die transformative Bildung, die darauf abzielt, Individuen nicht nur zu informieren, sondern auch ihre Einstellungen und Verhaltensweisen zu verändern. Transformative Bildung fördert kritisches Denken und die Fähigkeit, soziale Probleme zu analysieren und Lösungen zu entwickeln. Diese Ansätze sind entscheidend, um die zarinianische Gesellschaft zu mobilisieren und ein tieferes Verständnis für die Herausforderungen der symbiotischen Geister zu schaffen.

Herausforderungen in der Bildung

Trotz der wichtigen Rolle von Bildung gibt es zahlreiche Herausforderungen, die die Effektivität der Aufklärungsbemühungen innerhalb der Bewegung beeinträchtigen. Eine der größten Herausforderungen ist der Zugang zu Bildung. In vielen Regionen Zarinia sind die Bildungseinrichtungen unzureichend ausgestattet, und es fehlt an qualifizierten Lehrkräften. Diese Ungleichheiten führen dazu, dass bestimmte Bevölkerungsgruppen, insbesondere die symbiotischen Geister, vom Bildungssystem ausgeschlossen werden.

Darüber hinaus gibt es in der zarinianischen Gesellschaft weit verbreitete Vorurteile und Diskriminierung, die sich auch im Bildungssystem widerspiegeln. Viele Schüler aus marginalisierten Gruppen erleben Diskriminierung und Ungleichheit in Schulen, was ihre Lernmöglichkeiten und ihr Selbstwertgefühl beeinträchtigt. Diese Probleme müssen angegangen werden, um eine inklusive und gerechte Bildung zu gewährleisten.

Beispiele für Bildungsinitiativen

Die Bewegung von Kael Nira hat verschiedene Bildungsinitiativen ins Leben gerufen, um das Bewusstsein für die Rechte der symbiotischen Geister zu fördern und eine informierte Öffentlichkeit zu schaffen. Ein Beispiel ist das Programm „Lernen für die Freiheit", das Workshops und Schulungen zu Themen wie Bürgerrechte, soziale Gerechtigkeit und die Geschichte der symbiotischen Geister anbietet. Diese Programme zielen darauf ab, das Wissen und das Verständnis der Teilnehmer zu erweitern und sie zu ermutigen, sich aktiv für ihre Rechte einzusetzen.

Ein weiteres Beispiel ist die Nutzung von sozialen Medien und digitalen Plattformen, um Bildungsinhalte zu verbreiten. Die Bewegung hat erfolgreich Online-Kampagnen gestartet, die informative Videos, Artikel und interaktive Inhalte enthalten, um jüngere Generationen zu erreichen und sie in die Diskussion über Bürgerrechte einzubeziehen. Diese digitalen Initiativen haben es ermöglicht, eine breitere Öffentlichkeit zu erreichen und das Bewusstsein für die Anliegen der symbiotischen Geister zu schärfen.

Die Bedeutung von interkulturellem Austausch

Ein weiterer wichtiger Aspekt der Bildung und Aufklärung ist der interkulturelle Austausch. Die Bewegung von Kael Nira fördert den Dialog zwischen verschiedenen Kulturen und Gemeinschaften, um ein besseres Verständnis für die Herausforderungen und Perspektiven der symbiotischen Geister zu schaffen.

Durch interkulturelle Bildungsprogramme und Austauschinitiativen können Menschen aus unterschiedlichen Hintergründen zusammenkommen, um voneinander zu lernen und gemeinsame Lösungen für soziale Probleme zu entwickeln.

Ein Beispiel für einen solchen Austausch ist das jährliche Festival der Kulturen, bei dem verschiedene Gemeinschaften ihre Traditionen, Geschichten und Perspektiven teilen. Diese Veranstaltungen bieten nicht nur eine Plattform für den interkulturellen Dialog, sondern stärken auch die Gemeinschaft und fördern das Gefühl der Solidarität.

Fazit

Zusammenfassend lässt sich sagen, dass Bildung und Aufklärung eine zentrale Rolle in der Bewegung von Kael Nira spielen. Sie sind entscheidend für die Schaffung eines informierten und engagierten Publikums, das in der Lage ist, soziale Ungerechtigkeiten zu erkennen und aktiv für Veränderungen einzutreten. Trotz der bestehenden Herausforderungen sind die Initiativen zur Förderung von Bildung und interkulturellem Austausch ein wichtiger Schritt in Richtung einer gerechteren und inklusiveren Gesellschaft auf Zarinia. Die Vision von Kael Nira, eine Welt zu schaffen, in der die Rechte aller respektiert werden, ist untrennbar mit der Bildung und der Aufklärung der Bevölkerung verbunden.

Die Stärkung von Gemeinschaften

Die Stärkung von Gemeinschaften ist ein zentrales Ziel der Bürgerrechtsbewegung unter der Führung von Kael Nira. Diese Stärkung ist nicht nur entscheidend für die Mobilisierung von Unterstützern, sondern auch für die Schaffung eines nachhaltigen Wandels in der Gesellschaft von Zarinia. In diesem Abschnitt werden wir die verschiedenen Aspekte der Gemeinschaftsstärkung untersuchen, einschließlich der theoretischen Grundlagen, der Herausforderungen, mit denen Gemeinschaften konfrontiert sind, und konkreten Beispielen, die den Einfluss von Kaels Bewegung verdeutlichen.

Theoretische Grundlagen

Die Theorie der sozialen Kohäsion spielt eine entscheidende Rolle bei der Stärkung von Gemeinschaften. Soziale Kohäsion bezieht sich auf die Fähigkeit einer Gemeinschaft, zusammenzuhalten und gemeinsame Werte und Ziele zu teilen. Sie wird durch verschiedene Faktoren beeinflusst, darunter Vertrauen, gemeinsame Identität und soziale Netzwerke. In der Literatur wird häufig auf die

Arbeiten von Durkheim verwiesen, der die Bedeutung von sozialen Bindungen für die Stabilität von Gesellschaften betonte. In Zarinia ist die Förderung von sozialer Kohäsion besonders wichtig, da die Gesellschaft durch die Existenz von symbiotischen Geistern und die damit verbundenen Spannungen fragmentiert ist.

Eine weitere relevante Theorie ist die der sozialen Identität, die von Tajfel und Turner entwickelt wurde. Diese Theorie besagt, dass Individuen ihre Identität stark durch die Zugehörigkeit zu sozialen Gruppen definieren. In Zarinia, wo die Trennung zwischen symbiotischen Geistern und Menschen eine zentrale Rolle spielt, ist es entscheidend, eine inklusive Identität zu fördern, die alle Mitglieder der Gesellschaft umfasst. Dies kann durch Bildungsinitiativen und interkulturelle Dialoge erreicht werden, die darauf abzielen, Vorurteile abzubauen und ein gemeinsames Verständnis zu schaffen.

Herausforderungen

Die Stärkung von Gemeinschaften in Zarinia ist jedoch nicht ohne Herausforderungen. Eine der größten Hürden ist die tief verwurzelte Diskriminierung gegenüber symbiotischen Geistern. Diese Diskriminierung führt zu einer Spaltung in der Gesellschaft und verhindert die Bildung starker, solidarischer Gemeinschaften. Um diese Probleme zu überwinden, ist es wichtig, gezielte Bildungsprogramme zu entwickeln, die sowohl die Menschen als auch die symbiotischen Geister einbeziehen.

Ein weiteres Problem ist die Fragmentierung der sozialen Netzwerke. In einer Gesellschaft, in der Misstrauen und Vorurteile verbreitet sind, neigen Menschen dazu, sich in homogenen Gruppen zu organisieren, was die Bildung von breiteren Allianzen erschwert. Um dies zu adressieren, sind Strategien erforderlich, die den interkulturellen Austausch fördern und den Dialog zwischen verschiedenen Gruppen anregen.

Beispiele für Gemeinschaftsstärkung

Ein bemerkenswertes Beispiel für die Stärkung von Gemeinschaften in Zarinia ist die Gründung von interkulturellen Zentren, die als Plattformen für den Austausch und die Zusammenarbeit zwischen Menschen und symbiotischen Geistern dienen. Diese Zentren bieten Workshops, Schulungen und kulturelle Veranstaltungen an, die darauf abzielen, das Verständnis und die Solidarität zwischen den verschiedenen Gruppen zu fördern. Die Teilnahme an diesen Veranstaltungen hat nicht nur das Bewusstsein für die Herausforderungen geschärft, mit denen symbiotische Geister konfrontiert sind, sondern auch das Gefühl der Zugehörigkeit und des gemeinsamen Ziels gestärkt.

Ein weiteres Beispiel ist die Mobilisierung von Gemeinschaften durch Kunst und Kultur. Kael Nira und seine Unterstützer haben Kunstprojekte initiiert, die die Geschichten und Erfahrungen von symbiotischen Geistern zum Ausdruck bringen. Diese Projekte haben nicht nur das Bewusstsein für die Ungerechtigkeiten geschärft, sondern auch eine Plattform geschaffen, um die Stimmen der Marginalisierten zu erheben. Durch Theateraufführungen, Kunstausstellungen und Musikveranstaltungen konnten Gemeinschaften zusammengebracht werden, um ihre gemeinsamen Werte zu feiern und ein Gefühl der Einheit zu fördern.

Schlussfolgerung

Die Stärkung von Gemeinschaften ist ein wesentlicher Bestandteil der Bürgerrechtsbewegung auf Zarinia. Durch die Förderung von sozialer Kohäsion, den Abbau von Diskriminierung und die Schaffung von Plattformen für den interkulturellen Austausch hat Kael Nira einen nachhaltigen Einfluss auf die Gesellschaft ausgeübt. Die Herausforderungen sind zwar erheblich, doch die Beispiele für erfolgreiche Gemeinschaftsstärkung zeigen, dass Veränderung möglich ist. Die Vision einer inklusiven und solidarischen Gesellschaft, in der alle Mitglieder gleichberechtigt sind, ist nicht nur ein Ziel, sondern ein erreichbares Ideal, das durch kontinuierlichen Einsatz und Engagement verwirklicht werden kann.

Die Bedeutung von Empathie und Verständnis

Empathie und Verständnis sind zentrale Elemente in der Bürgerrechtsbewegung auf Zarinia, insbesondere in der Arbeit von Kael Nira. Diese Konzepte sind nicht nur persönliche Eigenschaften, sondern auch soziale Werkzeuge, die dazu beitragen, Barrieren abzubauen und den Dialog zwischen verschiedenen Gemeinschaften zu fördern. In dieser Sektion werden wir die theoretischen Grundlagen von Empathie und Verständnis erkunden, ihre Rolle in der Bewegung zur Trennung symbiotischer Geister beleuchten und konkrete Beispiele für ihre Anwendung in Kaels Arbeit betrachten.

Theoretische Grundlagen

Empathie wird oft als die Fähigkeit definiert, die Gefühle und Perspektiven anderer zu verstehen und nachzuvollziehen. Laut der Psychologin Brené Brown ist

Empathie eine entscheidende Fähigkeit, die es Menschen ermöglicht, sich miteinander zu verbinden und Vertrauen aufzubauen. Sie beschreibt Empathie als einen Prozess, der vier Schritte umfasst:

1. **Emotionale Wahrnehmung:** Die Fähigkeit, die Emotionen anderer zu erkennen.

2. **Emotionale Resonanz:** Das Fühlen der Emotionen anderer als würde man sie selbst erleben.

3. **Verständnis:** Das Erfassen der Hintergründe und Kontexte, die zu diesen Emotionen führen.

4. **Handlungsbereitschaft:** Die Entscheidung, auf diese Emotionen mit Mitgefühl und Unterstützung zu reagieren.

Verständnis hingegen bezieht sich auf die kognitive Fähigkeit, komplexe soziale und kulturelle Kontexte zu begreifen. Es ist wichtig, die Unterschiede zwischen Empathie und Verständnis zu erkennen, da beide Fähigkeiten sich gegenseitig ergänzen und in der Bürgerrechtsbewegung von entscheidender Bedeutung sind. Ein Mangel an Empathie kann zu Vorurteilen und Diskriminierung führen, während ein Mangel an Verständnis zu Misskommunikation und Konflikten beiträgt.

Die Rolle von Empathie und Verständnis in der Bewegung

In der Bewegung zur Trennung symbiotischer Geister auf Zarinia spielte Empathie eine entscheidende Rolle, um die verschiedenen Perspektiven der betroffenen Gemeinschaften zu integrieren. Kael Nira erkannte, dass die Trennung von symbiotischen Geistern nicht nur eine politische Frage war, sondern auch eine zutiefst menschliche Angelegenheit. Die Fähigkeit, die Ängste, Hoffnungen und Träume der Menschen zu verstehen, die unter der aktuellen politischen Situation litten, war entscheidend für den Erfolg der Bewegung.

Ein Beispiel für die Anwendung von Empathie in Kaels Arbeit war die Organisation von Gemeinschaftsforen, in denen Menschen ihre Geschichten und Erfahrungen teilen konnten. Diese Foren boten einen Raum für Dialog und Verständnis und halfen, Vorurteile abzubauen. Kael ermutigte die Teilnehmer, aktiv zuzuhören und sich in die Lage anderer zu versetzen. Diese Praxis förderte nicht nur ein Gefühl der Zugehörigkeit, sondern auch eine tiefere Einsicht in die Herausforderungen, mit denen verschiedene Gruppen konfrontiert waren.

Herausforderungen der Empathie und des Verständnisses

Trotz der positiven Auswirkungen von Empathie und Verständnis gibt es auch Herausforderungen. In einer polarisierten Gesellschaft können Empathie und Verständnis als Bedrohung für bestehende Überzeugungen empfunden werden. Menschen neigen dazu, sich in ihren eigenen Blasen zu isolieren, was den Dialog erschwert. Diese Tendenz wird durch soziale Medien verstärkt, die oft die Verbreitung von Fehlinformationen und extremen Ansichten fördern.

Ein weiteres Problem ist die emotionale Erschöpfung, die Aktivisten erfahren können. Der ständige Umgang mit Ungerechtigkeit und Leid kann zu einem Zustand führen, der als „Empathiemüdigkeit" bekannt ist. In solchen Fällen ist es wichtig, Strategien zur Selbstpflege zu entwickeln, um die eigene Empathiefähigkeit aufrechtzuerhalten und gleichzeitig das Engagement für die Bewegung nicht zu verlieren.

Beispiele aus Kaels Arbeit

Kael Nira nutzte verschiedene Methoden, um Empathie und Verständnis innerhalb der Bewegung zu fördern. Ein bemerkenswertes Beispiel ist die Einführung von Kunstprojekten, die die Geschichten von Betroffenen visualisierten. Diese Kunstwerke dienten nicht nur als Ausdruck der Erfahrungen der Menschen, sondern auch als Mittel zur Sensibilisierung der breiten Öffentlichkeit. Durch die Kombination von Kunst und Aktivismus konnte Kael emotionale Resonanz erzeugen und das Bewusstsein für die Anliegen der Bewegung schärfen.

Darüber hinaus führte Kael Workshops durch, in denen die Teilnehmer lernten, wie sie empathisch kommunizieren und Missverständnisse abbauen konnten. Diese Workshops beinhalteten Rollenspiele und Gruppendiskussionen, die es den Teilnehmern ermöglichten, sich in die Perspektiven anderer hineinzuversetzen. Solche Aktivitäten stärkten die Gemeinschaft und förderten ein Gefühl der Solidarität.

Fazit

Die Bedeutung von Empathie und Verständnis in der Bürgerrechtsbewegung auf Zarinia kann nicht hoch genug eingeschätzt werden. Diese Konzepte sind nicht nur entscheidend für den Aufbau von Beziehungen und Vertrauen, sondern auch für die Schaffung einer inklusiven und unterstützenden Gemeinschaft. Kael Niras Ansatz, Empathie und Verständnis zu fördern, hat nicht nur die Bewegung gestärkt, sondern auch dazu beigetragen, eine Kultur des Dialogs und der Zusammenarbeit zu etablieren. In einer Zeit, in der gesellschaftliche Spaltungen zunehmen, bleibt die Förderung von Empathie und Verständnis eine unerlässliche Aufgabe für alle, die sich für soziale Gerechtigkeit einsetzen.

Langfristige Veränderungen in der Gesellschaft

Die Bürgerrechtsbewegung unter der Führung von Kael Nira hat nicht nur unmittelbare Auswirkungen auf die Gesellschaft von Zarinia gehabt, sondern auch langfristige Veränderungen angestoßen, die das soziale, politische und kulturelle Gefüge nachhaltig beeinflussen. Diese Veränderungen sind das Ergebnis eines komplexen Zusammenspiels von Faktoren, die auf den Prinzipien der Gerechtigkeit, Inklusion und dem Streben nach Gleichheit basieren.

Soziale Strukturen und Gemeinschaften

Eine der signifikantesten Veränderungen, die aus der Bewegung hervorgingen, war die Transformation der sozialen Strukturen innerhalb der zarinianischen Gesellschaft. Vor der Bewegung waren viele Gemeinschaften durch Vorurteile und Diskriminierung geprägt, was zu einer Fragmentierung der Gesellschaft führte. Kael Nira und seine Mitstreiter förderten aktiv den interkulturellen Dialog und die Zusammenarbeit zwischen verschiedenen ethnischen und sozialen Gruppen. Diese Bemühungen führten zu einem Anstieg des Gemeinschaftsgefühls und der Solidarität.

Ein Beispiel für diese Veränderung ist die Gründung von interkulturellen Zentren, die als Plattformen für den Austausch von Ideen und Kulturen dienen. Diese Zentren haben nicht nur die Integration von Minderheiten gefördert, sondern auch die Wertschätzung der kulturellen Vielfalt in Zarinia erhöht. Die Theorie der sozialen Identität, die besagt, dass das Zugehörigkeitsgefühl zu einer Gruppe das Selbstwertgefühl und die soziale Kohäsion stärkt, ist hier besonders relevant [?].

Politische Veränderungen und Gesetzgebung

Die politischen Strukturen in Zarinia haben sich ebenfalls erheblich verändert. Die Bewegung führte zu einer verstärkten politischen Mobilisierung und der Forderung nach Repräsentation für unterrepräsentierte Gruppen. Dies resultierte in einer Reihe von Gesetzesänderungen, die die Rechte von Minderheiten schützten und Diskriminierung in verschiedenen Formen verbieten. Ein Beispiel ist die Einführung des *Gesetzes zur Gleichstellung von symbiotischen Geistern*, das den rechtlichen Status dieser Wesenheiten neu definierte und ihnen Rechte zusprach, die zuvor nicht anerkannt waren.

Die theoretische Grundlage für diese Veränderungen kann in der *Theorie der sozialen Gerechtigkeit* gefunden werden, die besagt, dass Gerechtigkeit nicht nur die Abwesenheit von Diskriminierung, sondern auch die aktive Förderung von Chancengleichheit umfasst [?]. Die Umsetzung dieser Theorie in der Gesetzgebung hat dazu beigetragen, dass die Stimmen marginalisierter Gruppen gehört und berücksichtigt werden.

Kulturelle Transformation

Die kulturelle Landschaft Zarinia hat sich ebenfalls gewandelt. Kunst und Kultur wurden zu zentralen Elementen des Aktivismus, und viele Künstler begannen, ihre Werke als Mittel des Protests und der Sensibilisierung zu nutzen. Diese Entwicklung führte zur Entstehung einer neuen kulturellen Bewegung, die sich mit Themen der Gerechtigkeit, Identität und Zugehörigkeit auseinandersetzte.

Ein bemerkenswertes Beispiel ist die *Kunst für Gerechtigkeit*-Initiative, die Künstler aus verschiedenen Disziplinen zusammenbrachte, um Werke zu schaffen, die die Botschaften der Bewegung widerspiegelten. Diese Initiative hat nicht nur das Bewusstsein für soziale Probleme geschärft, sondern auch die Bedeutung von Kunst als Werkzeug für sozialen Wandel hervorgehoben. Die Theorie des *kulturellen Aktivismus* besagt, dass kreative Ausdrucksformen eine transformative Kraft besitzen, die soziale Normen herausfordern und das Bewusstsein schärfen kann [?].

Bildung und Aufklärung

Ein weiterer langfristiger Einfluss der Bewegung ist die Veränderung im Bildungsbereich. Die Aktivisten unter Kael Nira erkannten frühzeitig die Bedeutung von Bildung als Werkzeug zur Bekämpfung von Vorurteilen und zur Förderung von Empathie. Infolgedessen wurden Programme zur Aufklärung über die Rechte von symbiotischen Geistern in Schulen und Gemeinden eingeführt. Diese Programme zielen darauf ab, das Bewusstsein für Diversität und Inklusion zu schärfen und junge Menschen zu ermutigen, sich aktiv für soziale Gerechtigkeit einzusetzen.

Die *Theorie des sozialen Lernens* von Bandura [?] unterstützt die Idee, dass Lernen durch Beobachtung und Nachahmung geschieht. Indem junge Menschen positive Vorbilder aus der Bürgerrechtsbewegung kennenlernen, wird die

Wahrscheinlichkeit erhöht, dass sie sich ebenfalls für Gerechtigkeit und Gleichheit einsetzen.

Langfristige Herausforderungen und Reflexion

Trotz dieser positiven Veränderungen bleibt Zarinia mit langfristigen Herausforderungen konfrontiert. Vorurteile und Diskriminierung sind tief verwurzelte Probleme, die nicht über Nacht gelöst werden können. Es ist entscheidend, dass die Bewegung weiterhin aktiv bleibt und sich an neue Herausforderungen anpasst, insbesondere in einer Zeit, in der technologische Veränderungen und globale Ereignisse neue Formen der Ungleichheit schaffen.

Zusammenfassend lässt sich sagen, dass die Bürgerrechtsbewegung unter Kael Nira nicht nur kurzfristige Veränderungen bewirkt hat, sondern auch eine tiefgreifende Transformation in der zarinianischen Gesellschaft angestoßen hat. Diese Veränderungen sind das Ergebnis eines kollektiven Engagements für Gerechtigkeit und Gleichheit, das in den kommenden Generationen weitergetragen werden muss.

Die Rolle von Frauen und Minderheiten

In der Bewegung zur Trennung symbiotischer Geister auf Zarinia spielen Frauen und Minderheiten eine entscheidende Rolle. Ihre Perspektiven, Erfahrungen und Stimmen sind nicht nur wichtig für die Schaffung einer inklusiven Bewegung, sondern auch für die Förderung von Veränderungen, die alle Teile der Gesellschaft betreffen. Diese Sektion beleuchtet die Herausforderungen, mit denen Frauen und Minderheiten konfrontiert sind, die theoretischen Rahmenbedingungen, die ihre Rolle unterstützen, sowie konkrete Beispiele, die ihre Bedeutung in der Bürgerrechtsbewegung illustrieren.

Theoretische Grundlagen

Die Rolle von Frauen und Minderheiten in sozialen Bewegungen kann durch verschiedene theoretische Ansätze besser verstanden werden. Der intersektionale Ansatz, wie er von Kimberlé Crenshaw formuliert wurde, betont, dass Diskriminierung und Unterdrückung nicht isoliert betrachtet werden können. Stattdessen müssen die überlappenden Identitäten und Erfahrungen von Individuen berücksichtigt werden, um die Komplexität von Ungleichheit zu verstehen. Dies bedeutet, dass die Stimmen von Frauen und Minderheiten nicht nur als ergänzend, sondern als zentral für die Bewegung betrachtet werden sollten.

Ein weiterer relevanter theoretischer Rahmen ist die Feministische Theorie, die die strukturellen Ungleichheiten analysiert, die Frauen und Minderheiten betreffen. Diese Theorie fordert die Anerkennung der unterschiedlichen Herausforderungen, die Frauen und Minderheiten in politischen Bewegungen erleben, und plädiert für eine stärkere Berücksichtigung ihrer Perspektiven in der politischen Agenda.

Herausforderungen

Trotz ihrer zentralen Rolle in der Bewegung sind Frauen und Minderheiten oft mit spezifischen Herausforderungen konfrontiert. Diese Herausforderungen umfassen:

- **Marginalisierung:** Frauen und Minderheiten werden häufig in den Hintergrund gedrängt, ihre Stimmen und Beiträge werden nicht ausreichend gewürdigt.

- **Gewalt und Bedrohungen:** Aktivistinnen und Aktivisten aus Minderheitengruppen sind oft Ziel von Gewalt und Einschüchterung, was ihre Fähigkeit einschränkt, sich aktiv zu engagieren.

- **Ressourcenzugang:** Der Zugang zu finanziellen und sozialen Ressourcen ist für Frauen und Minderheiten oft eingeschränkt, was ihre Mobilisierung und Organisation erschwert.

- **Interne Konflikte:** In Bewegungen kann es zu Spannungen kommen, wenn die Bedürfnisse und Prioritäten von Frauen und Minderheiten nicht ausreichend berücksichtigt werden.

Beispiele und Erfolge

Trotz dieser Herausforderungen haben Frauen und Minderheiten bemerkenswerte Beiträge zur Bewegung geleistet. Ein Beispiel ist die Aktivistin Lira Tanu, eine zarinianische Frau, die eine Schlüsselrolle bei der Organisation der ersten großen Demonstration zur Trennung symbiotischer Geister spielte. Durch ihre Fähigkeit, verschiedene Gemeinschaften zu mobilisieren, konnte sie eine breite Unterstützung für die Bewegung gewinnen. Ihre Erfahrungen als Frau und Angehörige einer Minderheit ermöglichten es ihr, die Anliegen ihrer Gemeinschaften in die zentrale Agenda der Bewegung einzubringen.

Ein weiteres Beispiel ist die Gruppe „Zarinia für Alle", die von Frauen und Mitgliedern ethnischer Minderheiten gegründet wurde. Diese Gruppe hat sich darauf spezialisiert, die Stimmen von unterrepräsentierten Gemeinschaften innerhalb der Bewegung zu stärken. Sie haben Workshops und Schulungen angeboten, um das Bewusstsein für die spezifischen Herausforderungen zu schärfen, mit denen Frauen und Minderheiten konfrontiert sind, und um den Aktivismus in diesen Gemeinschaften zu fördern.

Auswirkungen auf die Bewegung

Die Einbeziehung von Frauen und Minderheiten hat nicht nur die Bewegung bereichert, sondern auch zu einer breiteren Akzeptanz und Unterstützung in der Gesellschaft geführt. Studien zeigen, dass Bewegungen, die divers sind und verschiedene Stimmen einbeziehen, tendenziell erfolgreicher sind. Sie können ein breiteres Publikum erreichen und eine tiefere Resonanz in der Gesellschaft erzeugen.

Darüber hinaus hat die Sichtbarkeit von Frauen und Minderheiten in der Bewegung dazu beigetragen, stereotype Vorstellungen zu hinterfragen und die gesellschaftliche Wahrnehmung von Geschlechter- und ethnischen Fragen zu verändern. Die Erzählungen und Erfahrungen dieser Gruppen haben das Verständnis von Bürgerrechten auf Zarinia erweitert und zu einer inklusiveren Definition von Gerechtigkeit geführt.

Schlussfolgerung

Zusammenfassend lässt sich sagen, dass die Rolle von Frauen und Minderheiten in der Bewegung zur Trennung symbiotischer Geister auf Zarinia von zentraler Bedeutung ist. Ihre Beiträge sind nicht nur entscheidend für die Mobilisierung und Organisation, sondern sie prägen auch die Ideale und Ziele der Bewegung selbst. Die Herausforderungen, denen sie gegenüberstehen, müssen anerkannt und adressiert werden, um eine echte Inklusion und Gleichheit zu gewährleisten. Der intersektionale Ansatz und die feministische Theorie bieten wertvolle Perspektiven, um die Komplexität ihrer Erfahrungen zu verstehen und die Notwendigkeit ihrer Stimmen in der Bürgerrechtsbewegung zu betonen.

Die Zukunft der Bewegung hängt von der Fähigkeit ab, diese Stimmen zu integrieren und die Vielfalt der Erfahrungen zu feiern, die Zarinia zu einem einzigartigen und dynamischen Ort machen. Nur durch die Anerkennung und Unterstützung aller Gemeinschaften kann die Bewegung wirklich erfolgreich sein und eine gerechtere Gesellschaft für alle schaffen.

Die Auswirkungen auf zukünftige Generationen

Die Bewegung zur Trennung symbiotischer Geister auf Zarinia hat nicht nur unmittelbare Veränderungen in der Gesellschaft bewirkt, sondern auch tiefgreifende Auswirkungen auf zukünftige Generationen. Diese Auswirkungen sind sowohl positiver als auch negativer Natur und manifestieren sich in verschiedenen Bereichen, darunter Bildung, soziale Gerechtigkeit, Identität und interkulturelle Beziehungen.

Bildung und Aufklärung

Ein zentrales Erbe der Bewegung ist die verstärkte Betonung von Bildung und Aufklärung. Die Initiative, die in den letzten Jahren von Kael Nira und seinen Mitstreitern ins Leben gerufen wurde, hat dazu geführt, dass Bildungseinrichtungen auf Zarinia Programme entwickeln, die sich mit den Themen der Bürgerrechte, der Symbiose und der sozialen Gerechtigkeit befassen. Dies hat zur Folge, dass zukünftige Generationen ein tieferes Verständnis für die Komplexität ihrer Gesellschaft entwickeln.

Ein Beispiel hierfür ist das neue Curriculum, das in Schulen eingeführt wurde, um Schüler über die Geschichte der symbiotischen Geister und deren Rechte aufzuklären. Diese Programme fördern kritisches Denken und Empathie, was entscheidend ist, um Vorurteile abzubauen und ein inklusives Umfeld zu schaffen.

Soziale Gerechtigkeit und Identität

Die Bewegung hat auch das Bewusstsein für soziale Gerechtigkeit geschärft. Zukünftige Generationen wachsen in einem Umfeld auf, in dem der Kampf um Gleichheit und Gerechtigkeit nicht nur akzeptiert, sondern auch gefordert wird. Die Idee, dass jede Stimme zählt und dass jeder das Recht hat, gehört zu werden, ist tief in das gesellschaftliche Bewusstsein eingedrungen.

Allerdings gibt es auch Herausforderungen. Während einige junge Zarinianer inspiriert sind, aktiv zu werden, gibt es auch eine Gegenbewegung, die sich gegen die Ideale der Bewegung stellt. Diese Spannungen können zu Identitätskonflikten führen, insbesondere in Gemeinschaften, die traditionell gegen die Integration von symbiotischen Geistern eingestellt sind.

Interkulturelle Beziehungen

Die Bewegung hat zudem die interkulturellen Beziehungen auf Zarinia beeinflusst. Durch den Dialog zwischen verschiedenen Kulturen und Gemeinschaften wird die Fähigkeit gefördert, Unterschiede zu akzeptieren und zu feiern. Dies ist besonders wichtig in einer Welt, die zunehmend global vernetzt ist.

Die Einbeziehung von Kunst und Kultur in die Bewegung hat es ermöglicht, Brücken zwischen verschiedenen Gruppen zu schlagen. Kunstprojekte, die von

Jugendlichen initiiert werden, fördern den interkulturellen Austausch und helfen, Vorurteile abzubauen. Diese kreativen Ausdrucksformen sind entscheidend, um die Botschaft der Bewegung in die Herzen und Köpfe der nächsten Generation zu tragen.

Langfristige Herausforderungen

Trotz der positiven Auswirkungen gibt es auch langfristige Herausforderungen, die die zukünftigen Generationen bewältigen müssen. Die Spaltung innerhalb der Gesellschaft könnte sich verstärken, wenn die Debatten über Bürgerrechte und die Rolle der symbiotischen Geister nicht in einem respektvollen und konstruktiven Rahmen geführt werden.

Darüber hinaus könnte der Einfluss der Technologie sowohl eine Chance als auch eine Gefahr darstellen. Während soziale Medien als Plattform für den Aktivismus dienen, können sie auch zur Verbreitung von Desinformation und Hassreden genutzt werden. Zukünftige Generationen müssen lernen, kritisch mit Informationen umzugehen und die Verantwortung zu übernehmen, die mit der Nutzung dieser Technologien einhergeht.

Fazit

Zusammenfassend lässt sich sagen, dass die Auswirkungen der Bewegung auf zukünftige Generationen tiefgreifend und vielschichtig sind. Sie bieten sowohl Chancen als auch Herausforderungen, die es zu bewältigen gilt. Die Förderung von Bildung, sozialer Gerechtigkeit und interkulturellem Dialog sind Schlüsselthemen, die im Mittelpunkt des Erbes von Kael Nira und seiner Bewegung stehen. Um eine gerechtere und inklusivere Zukunft zu gestalten, müssen die kommenden Generationen die Lehren aus der Vergangenheit in die Praxis umsetzen und sich aktiv für die Werte einsetzen, die in der Bewegung verankert sind.

Die Verantwortung liegt bei ihnen, nicht nur die Errungenschaften zu bewahren, sondern auch weiterzuentwickeln und an die sich verändernden gesellschaftlichen Gegebenheiten anzupassen. In einer Welt, die sich ständig wandelt, bleibt die Frage: Wie werden sie das Erbe von Kael Nira interpretieren und weitertragen?

Die Verbindung zwischen Aktivismus und Kunst

Die Verbindung zwischen Aktivismus und Kunst ist eine kraftvolle und dynamische Beziehung, die in der Lage ist, gesellschaftliche Veränderungen zu bewirken und das Bewusstsein für soziale Gerechtigkeit zu schärfen. Kunst hat die einzigartige

Fähigkeit, Emotionen zu wecken, Geschichten zu erzählen und komplexe Themen auf eine Weise zu kommunizieren, die oft über Worte hinausgeht. In der Welt von Zarinia, wo Kael Nira als Bürgerrechtsaktivist auftritt, spielt Kunst eine zentrale Rolle in der Mobilisierung und Inspiration der Gemeinschaft.

Theoretische Grundlagen

Die Theorie des sozialen Wandels durch Kunst basiert auf der Annahme, dass kreative Ausdrucksformen in der Lage sind, gesellschaftliche Normen zu hinterfragen und das Bewusstsein für Ungerechtigkeiten zu schärfen. Der Sozialwissenschaftler Howard Becker argumentiert in seiner Theorie der *Künstlerischen Produktion*, dass Kunst nicht nur ein Produkt des Individuums ist, sondern auch ein sozialer Prozess, der Gemeinschaften zusammenbringt und Veränderungen anstoßen kann. Diese Idee wird durch die *Ästhetik des Widerstands* ergänzt, die besagt, dass Kunst als Werkzeug des Widerstands fungieren kann, indem sie alternative Narrative schafft und marginalisierte Stimmen sichtbar macht.

Probleme und Herausforderungen

Trotz der potenziellen Kraft der Kunst im Aktivismus gibt es auch Herausforderungen. Eine der größten Hürden ist die *Kommerzialisierung* der Kunst, die oft dazu führt, dass soziale Botschaften verwässert oder in den Hintergrund gedrängt werden. Künstler, die sich mit sozialen Themen auseinandersetzen, sehen sich häufig dem Druck ausgesetzt, ihre Arbeiten an den Geschmack des Marktes anzupassen, was die Authentizität ihrer Botschaft gefährden kann.

Ein weiteres Problem ist die *Zensur*. In vielen gesellschaftlichen Kontexten, insbesondere in autoritären Regimen, werden künstlerische Ausdrucksformen, die als bedrohlich angesehen werden, unterdrückt. Dies führt dazu, dass Künstler oft Risiken eingehen müssen, um ihre Botschaften zu verbreiten, was sowohl persönliche als auch berufliche Konsequenzen haben kann.

Beispiele aus Zarinia

In Zarinia hat Kael Nira die Kraft der Kunst genutzt, um die Bürgerrechtsbewegung zu stärken. Ein Beispiel ist die *Kunstinstallation* "Symbiose", die in der Hauptstadt von Zarinia aufgestellt wurde. Diese Installation bestand aus interaktiven Skulpturen, die die Beziehung zwischen den symbiotischen Geistern und den Zarinianern darstellten. Durch die Einbeziehung der Gemeinschaft in den kreativen Prozess schuf Kael einen Raum für Dialog und Reflexion über die Herausforderungen, denen sich die Gesellschaft gegenübersah.

Ein weiteres Beispiel ist das Theaterstück "Die Stimmen der Geister", das von einer Gruppe junger Aktivisten inszeniert wurde. Das Stück thematisierte die Erfahrungen von Individuen, die unter Diskriminierung und Vorurteilen litten. Durch die Verwendung von Theater als Plattform konnten die Darsteller ihre Geschichten auf eine Weise erzählen, die das Publikum emotional berührte und zum Nachdenken anregte.

Die Rolle der Kunst im Aktivismus

Die Rolle der Kunst im Aktivismus ist vielschichtig. Kunst kann als *Katalysator* für Veränderungen fungieren, indem sie Menschen inspiriert, sich zu engagieren und aktiv zu werden. Sie kann auch als *Dokumentation* von Kämpfen und Errungenschaften dienen, die zukünftigen Generationen als Quelle der Inspiration und des Lernens dienen kann.

Darüber hinaus ermöglicht Kunst den Aktivisten, ihre Botschaften auf kreative und einprägsame Weise zu vermitteln, die in der Öffentlichkeit Gehör findet. Slogans und Symbole, die aus künstlerischen Ausdrucksformen hervorgehen, können zu kraftvollen Werkzeugen werden, die die Bewegung vorantreiben.

Fazit

Die Verbindung zwischen Aktivismus und Kunst ist eine essentielle Komponente der Bürgerrechtsbewegung auf Zarinia. Kael Nira und seine Mitstreiter haben erkannt, dass Kunst nicht nur ein Ausdruck von Kreativität ist, sondern auch ein entscheidendes Werkzeug im Kampf für soziale Gerechtigkeit. Indem sie Kunst in ihre Aktivitäten integrieren, schaffen sie eine Plattform für Dialog, Reflexion und letztendlich für Veränderung. Die Herausforderungen, die mit dieser Verbindung einhergehen, dürfen nicht übersehen werden, doch die Erfolge und die transformative Kraft der Kunst im Aktivismus sind unbestreitbar.

Die Zukunft der Bewegung wird stark davon abhängen, wie gut Aktivisten die Kunst weiterhin nutzen können, um ihre Botschaften zu verbreiten und die Herzen und Köpfe der Menschen zu erreichen.

Die Bedeutung von interkulturellem Dialog

Der interkulturelle Dialog ist ein entscheidendes Element in der heutigen globalisierten Welt, insbesondere im Kontext von sozialen Bewegungen wie der von Kael Nira. Er fördert das Verständnis und die Zusammenarbeit zwischen verschiedenen Kulturen und Gemeinschaften und ist somit unerlässlich für die Schaffung einer inklusiven und gerechten Gesellschaft. In diesem Abschnitt werden wir die theoretischen Grundlagen des interkulturellen Dialogs, die Herausforderungen, die damit verbunden sind, sowie Beispiele für erfolgreiche Dialoginitiativen betrachten.

Theoretische Grundlagen

Interkultureller Dialog basiert auf mehreren theoretischen Ansätzen, die die Interaktion zwischen verschiedenen Kulturen untersuchen. Der Ansatz von *Edward Said* in seinem Buch *Orientalism* (1978) beleuchtet, wie Kulturen durch Machtverhältnisse und Stereotypen konstruiert werden. Said argumentiert, dass das Verständnis anderer Kulturen oft durch Vorurteile und Missverständnisse geprägt ist, was den Dialog erschwert. Um diesen Herausforderungen zu begegnen, ist es wichtig, eine *kritische Reflexion* über die eigenen kulturellen Annahmen und Vorurteile vorzunehmen.

Ein weiterer wichtiger theoretischer Beitrag kommt von *Mikhail Bakhtin*, der den Begriff des *Dialogischen* einführte. Bakhtin betont, dass jede Stimme und Perspektive einzigartig ist und dass der Dialog zwischen diesen Stimmen zu einem tieferen Verständnis führen kann. Diese Idee ist grundlegend für den interkulturellen Dialog, da sie die Bedeutung des Zuhörens und des Austauschs von Ideen hervorhebt.

Herausforderungen im interkulturellen Dialog

Trotz der theoretischen Grundlagen gibt es zahlreiche Herausforderungen, die den interkulturellen Dialog behindern. Eine der größten Hürden ist *Sprache*. Sprachbarrieren können Missverständnisse hervorrufen und den Austausch von Ideen und Werten erschweren. Um diese Herausforderung zu bewältigen, sind Übersetzungsdienste und mehrsprachige Kommunikationsstrategien unerlässlich.

Eine weitere Herausforderung ist *Vorurteile und Stereotypen*. Menschen neigen dazu, andere Kulturen durch die Linse ihrer eigenen Erfahrungen zu betrachten, was zu verzerrten Wahrnehmungen führen kann. Um diese Probleme anzugehen, ist es wichtig, Bildungsprogramme zu entwickeln, die kulturelle Sensibilität fördern und Vorurteile abbauen.

Beispiele für erfolgreichen interkulturellen Dialog

Ein bemerkenswertes Beispiel für interkulturellen Dialog ist die *UNESCO-Weltkonferenz über interkulturellen Dialog*, die regelmäßig stattfindet, um den Austausch zwischen Kulturen zu fördern und den Frieden zu stärken. Diese Konferenzen bringen Vertreter aus verschiedenen Ländern und Kulturen zusammen, um über gemeinsame Herausforderungen zu diskutieren und Lösungen zu erarbeiten.

Ein weiteres Beispiel ist das *Interkulturelle Zentrum* in Wien, das Programme zur Förderung des Dialogs zwischen verschiedenen ethnischen Gruppen anbietet. Durch Workshops, Diskussionsrunden und kulturelle Veranstaltungen wird ein Raum geschaffen, in dem Menschen aus unterschiedlichen Hintergründen ihre Erfahrungen und Perspektiven teilen können.

Die Rolle des interkulturellen Dialogs in Kaels Bewegung

In der Bewegung von Kael Nira spielt der interkulturelle Dialog eine zentrale Rolle. Die Bewegung fördert den Austausch zwischen verschiedenen zarinianischen Kulturen und den symbiotischen Geistern, um ein besseres Verständnis und eine gemeinsame Basis für den Kampf um Bürgerrechte zu schaffen. Durch den Dialog werden Vorurteile abgebaut und die Solidarität zwischen den Gemeinschaften gestärkt.

Kael Nira selbst hat oft betont, dass der Dialog zwischen Kulturen nicht nur notwendig ist, um Konflikte zu lösen, sondern auch um die Vielfalt der zarinianischen Gesellschaft zu feiern. Er sieht den interkulturellen Dialog als eine Möglichkeit, die Stimmen der Marginalisierten zu hören und ihre Anliegen in den Mittelpunkt der Bewegung zu stellen.

Schlussfolgerung

Zusammenfassend lässt sich sagen, dass interkultureller Dialog eine fundamentale Bedeutung für die Schaffung einer gerechten und inklusiven Gesellschaft hat. Er ermöglicht es, Barrieren abzubauen, Vorurteile zu überwinden und ein tieferes Verständnis für die Vielfalt der menschlichen Erfahrungen zu entwickeln. In der Bewegung von Kael Nira ist der interkulturelle Dialog nicht nur ein Werkzeug zur Förderung von Bürgerrechten, sondern auch ein Weg, um die Gemeinschaften auf Zarinia zu vereinen und eine gerechtere Zukunft zu gestalten. Durch die Förderung des Dialogs können wir die Herausforderungen der Gegenwart bewältigen und eine bessere Welt für zukünftige Generationen schaffen.

Die Herausforderungen der Zukunft

Die Zukunft der Bewegung zur Trennung symbiotischer Geister auf Zarinia steht vor mehreren Herausforderungen, die sowohl interne als auch externe Faktoren umfassen. Diese Herausforderungen erfordern eine strategische Planung und eine flexible Herangehensweise, um die Ziele der Bewegung zu erreichen und die Errungenschaften der Vergangenheit zu sichern.

Technologische Herausforderungen

Eine der bedeutendsten Herausforderungen ist die rasante Entwicklung der Technologie. Auf Zarinia, wo Technologie eine zentrale Rolle im täglichen Leben spielt, besteht die Gefahr, dass neue Technologien die bestehenden sozialen Ungleichheiten verstärken. Künstliche Intelligenz (KI) und Automatisierung könnten beispielsweise die Arbeitsplätze von symbiotischen Geistern gefährden, was zu einer erhöhten wirtschaftlichen Unsicherheit führen kann. Die Gleichung zur Berechnung der Auswirkungen der Automatisierung auf die Beschäftigung könnte wie folgt formuliert werden:

$$E = P - A \cdot R \tag{35}$$

wobei E die Anzahl der verbleibenden Arbeitsplätze, P die ursprüngliche Anzahl der Arbeitsplätze, A die Automatisierungsrate und R der Rückgang der Nachfrage nach menschlicher Arbeit ist. Diese Gleichung verdeutlicht, dass ein Anstieg der Automatisierungsrate (A) direkt zu einem Rückgang der verfügbaren Arbeitsplätze (E) führen kann.

Globale Veränderungen

Die globalen Veränderungen, einschließlich des Klimawandels und geopolitischer Spannungen, stellen eine weitere Herausforderung dar. Zarinia ist nicht immun gegen die Auswirkungen des Klimawandels, der zu extremen Wetterereignissen und Ressourcenknappheit führen kann. Diese Veränderungen können zu internen Konflikten und Migration führen, was die sozialen Spannungen zwischen den verschiedenen Gruppen auf der Welt verstärken könnte. Die Notwendigkeit, ökologische Gerechtigkeit zu fördern und nachhaltige Praktiken zu implementieren, ist von größter Bedeutung.

Desinformation und Manipulation

Ein weiteres Problem, das die Bewegung gefährden könnte, ist die Verbreitung von Desinformation. In einer Zeit, in der soziale Medien eine dominierende Rolle in der Kommunikation spielen, können falsche Informationen schnell verbreitet werden und das öffentliche Vertrauen in die Bewegung untergraben. Um diesem Problem entgegenzuwirken, müssen Strategien zur Medienkompetenz entwickelt werden, die den Menschen helfen, zwischen verlässlichen und irreführenden Informationen zu unterscheiden.

Die Rolle von Kunst und Kreativität

Kunst und Kreativität können sowohl eine Herausforderung als auch eine Chance darstellen. Während sie als Mittel zur Mobilisierung und zum Ausdruck von Emotionen dienen, können sie auch missbraucht werden, um ideologische Agenden zu fördern, die der Bewegung schaden. Es ist wichtig, dass die Bewegung klare Richtlinien entwickelt, um sicherzustellen, dass kreative Ausdrucksformen die Werte der Bewegung widerspiegeln und nicht von externen Kräften manipuliert werden.

Internationale Zusammenarbeit

Die Notwendigkeit internationaler Zusammenarbeit wird immer dringlicher. Die Herausforderungen, vor denen Zarinia steht, sind oft nicht isoliert, sondern Teil eines globalen Problems. Die Bewegung muss Allianzen mit anderen internationalen Organisationen bilden, um gemeinsame Strategien zu entwickeln und Ressourcen zu teilen. Dies erfordert eine klare Kommunikation und die Bereitschaft, von den Erfahrungen anderer zu lernen.

Die Rolle der kommenden Generationen

Schließlich liegt die Verantwortung für die Zukunft der Bewegung auch in den Händen der kommenden Generationen. Es ist entscheidend, dass junge Aktivisten in die Entscheidungsprozesse einbezogen werden und die Möglichkeit haben, ihre Stimmen zu erheben. Programme zur Förderung von Leadership und Bildung müssen implementiert werden, um sicherzustellen, dass die Werte der Bewegung auch in Zukunft weitergetragen werden.

Zusammenfassung

Die Herausforderungen der Zukunft sind vielfältig und erfordern eine proaktive Herangehensweise. Die Bewegung zur Trennung symbiotischer Geister auf Zarinia muss sich ständig anpassen und weiterentwickeln, um den dynamischen Bedingungen gerecht zu werden. Durch die Förderung von Bildung, den Einsatz von Technologie und die Stärkung der Gemeinschaft kann die Bewegung nicht nur überleben, sondern auch gedeihen. Der Weg in die Zukunft erfordert Mut, Kreativität und vor allem die Entschlossenheit, für eine gerechtere und inklusivere Gesellschaft zu kämpfen.

Reflexion über Kaels Leben

Die Bedeutung von persönlichen Werten

Persönliche Werte sind die fundamentalen Überzeugungen und Prinzipien, die das Verhalten und die Entscheidungen eines Individuums leiten. In der Biografie von Kael Nira wird deutlich, wie entscheidend diese Werte für seinen Aktivismus und seine Rolle als Führer der Bewegung zur Trennung symbiotischer Geister auf Zarinia waren.

Definition und Relevanz

Persönliche Werte können als die innersten Überzeugungen beschrieben werden, die einer Person Orientierung und Sinn geben. Sie sind oft das Ergebnis von Erziehung, sozialen Erfahrungen und kulturellem Einfluss. In der Psychologie wird die Bedeutung von persönlichen Werten durch verschiedene Theorien untermauert, wie die *Werttheorie von Schwartz* (1992), die Werte in universelle Dimensionen kategorisiert, darunter *Wohlwollen*, *Leistung* und *Sicherheit*. Diese Dimensionen beeinflussen, wie Individuen soziale Normen interpretieren und sich in ihrer Gemeinschaft engagieren.

Kaels persönliche Werte

Kaels Werte sind tief verwurzelt in seiner Kindheit und den Erfahrungen, die ihn geprägt haben. Werte wie *Gerechtigkeit*, *Empathie* und *Solidarität* wurden durch seine frühen Begegnungen mit Ungerechtigkeit und Diskriminierung in der zarinianischen Gesellschaft gestärkt. Diese Werte motivierten ihn, sich für die Rechte der symbiotischen Geister einzusetzen und eine gerechtere Gesellschaft zu schaffen.

Ein Beispiel für Kaels Engagement für seine Werte zeigt sich in seiner Reaktion auf die Diskriminierung, die er und seine Freunde erfuhren. Anstatt zu schweigen, stellte er sich aktiv gegen die Ungerechtigkeiten und organisierte Proteste, die nicht nur auf die Probleme aufmerksam machten, sondern auch andere inspirierten, sich ihm anzuschließen. Diese Aktionen sind ein Beweis dafür, dass persönliche Werte nicht nur individuelle Überzeugungen sind, sondern auch kollektive Bewegungen anstoßen können.

Herausforderungen und Konflikte

Die Verankerung persönlicher Werte in einem aktiven Kampf um Bürgerrechte ist jedoch nicht ohne Herausforderungen. Kael sah sich oft in Konflikt mit anderen, die andere Werte priorisierten oder die Notwendigkeit von Kompromissen betonten. Diese Spannungen verdeutlichen, dass persönliche Werte in der politischen Arena sowohl als Antrieb als auch als Hindernis fungieren können.

Ein Beispiel ist die Auseinandersetzung mit der zarinianischen Regierung, die die Bewegung als Bedrohung wahrnahm. Kael und seine Mitstreiter mussten oft den schmalen Grat zwischen der Verteidigung ihrer Werte und der Notwendigkeit, strategische Allianzen zu bilden, navigieren. Diese Konflikte führten zu einer tiefen Reflexion über die Bedeutung von Kompromissen und den Preis, den man für seine Überzeugungen zu zahlen bereit ist.

Langfristige Auswirkungen

Die Bedeutung von persönlichen Werten erstreckt sich über den individuellen Aktivismus hinaus und beeinflusst die gesamte Bewegung. Kaels unerschütterliches Engagement für seine Werte hat nicht nur seine eigene Entwicklung geprägt, sondern auch die seiner Mitstreiter und die zarinianische Gesellschaft als Ganzes.

Die Werte, die er verkörperte, wurden zu einem Leitstern für viele, die sich der Bewegung anschlossen. Sie schufen ein gemeinsames Fundament, auf dem die Bewegung aufbauen konnte. Die Werte von Gerechtigkeit und Gleichheit wurden in die Erzählung der Bewegung integriert und halfen, eine breitere Unterstützung in der Gesellschaft zu mobilisieren.

Schlussfolgerung

Zusammenfassend lässt sich sagen, dass persönliche Werte eine zentrale Rolle im Leben und der Arbeit von Kael Nira spielten. Sie waren nicht nur die treibende Kraft hinter seinem Aktivismus, sondern auch ein Katalysator für Veränderungen

in der zarinianischen Gesellschaft. Die Reflexion über persönliche Werte ist entscheidend für das Verständnis von Kaels Vermächtnis und den anhaltenden Einfluss seiner Arbeit auf zukünftige Generationen von Aktivisten. Die Anerkennung und Förderung persönlicher Werte sind daher nicht nur für Einzelpersonen wichtig, sondern auch für kollektive Bewegungen, die für Gerechtigkeit und Gleichheit kämpfen. In einer Welt, die oft von Konflikten und Ungerechtigkeiten geprägt ist, bleibt die Bedeutung von persönlichen Werten ein unverzichtbarer Bestandteil des Aktivismus und der Suche nach einer besseren Zukunft.

Kaels Einfluss auf andere Aktivisten

Kael Nira hat nicht nur die Bürgerrechtsbewegung auf Zarinia maßgeblich geprägt, sondern auch als inspirierende Figur für zahlreiche andere Aktivisten gewirkt. Sein Einfluss erstreckt sich über verschiedene Dimensionen des Aktivismus und zeigt, wie eine einzelne Person das Potenzial hat, eine gesamte Bewegung zu mobilisieren und zu transformieren. In diesem Abschnitt werden wir die verschiedenen Facetten von Kaels Einfluss auf andere Aktivisten untersuchen, einschließlich seiner Methoden, Philosophien und der Art und Weise, wie er eine neue Generation von Führungspersönlichkeiten hervorgebracht hat.

Die Kraft der persönlichen Geschichte

Kaels persönliche Erzählung, geprägt von Widrigkeiten und Kämpfen, hat viele Aktivisten inspiriert, ihre eigenen Geschichten zu teilen. Er hat häufig betont, dass persönliche Erfahrungen als Katalysatoren für den Aktivismus dienen können. Diese Idee ist in der Theorie des *Storytelling* verankert, die besagt, dass Geschichten eine starke emotionale Verbindung schaffen und das Bewusstsein für soziale Probleme schärfen können.

Ein Beispiel dafür ist die Aktivistin Lira, die durch Kaels öffentliche Reden über seine Kindheit und die Ungerechtigkeiten, die er erlebt hat, motiviert wurde, ihre eigene Geschichte über Diskriminierung in ihrer Gemeinde zu erzählen. Lira gründete daraufhin ein Netzwerk für junge Aktivisten, das sich auf die Stärkung von Stimmen aus marginalisierten Gemeinschaften konzentriert.

Philosophie des gewaltfreien Widerstands

Ein weiterer zentraler Aspekt von Kaels Einfluss ist seine Philosophie des gewaltfreien Widerstands. Er hat oft auf die Prinzipien von Mahatma Gandhi und Martin Luther King Jr. verwiesen, um zu verdeutlichen, dass nachhaltiger Wandel

nur durch friedliche Mittel erreicht werden kann. Diese Philosophie hat viele Aktivisten dazu inspiriert, gewaltfreie Protestformen zu wählen, selbst in angespannten Situationen.

Ein konkretes Beispiel ist die "Friedliche Welle"-Bewegung, die in Zarinia entstand und von Kaels Ansatz des gewaltfreien Widerstands beeinflusst wurde. Diese Bewegung organisierte eine Reihe von friedlichen Demonstrationen, die auf die Missachtung der Bürgerrechte auf Zarinia aufmerksam machten und dabei eine breite Unterstützung in der Bevölkerung gewannen.

Mentorship und Unterstützung

Kael hat sich auch aktiv als Mentor für aufstrebende Aktivisten engagiert. Er hat Workshops und Seminare organisiert, in denen er seine Erfahrungen und Strategien teilte. Diese Mentorship-Programme haben es vielen jungen Aktivisten ermöglicht, Fähigkeiten im Bereich des Organisierens und der Mobilisierung zu entwickeln.

Ein Beispiel ist die Zusammenarbeit von Kael mit der jungen Aktivistin Sira, die durch sein Mentoring in der Lage war, eine erfolgreiche Kampagne zur Sensibilisierung für die Rechte der symbiotischen Geister zu starten. Sira beschreibt Kael als eine Schlüsselfigur in ihrem Leben, die ihr nicht nur Wissen, sondern auch das Vertrauen in ihre eigenen Fähigkeiten vermittelt hat.

Die Schaffung von Allianzen

Ein weiterer wichtiger Einfluss von Kael ist seine Fähigkeit, Allianzen zwischen verschiedenen sozialen Bewegungen zu fördern. Er hat oft betont, dass der Kampf für Bürgerrechte nicht isoliert betrachtet werden kann, sondern dass es notwendig ist, sich mit anderen Bewegungen, wie der feministischen Bewegung oder der Umweltbewegung, zu verbünden.

Diese interdisziplinäre Herangehensweise hat dazu geführt, dass viele Aktivisten, die ursprünglich nur auf einem bestimmten Gebiet tätig waren, ihre Perspektiven erweiterten und die Verbindungen zwischen verschiedenen sozialen Ungerechtigkeiten erkannten. So entstand beispielsweise die „Allianz für Gerechtigkeit", die sich für die Rechte von Frauen, Umwelt- und Bürgerrechten einsetzt und von Kaels Einfluss maßgeblich geprägt wurde.

Langfristige Auswirkungen auf die Bewegung

Der Einfluss von Kael Nira auf andere Aktivisten ist nicht nur auf unmittelbare Erfolge beschränkt, sondern hat auch langfristige Auswirkungen auf die Bürgerrechtsbewegung auf Zarinia. Durch die Förderung einer Kultur des Teilens,

der Zusammenarbeit und des gewaltfreien Widerstands hat Kael eine Basis geschaffen, auf der zukünftige Generationen von Aktivisten aufbauen können.

Die Philosophie und die Methoden, die Kael etabliert hat, haben nicht nur die gegenwärtigen Aktivisten beeinflusst, sondern auch eine neue Generation von Führungspersönlichkeiten hervorgebracht, die bereit sind, den Kampf für Gerechtigkeit fortzusetzen. Diese neuen Aktivisten bringen frische Perspektiven und innovative Ansätze in den Aktivismus ein, die auf den Prinzipien basieren, die Kael so leidenschaftlich vertreten hat.

Insgesamt lässt sich sagen, dass Kaels Einfluss auf andere Aktivisten weitreichend und tiefgreifend ist. Seine Fähigkeit, Menschen zu inspirieren, seine Philosophie des gewaltfreien Widerstands und sein Engagement für Mentorship und Allianzen haben dazu beigetragen, eine dynamische und nachhaltige Bewegung zu schaffen, die weiterhin für die Rechte der symbiotischen Geister auf Zarinia kämpft. Kaels Vermächtnis lebt in den Herzen und Köpfen derjenigen weiter, die er inspiriert hat, und wird auch in den kommenden Jahren eine zentrale Rolle im Aktivismus spielen.

Die Rolle von Mentoren und Vorbildern

Die Rolle von Mentoren und Vorbildern ist von entscheidender Bedeutung in der Entwicklung von Aktivisten und der Förderung sozialer Bewegungen. Mentoren bieten nicht nur Unterstützung und Anleitung, sondern auch Inspiration und ein Beispiel für Engagement und Widerstand. In dieser Sektion werden wir die verschiedenen Facetten der Mentorenrolle untersuchen, die Herausforderungen, die sich dabei ergeben, sowie die Auswirkungen, die sie auf die persönliche und gesellschaftliche Entwicklung von Individuen haben können.

Definition und Bedeutung von Mentorship

Mentorship wird oft als eine Beziehung zwischen einem erfahreneren Individuum (Mentor) und einem weniger erfahrenen (Mentee) beschrieben, die darauf abzielt, das Lernen und die persönliche Entwicklung des Mentees zu fördern. [1] beschreibt Mentorship als einen Prozess, der sowohl berufliche als auch persönliche Unterstützung umfasst. Mentoren bieten nicht nur Wissen und Erfahrung, sondern auch emotionale Unterstützung, die für die Entwicklung von Resilienz und Selbstvertrauen unerlässlich ist.

Mentoren in der Bürgerrechtsbewegung

In der Bürgerrechtsbewegung auf Zarinia spielte die Rolle der Mentoren eine entscheidende Rolle in der Formung von Kael Nira und seinen Mitstreitern. Kael selbst wurde von verschiedenen Persönlichkeiten inspiriert, die als Mentoren auftraten, darunter ältere Aktivisten, die bereits Erfahrung im Kampf gegen Ungerechtigkeit hatten. Diese Mentoren halfen Kael, seine eigene Stimme zu finden und die Prinzipien der Gerechtigkeit und Gleichheit zu verstehen, die für die Bewegung von zentraler Bedeutung waren.

Ein Beispiel für einen solchen Mentor könnte der zarinianische Aktivist Lorian Tesh sein, der Kael in seinen frühen Jahren als Aktivist unterstützte. Lorian, ein Veteran des Kampfes für die Rechte der symbiotischen Geister, vermittelte Kael nicht nur strategische Ansätze für den Aktivismus, sondern auch die Wichtigkeit von Geduld und langfristigem Denken. Ihre Gespräche über die Herausforderungen des Aktivismus und die Notwendigkeit, eine breite Basis von Unterstützern zu gewinnen, prägten Kaels Ansatz zur Mobilisierung der Gemeinschaft.

Herausforderungen in der Mentor-Mentee-Beziehung

Trotz der positiven Aspekte von Mentorship gibt es auch Herausforderungen, die in diesen Beziehungen auftreten können. Eine häufige Problematik ist die Kluft zwischen den Erwartungen des Mentees und den Möglichkeiten des Mentors. Mentees könnten unrealistische Erwartungen an die Unterstützung haben, während Mentoren möglicherweise nicht in der Lage sind, alle Bedürfnisse zu erfüllen. Dies kann zu Frustration und Enttäuschung auf beiden Seiten führen.

Ein weiteres Problem ist die Abhängigkeit des Mentees vom Mentor. Wenn Mentees zu stark auf ihre Mentoren angewiesen sind, kann dies ihre Fähigkeit zur Selbstständigkeit und kritischen Denkens beeinträchtigen. Es ist wichtig, dass Mentoren den Mentees helfen, ihre eigenen Fähigkeiten zu entwickeln und sie ermutigen, unabhängig zu denken und zu handeln.

Die Auswirkungen von Vorbildern auf die Bewegung

Vorbilder spielen eine ebenso wichtige Rolle wie Mentoren. Sie bieten ein Beispiel für das, was möglich ist, und inspirieren andere, ähnliche Wege zu gehen. Kael Nira selbst wurde von den Geschichten von Aktivisten inspiriert, die vor ihm kamen und bedeutende Veränderungen in der Gesellschaft bewirkten. Diese Vorbilder halfen ihm, seine Vision für Zarinia zu formen und gaben ihm den Mut, trotz der Herausforderungen weiterzumachen.

Ein herausragendes Beispiel ist die zarinianische Aktivistin Mira Sol, die für ihren unermüdlichen Einsatz für die Rechte der symbiotischen Geister bekannt ist. Ihre Geschichte und ihr Engagement motivierten viele junge Aktivisten, sich der Bewegung anzuschließen. Mira wurde oft als Symbol für Hoffnung und Entschlossenheit betrachtet, was die Kraft von Vorbildern verdeutlicht, die nicht nur in persönlichen Beziehungen, sondern auch auf gesellschaftlicher Ebene wirken.

Mentoren und die Entwicklung von Führungspersönlichkeiten

Die Entwicklung von Führungspersönlichkeiten innerhalb der Bewegung ist eng mit der Rolle von Mentoren verbunden. Mentoren helfen, die Fähigkeiten und Talente von Individuen zu erkennen und zu fördern, sodass diese in der Lage sind, Führungspositionen zu übernehmen. Der Prozess der Führungskräfteentwicklung umfasst oft eine Kombination aus praktischen Erfahrungen, Feedback und gezielter Unterstützung.

Eine Studie von [2] zeigt, dass effektive Mentoren nicht nur Wissen und Fähigkeiten vermitteln, sondern auch dazu beitragen, die Selbstwahrnehmung und das Selbstvertrauen ihrer Mentees zu stärken. Dies ist besonders wichtig in einem Aktivismus-Kontext, wo die Fähigkeit, andere zu mobilisieren und zu inspirieren, entscheidend für den Erfolg der Bewegung ist.

Schlussfolgerung

Zusammenfassend lässt sich sagen, dass die Rolle von Mentoren und Vorbildern in der Bürgerrechtsbewegung auf Zarinia von entscheidender Bedeutung ist. Sie bieten nicht nur Unterstützung und Anleitung, sondern inspirieren auch zu Engagement und Widerstand. Trotz der Herausforderungen, die in diesen Beziehungen auftreten können, bleibt der Einfluss von Mentoren und Vorbildern auf die persönliche und gesellschaftliche Entwicklung von Individuen unbestreitbar. Die Geschichten von Kael Nira und seinen Mentoren verdeutlichen, wie wichtig diese Beziehungen für den Erfolg der Bewegung und die Schaffung einer gerechteren Gesellschaft sind.

Bibliography

[1] Kram, K. E. (1985). *Mentoring at Work: Developmental Relationships in Organizational Life*. Glenview, IL: Scott, Foresman.

[2] Day, D. V. (2004). *Leadership Development: A Review in Context*. Leadership Quarterly, 15(6), 635-653.

Die Erhaltung von Kaels Erbe

Kael Nira hat durch seine unermüdlichen Bemühungen und seinen unerschütterlichen Glauben an die Gerechtigkeit eine Bewegung ins Leben gerufen, die nicht nur Zarinia, sondern auch die intergalaktische Gemeinschaft inspiriert hat. Die Erhaltung seines Erbes ist von entscheidender Bedeutung, um die Prinzipien, für die er kämpfte, lebendig zu halten und zukünftige Generationen zu ermutigen, sich für die Rechte aller Lebewesen einzusetzen.

Die Bedeutung von persönlichen Werten

Ein zentraler Aspekt von Kaels Erbe sind die persönlichen Werte, die er verkörperte: Empathie, Resilienz, und der unermüdliche Einsatz für Gerechtigkeit. Diese Werte müssen in den Herzen und Köpfen der Zarinianer verankert werden. Um dies zu erreichen, ist es wichtig, Bildungsprogramme zu entwickeln, die Kaels Philosophie und seine Ansichten über soziale Gerechtigkeit vermitteln. Diese Programme sollten Geschichten von Kaels Kämpfen und Siegen enthalten, um eine emotionale Verbindung zu schaffen und die Bedeutung seiner Arbeit zu verdeutlichen.

Kaels Einfluss auf andere Aktivisten

Kaels Einfluss reicht weit über die Grenzen Zarinia hinaus. Zahlreiche Aktivisten und Organisationen auf der Erde und anderen Planeten haben seine Strategien und

Ansätze übernommen. Um sein Erbe zu bewahren, ist es wichtig, Netzwerke zu fördern, die den Austausch von Ideen und Best Practices ermöglichen. Dies kann durch internationale Konferenzen, Workshops und digitale Plattformen geschehen, die den Dialog zwischen verschiedenen Bewegungen und Kulturen fördern.

Die Rolle von Mentoren und Vorbildern

Mentoren spielen eine entscheidende Rolle bei der Erhaltung von Kaels Erbe. Indem sie junge Aktivisten anleiten und inspirieren, können sie sicherstellen, dass Kaels Vision für Zarinia und darüber hinaus weiterlebt. Programme zur Mentorenausbildung sollten entwickelt werden, um erfahrene Aktivisten mit neuen Generationen zu verbinden. Diese Programme sollten auch die Herausforderungen und Erfolge von Kael einbeziehen, um den Mentoren zu helfen, ihre eigenen Geschichten und Lehren weiterzugeben.

Die Erhaltung von Kaels Erbe durch Kunst und Kultur

Kaels Erbe kann auch durch Kunst und Kultur bewahrt werden. Kunst hat die Kraft, Emotionen zu wecken und Botschaften zu verbreiten. Die Schaffung von Kunstwerken, die Kaels Leben und seine Kämpfe darstellen, kann dazu beitragen, seine Geschichte lebendig zu halten. Theateraufführungen, Filme, Musik und bildende Kunst können als Mittel dienen, um die Werte und Ideale, für die Kael stand, zu verbreiten und zu feiern.

Geschichten von Menschen, die inspiriert wurden

Die Erhaltung von Kaels Erbe wird auch durch die Geschichten von Menschen gefördert, die von ihm inspiriert wurden. Diese Geschichten sollten dokumentiert und geteilt werden, um die weitreichenden Auswirkungen seiner Arbeit zu zeigen. Eine Sammlung dieser Geschichten könnte in Form eines Buches oder einer digitalen Plattform veröffentlicht werden, um die Vielfalt der Stimmen und Erfahrungen zu präsentieren, die durch Kaels Einfluss geprägt wurden.

Reflexion über persönliche Veränderungen

Ein weiterer wichtiger Aspekt der Erhaltung von Kaels Erbe ist die Reflexion über persönliche Veränderungen, die durch sein Wirken ausgelöst wurden. Individuen sollten ermutigt werden, ihre eigenen Erfahrungen im Kontext von Kaels Philosophie zu betrachten und zu analysieren, wie seine Ideen ihr Leben beeinflusst haben. Dies kann durch persönliche Essays, Blogs oder soziale Medien geschehen, wo Menschen ihre Geschichten teilen und ihre Entwicklung im Licht von Kaels Lehren reflektieren können.

Die Rolle von Dankbarkeit und Wertschätzung

Die Erhaltung von Kaels Erbe erfordert auch eine Kultur der Dankbarkeit und Wertschätzung. Die Zarinianer sollten sich regelmäßig daran erinnern, wie viel sie Kael und seinen Mitstreitern zu verdanken haben. Dies kann durch jährliche Gedenkveranstaltungen, Auszeichnungen für herausragende Aktivisten und die Anerkennung von Gemeinschaftsprojekten geschehen, die Kaels Ideale widerspiegeln. Solche Initiativen fördern ein Gefühl der Gemeinschaft und des kollektiven Engagements, das Kaels Vermächtnis weiterträgt.

Die Vision für eine gerechtere Zukunft

Schließlich sollte die Erhaltung von Kaels Erbe mit einer klaren Vision für eine gerechtere Zukunft verbunden sein. Die Zarinianer müssen sich kontinuierlich mit den Herausforderungen auseinandersetzen, die noch bestehen, und die Prinzipien, für die Kael gekämpft hat, in ihre zukünftigen Bestrebungen einfließen lassen. Indem sie sich auf die Entwicklung einer inklusiven und gerechten Gesellschaft konzentrieren, können sie sicherstellen, dass Kaels Erbe nicht nur bewahrt, sondern auch weiterentwickelt wird.

Die Erhaltung von Kaels Erbe ist eine kollektive Verantwortung, die alle Zarinianer betrifft. Es liegt an ihnen, die Flamme der Gerechtigkeit und des Mitgefühls am Leben zu erhalten, die Kael entzündet hat, und sicherzustellen, dass seine Vision für eine bessere Zukunft niemals vergessen wird.

Geschichten von Menschen, die inspiriert wurden

Die Bewegung von Kael Nira hat nicht nur die politischen Strukturen auf Zarinia beeinflusst, sondern auch das Leben vieler Einzelner nachhaltig verändert. In diesem Abschnitt beleuchten wir einige Geschichten von Menschen, die durch Kaels Vision und seine unermüdlichen Bemühungen inspiriert wurden. Diese Erzählungen verdeutlichen die Kraft des Aktivismus und die Möglichkeit, dass eine einzige Stimme eine ganze Gemeinschaft mobilisieren kann.

Die Geschichte von Lira, der Künstlerin

Lira, eine aufstrebende Künstlerin aus der Stadt Zira, entdeckte ihre Leidenschaft für den Aktivismus, als sie zum ersten Mal von Kaels Bewegung hörte. Ihre Werke, die oft soziale Ungerechtigkeiten thematisieren, wurden durch die Prinzipien von Kael tiefgreifend beeinflusst. *„Ich fühlte mich wie ein Teil von etwas Größerem,"* erzählt sie. *„Kaels Botschaft hat mir die Augen geöffnet und mir gezeigt, dass Kunst eine mächtige Waffe im Kampf für Gerechtigkeit sein kann."*

Lira begann, ihre Kunst als Mittel zur Aufklärung zu nutzen. Ihre erste Ausstellung mit dem Titel *„Symbiose: Die Verbindung von Geist und Körper"* wurde ein großer Erfolg und zog die Aufmerksamkeit der Medien auf sich. Sie verwendete ihre Plattform, um die Geschichten von symbiotischen Geistern zu erzählen, die unter Diskriminierung litten. Durch ihre Kunst konnte sie eine Brücke zwischen verschiedenen Kulturen schlagen und das Bewusstsein für die Herausforderungen der symbiotischen Geister auf Zarinia erhöhen.

Die Geschichte von Jaro, dem Lehrer

Jaro, ein Lehrer an einer örtlichen Schule, war von Kaels Vision so begeistert, dass er beschloss, seine Lehrmethoden zu ändern. *„Ich wollte meinen Schülern nicht nur Wissen vermitteln, sondern sie auch zu kritischem Denken und sozialem Engagement anregen,"* erklärt er. Inspiriert von Kaels Ansätzen zur Inklusion und zum Dialog, entwickelte Jaro ein Curriculum, das die Themen Bürgerrechte und soziale Gerechtigkeit in den Mittelpunkt stellte.

Er initiierte Projekte, bei denen Schüler Interviews mit Mitgliedern der Gemeinschaft führten, um deren Geschichten und Perspektiven zu dokumentieren. Diese Aktivitäten förderten nicht nur das Verständnis für die Herausforderungen, mit denen viele konfrontiert sind, sondern schärften auch das Bewusstsein für die Notwendigkeit von Empathie und Solidarität. Jaro sieht sich selbst als Teil von Kaels Vermächtnis: *„Ich hoffe, dass ich die nächste Generation von Aktivisten inspirieren kann."*

Die Geschichte von Mira, der Aktivistin

Mira, eine junge Aktivistin, hatte schon früh in ihrem Leben mit Vorurteilen zu kämpfen. Als sie von der Bewegung erfuhr, fand sie den Mut, sich für ihre Überzeugungen einzusetzen. *„Kael hat mir gezeigt, dass ich nicht allein bin,"* sagt sie. *„Seine Worte haben mich ermutigt, für die Rechte der symbiotischen Geister zu kämpfen."*

Mira wurde schnell zu einer der führenden Stimmen in der Bewegung. Sie organisierte zahlreiche Proteste und bildete Netzwerke mit anderen Aktivisten. Ihr Engagement führte zu einer bemerkenswerten Veränderung in der Wahrnehmung der symbiotischen Geister in der Gesellschaft. *„Wir haben es* *geschafft, dass die Regierung unsere Anliegen ernst nimmt,"* erklärt sie stolz. *„Kaels Vision lebt in uns weiter."*

Die Theorie der Inspiration durch Vorbilder

Die Geschichten von Lira, Jaro und Mira illustrieren die Theorie, dass Vorbilder eine entscheidende Rolle im Aktivismus spielen. Psychologische Studien belegen, dass Menschen, die sich mit den Erfahrungen und Erfolgen anderer identifizieren können, eher bereit sind, sich zu engagieren und aktiv zu werden. Diese *„Inspiration durch Vorbilder"* kann als Katalysator für sozialen Wandel fungieren.

Ein Beispiel aus der Psychologie ist das *„Social Learning Theory"* von Albert Bandura, die besagt, dass Menschen durch Beobachtung und Nachahmung lernen. Kael Nira fungiert als solches Vorbild, dessen Handlungen und Überzeugungen andere motivieren, ähnliche Schritte zu unternehmen. Diese Dynamik ist entscheidend für die Schaffung einer nachhaltigen und effektiven Bewegung.

Herausforderungen und Erfolge

Trotz der inspirierenden Geschichten gab es auch Herausforderungen. Viele, die sich von Kael inspirieren ließen, sahen sich mit Widerstand und Skepsis konfrontiert. Lira musste lernen, mit Kritik umzugehen, während Jaro die Unterstützung seiner Kollegen gewinnen musste. Mira erlebte Rückschläge in ihrer Aktivismusarbeit, als einige ihrer Initiativen auf Widerstand stießen.

Doch diese Herausforderungen führten oft zu persönlichem Wachstum und stärkten den Glauben an die Bewegung. *„Jeder Rückschlag hat mich stärker gemacht,"* reflektiert Mira. *„Wir lernen, dass der Weg zur Veränderung nicht einfach ist, aber es ist der Kampf wert."*

Fazit

Die Geschichten von Lira, Jaro und Mira sind nur einige von vielen, die zeigen, wie Kael Nira und seine Bewegung eine Welle der Inspiration auf Zarinia ausgelöst haben. Diese Erzählungen verdeutlichen, dass Aktivismus nicht nur von Führungspersönlichkeiten geleitet wird, sondern auch von den vielen Einzelnen, die bereit sind, für ihre Überzeugungen einzutreten. Kaels Vermächtnis lebt durch die Geschichten und Taten dieser Menschen weiter, die, inspiriert durch seine Vision, den Mut finden, Veränderungen herbeizuführen und eine gerechtere Zukunft zu gestalten.

Die Bedeutung von Erinnerungen und Erzählungen

Die Bedeutung von Erinnerungen und Erzählungen ist in der Geschichte der Bürgerrechtsbewegungen und insbesondere in der Biografie von Kael Nira von zentraler Bedeutung. Erinnerungen sind nicht nur individuelle Erfahrungen, sondern auch kollektive Narrative, die die Identität einer Gemeinschaft formen und ihre Werte und Überzeugungen reflektieren. In diesem Abschnitt werden wir die Rolle von Erinnerungen und Erzählungen in Kaels Leben und in der Bewegung zur Trennung symbiotischer Geister auf Zarinia untersuchen.

Erinnerungen als kollektives Gedächtnis

Erinnerungen bilden das kollektive Gedächtnis einer Gesellschaft. Das kollektive Gedächtnis ist ein Konzept, das von dem französischen Historiker Maurice Halbwachs geprägt wurde. Halbwachs argumentierte, dass Erinnerungen nicht isoliert existieren, sondern in sozialen Kontexten eingebettet sind. Sie werden durch die Interaktionen zwischen Individuen und Gruppen geformt und weitergegeben. In Kaels Bewegung ist das kollektive Gedächtnis entscheidend, um die Erfahrungen von Diskriminierung und Ungerechtigkeit zu dokumentieren und zu bewahren.

Ein Beispiel hierfür ist die Erzählung über die erste Versammlung der Bewegung, die als historischer Moment gilt. Diese Versammlung wurde nicht nur als ein Ereignis wahrgenommen, sondern auch als ein Symbol des Widerstands gegen die bestehende Ungerechtigkeit. Die Erinnerungen an diesen Tag wurden in den folgenden Jahren von den Teilnehmern immer wieder erzählt, was dazu beitrug, das Gefühl der Gemeinschaft und des gemeinsamen Ziels zu stärken.

Erzählungen als Mittel zur Mobilisierung

Erzählungen spielen eine entscheidende Rolle bei der Mobilisierung von Unterstützern und der Schaffung eines Gemeinschaftsgefühls. Sie ermöglichen es den Menschen, sich mit den Erfahrungen anderer zu identifizieren und ein Gefühl der Solidarität zu entwickeln. Kael Nira nutzte Geschichten von persönlichen Verlusten und Ungerechtigkeiten, um die Menschen zu inspirieren und sie zum Handeln zu bewegen.

Ein Beispiel für die Macht der Erzählung ist die Geschichte von einem jungen Aktivisten, der seine Familie durch die Unterdrückung der symbiotischen Geister verloren hatte. Kael erzählte seine Geschichte auf verschiedenen Plattformen, was nicht nur das Bewusstsein für die Probleme schärfte, sondern auch andere dazu ermutigte, sich der Bewegung anzuschließen. Diese Erzählungen wurden zu einem zentralen Bestandteil der Kommunikationsstrategie der Bewegung und halfen, die Botschaft zu verbreiten.

Die Theorie der Narrativität

Die Theorie der Narrativität, wie sie von Philosophen wie Paul Ricoeur und Mikhail Bakhtin entwickelt wurde, legt dar, dass Geschichten eine strukturierende Funktion in unserem Leben haben. Sie helfen uns, unsere Erfahrungen zu verstehen und zu interpretieren. In der Bürgerrechtsbewegung auf Zarinia ermöglichten die Erzählungen von Kael und anderen Aktivisten den Menschen, ihre eigenen Erfahrungen in einen größeren Kontext zu stellen und die Bedeutung ihrer Kämpfe zu erkennen.

Ricoeur betont, dass das Erzählen von Geschichten nicht nur eine Form der Kommunikation ist, sondern auch eine Möglichkeit, Identität zu konstruieren. Durch das Erzählen ihrer Geschichten konnten die Aktivisten ihre Identität als Teil einer größeren Bewegung definieren und sich von den Unterdrückern abgrenzen. Diese Narrativität half, eine gemeinsame Identität zu schaffen, die die Bewegung stärkte und ihre Ziele klarer definierte.

Probleme und Herausforderungen

Trotz der positiven Aspekte von Erinnerungen und Erzählungen gibt es auch Herausforderungen. Eine der größten Herausforderungen ist die Gefahr der Verzerrung oder der selektiven Erinnerung. In vielen Bewegungen neigen Menschen dazu, bestimmte Erinnerungen zu glorifizieren, während andere, möglicherweise weniger angenehme, ausgeblendet werden. Dies kann zu einem verzerrten Bild der Vergangenheit führen und die Fähigkeit der Bewegung beeinträchtigen, aus ihren Fehlern zu lernen.

Ein Beispiel für diese Problematik ist die Erinnerung an die ersten Proteste. Während die Erzählungen oft heroisch und inspirierend dargestellt werden, gibt es auch Geschichten von Misserfolgen und internen Konflikten, die oft ignoriert werden. Diese selektive Erinnerung kann dazu führen, dass die Bewegung nicht in der Lage ist, sich weiterzuentwickeln und aus ihren Erfahrungen zu lernen.

Fazit

Die Bedeutung von Erinnerungen und Erzählungen in der Biografie von Kael Nira und der Bürgerrechtsbewegung auf Zarinia kann nicht überbetont werden. Sie sind nicht nur Werkzeuge zur Mobilisierung und zur Schaffung von Identität, sondern auch entscheidend für das kollektive Gedächtnis einer Gemeinschaft.

Während es Herausforderungen gibt, die mit der Erinnerung und dem Erzählen von Geschichten verbunden sind, bleibt die Kraft dieser Narrative ein zentraler Aspekt des Aktivismus und der sozialen Veränderung. Kaels Vermächtnis zeigt, dass durch das Teilen von Geschichten und das Bewahren von Erinnerungen eine tiefere Verbindung zwischen den Menschen geschaffen werden kann, die letztendlich zu einem gerechteren und empathischeren Zarinia führen kann.

Reflexion über persönliche Veränderungen

Die persönliche Reise von Kael Nira war geprägt von tiefgreifenden Veränderungen, die sowohl seine Identität als auch seine Rolle in der Bürgerrechtsbewegung beeinflussten. Reflexion über diese Veränderungen ist entscheidend, um zu verstehen, wie individuelle Erfahrungen und Entwicklungen die kollektiven Bemühungen um soziale Gerechtigkeit prägen können.

Identitätsbildung und Selbstwahrnehmung

Zu Beginn seiner Aktivismusreise war Kael häufig mit Fragen konfrontiert, die seine Identität und seine Rolle in der Gesellschaft in Frage stellten. Diese Fragen sind nicht untypisch für Aktivisten, die sich in einem dynamischen und oft feindlichen Umfeld bewegen. Die Theorie der Identitätsbildung, wie sie von Erik Erikson formuliert wurde, legt nahe, dass Individuen in verschiedenen Lebensphasen Herausforderungen durchlaufen, die ihre Selbstwahrnehmung formen. In Kaels Fall manifestierte sich dies durch die Notwendigkeit, sich sowohl als Individuum als auch als Teil einer größeren Gemeinschaft zu definieren.

Ein Beispiel für diese Identitätskrise zeigt sich, als Kael seine ersten Proteste organisierte. Hier stellte er fest, dass seine Sichtweise auf die Welt und seine Werte nicht nur von seiner Erziehung, sondern auch von den Erfahrungen seiner Mitstreiter geprägt waren. Diese Erkenntnis führte zu einem intensiven Prozess der Selbstreflexion, in dem Kael begann, seine eigenen Überzeugungen und Werte kritisch zu hinterfragen.

Einfluss von Verlust und Trauer

Ein weiterer entscheidender Aspekt von Kaels persönlicher Veränderung war der Verlust von Freunden und Unterstützern, die während des Aktivismus verletzt oder getötet wurden. Diese Erlebnisse führten zu einer tiefen Trauer, die Kael nicht nur emotional belastete, sondern auch seine Motivation und seine Perspektive auf die Bewegung beeinflusste. Die Trauerforschung, wie sie von Kübler-Ross beschrieben wird, identifiziert verschiedene Phasen der Trauer, darunter Leugnung, Wut, Verhandlung, Depression und Akzeptanz. Kael durchlebte diese Phasen, wobei er oft in der Wut verharrte, wenn er an die Ungerechtigkeiten dachte, die seinen Freunden widerfahren waren.

Diese Verluste führten dazu, dass Kael eine neue Dimension in seiner Aktivismusarbeit entdeckte: die Bedeutung von Gemeinschaft und Solidarität. Er erkannte, dass der Schmerz, den er fühlte, nicht nur sein persönliches Leid war, sondern Teil eines kollektiven Traumas, das viele in der zarinianischen Gesellschaft teilten. Diese Erkenntnis veranlasste ihn, Räume für Trauer und Heilung innerhalb der Bewegung zu schaffen, was letztlich zu einer stärkeren Zusammengehörigkeit führte.

Mentale Gesundheit im Aktivismus

Die Herausforderungen des Aktivismus und die damit verbundenen emotionalen Belastungen führten Kael zu einer intensiven Auseinandersetzung mit seiner mentalen Gesundheit. In vielen Aktivismusbewegungen wird das Thema mentale Gesundheit oft vernachlässigt, was zu Burnout und Erschöpfung führen kann. Kael begann, Strategien zur Selbstpflege zu entwickeln, um seine eigene Resilienz zu stärken. Diese Strategien umfassten regelmäßige Reflexionen über seine Erfahrungen, den Austausch mit Gleichgesinnten und das Einholen von professioneller Unterstützung.

Die Theorie der Selbstfürsorge, wie sie von Neff und Germer beschrieben wird, betont die Bedeutung von Mitgefühl mit sich selbst als Schlüssel zur emotionalen Gesundheit. Kael lernte, dass es in Ordnung war, Schwäche zu zeigen, und dass das Teilen seiner Kämpfe mit anderen nicht nur ihm, sondern auch seiner Gemeinschaft half, sich zu stärken.

Inspirierende Begegnungen und deren Einfluss

Auf seiner Reise traf Kael viele inspirierende Persönlichkeiten, die seine Sichtweise und seine Werte veränderten. Diese Begegnungen waren entscheidend für seine persönliche Entwicklung. Er lernte von anderen Aktivisten, die unterschiedliche Ansätze und Perspektiven auf den Aktivismus hatten. Diese Vielfalt an Erfahrungen ermutigte ihn, offener für neue Ideen und Methoden zu sein.

Ein prägnantes Beispiel ist die Begegnung mit einer älteren Aktivistin, die ihm die Bedeutung von Geduld und Ausdauer im Kampf für soziale Gerechtigkeit näherbrachte. Diese Lektionen halfen Kael, eine langfristige Perspektive auf den Aktivismus zu entwickeln und die Bedeutung von kleinen Siegen zu erkennen.

Reflexion über persönliche Werte und Ziele

Im Laufe seiner Reise musste Kael auch seine persönlichen Werte und Ziele kontinuierlich reflektieren. Der Aktivismus brachte viele ethische Dilemmata mit sich, die ihn zwangen, seine Überzeugungen zu hinterfragen. Er stellte fest, dass die Werte, die ihn ursprünglich motiviert hatten, sich im Kontext der Bewegung weiterentwickelten.

Die Theorie der Werteorientierung von Schwartz legt nahe, dass individuelle Werte in einem sozialen Kontext entstehen und sich durch Erfahrungen verändern können. Kael erlebte, wie seine Werte von Gerechtigkeit und Gleichheit durch die realen Herausforderungen des Aktivismus gestärkt wurden, während er gleichzeitig lernte, die Werte anderer zu respektieren und zu integrieren.

Schlussfolgerung

Die Reflexion über persönliche Veränderungen ist für Aktivisten wie Kael Nira von zentraler Bedeutung. Sie ermöglicht es, die eigene Identität zu verstehen, die Auswirkungen von Verlust und Trauer zu verarbeiten, die mentale Gesundheit zu fördern und die Bedeutung von Gemeinschaft und Solidarität zu erkennen. Kaels Reise ist ein Beispiel dafür, wie individuelle Erfahrungen und Veränderungen nicht nur das persönliche Wachstum fördern, sondern auch die kollektiven Bemühungen um soziale Gerechtigkeit bereichern können. Durch die Reflexion über seine eigenen Veränderungen konnte Kael nicht nur sich selbst, sondern auch die Bewegung, die er anführte, transformieren.

Die Rolle von Dankbarkeit und Wertschätzung

In der komplexen Welt des Aktivismus spielt Dankbarkeit eine entscheidende Rolle, sowohl auf individueller als auch auf kollektiver Ebene. Dankbarkeit ist nicht nur eine emotionale Reaktion, sondern auch ein strategisches Werkzeug, das die Resilienz von Aktivisten stärkt und die Gemeinschaften, für die sie kämpfen, zusammenhält. Diese Sektion untersucht die verschiedenen Dimensionen von Dankbarkeit und Wertschätzung in der Bürgerrechtsbewegung und deren Auswirkungen auf die Motivation und das Engagement der Beteiligten.

Theoretische Grundlagen

Dankbarkeit kann als ein psychologisches Konzept definiert werden, das positive Emotionen und eine Wertschätzung für das Gute in unserem Leben umfasst. In der Psychologie wird Dankbarkeit oft als eine Form der positiven Psychologie betrachtet, die das allgemeine Wohlbefinden und die Lebenszufriedenheit erhöht. Forscher wie Emmons und McCullough (2003) haben gezeigt, dass regelmäßige Praktiken der Dankbarkeit zu einer verbesserten psychischen Gesundheit, einer höheren Lebenszufriedenheit und einer stärkeren Resilienz führen können.

Mathematisch kann Dankbarkeit als eine Funktion betrachtet werden, die den Einfluss positiver Erfahrungen auf das individuelle Wohlbefinden beschreibt. Wenn wir Dankbarkeit als G definieren, können wir eine einfache Gleichung formulieren:

$$G = f(P, E)$$

wobei P die Anzahl der positiven Erfahrungen und E die emotionale Reaktion auf diese Erfahrungen darstellt. Diese Beziehung deutet darauf hin, dass eine Zunahme positiver Erfahrungen und eine stärkere emotionale Reaktion zu einer höheren Dankbarkeit führen.

Probleme im Aktivismus

Trotz der positiven Auswirkungen von Dankbarkeit sehen sich Aktivisten oft Herausforderungen gegenüber, die ihre Fähigkeit zur Wertschätzung beeinträchtigen können. Stress, Verlust und ständige Konfrontation mit Ungerechtigkeit können dazu führen, dass Aktivisten in einen Zustand der Resignation oder des Pessimismus verfallen. Diese negativen Emotionen können die Motivation und das Engagement verringern und zu einer Abnahme der Gemeinschaftsbindung führen.

Ein Beispiel aus der Geschichte der Bürgerrechtsbewegung ist die Reaktion auf gewaltsame Übergriffe während der Proteste. Viele Aktivisten berichteten, dass sie trotz der Trauer und des Schmerzes, die sie erlebten, einen tiefen Sinn für Dankbarkeit gegenüber den Unterstützern und der Gemeinschaft empfanden, die sich solidarisch zeigten. Diese Dankbarkeit half ihnen, ihre Resilienz aufrechtzuerhalten und weiter für ihre Ziele zu kämpfen.

Beispiele für Dankbarkeit im Aktivismus

Ein bemerkenswertes Beispiel für die Rolle von Dankbarkeit in der Aktivismusbewegung ist die „Thank You Movement", die in vielen sozialen Bewegungen weltweit populär wurde. Aktivisten nutzen soziale Medien, um Dankbarkeit gegenüber Unterstützern, Mentoren und sogar Gegnern auszudrücken, die den Dialog gefördert haben. Diese Praxis hat nicht nur das Gemeinschaftsgefühl gestärkt, sondern auch den Raum für konstruktive Gespräche und Verständigung geschaffen.

Darüber hinaus kann die Praxis der Wertschätzung in Form von Dankesbriefen, öffentlichen Anerkennungen und Feiern von Meilensteinen die Moral und das Engagement innerhalb einer Bewegung erheblich steigern. Eine Studie von Algoe und Haidt (2009) zeigt, dass das Ausdrücken von Dankbarkeit nicht nur den Empfänger, sondern auch den Geber positiver Emotionen und ein Gefühl der Verbundenheit vermittelt.

Schlussfolgerung

Die Rolle von Dankbarkeit und Wertschätzung im Aktivismus ist von zentraler Bedeutung für die Schaffung einer unterstützenden und resilienten Gemeinschaft. Durch die bewusste Praxis der Dankbarkeit können Aktivisten nicht nur ihre eigene psychische Gesundheit stärken, sondern auch die Bindungen innerhalb ihrer Gemeinschaft festigen.   In einer Welt, die oft von Konflikten und Ungerechtigkeiten geprägt ist, bietet Dankbarkeit einen Weg, um Hoffnung zu kultivieren und die Motivation aufrechtzuerhalten, weiter für eine gerechtere Zukunft zu kämpfen.

Zusammenfassend lässt sich sagen, dass Dankbarkeit nicht nur eine emotionale Reaktion ist, sondern ein kraftvolles Werkzeug, das den Aktivismus bereichern und transformieren kann.   Indem wir Dankbarkeit praktizieren, schaffen wir einen Raum für Heilung, Verständnis und kollektives Wachstum, der für die Herausforderungen der Zukunft unerlässlich ist.

Die Vision für eine gerechtere Zukunft

In der heutigen Welt, die von Ungleichheiten, Diskriminierung und sozialen Spannungen geprägt ist, ist die Vision für eine gerechtere Zukunft nicht nur wünschenswert, sondern zwingend erforderlich.   Diese Vision erfordert eine tiefgreifende Transformation in der Art und Weise, wie Gesellschaften strukturiert sind, wie Macht verteilt wird und wie wir miteinander interagieren.

Die Grundlage für eine gerechtere Zukunft liegt in der Anerkennung der Vielfalt und der Einbeziehung aller Stimmen, insbesondere der marginalisierten Gruppen. Die Theorie der sozialen Gerechtigkeit, die von Philosophen wie John Rawls und Martha Nussbaum entwickelt wurde, bietet einen wertvollen Rahmen, um diese Vision zu gestalten. Rawls' Konzept des *Schleiers der Ungewissheit* fordert uns auf, soziale und wirtschaftliche Ungleichheiten so zu gestalten, dass sie den am wenigsten Begünstigten zugutekommen. Dies bedeutet, dass wir Systeme schaffen müssen, die Chancen für alle gewährleisten, unabhängig von ihrem Hintergrund.

Ein zentrales Problem, das es zu adressieren gilt, ist die systematische Diskriminierung, die in vielen Gesellschaften verankert ist. Diese Diskriminierung manifestiert sich in verschiedenen Formen, einschließlich Rassismus, Sexismus und Klassismus. Um eine gerechtere Zukunft zu erreichen, müssen wir diese Strukturen aktiv herausfordern und dekonstruieren. Dies erfordert sowohl individuelle als auch kollektive Anstrengungen.

Ein Beispiel für eine erfolgreiche Initiative in diese Richtung ist die *Black Lives Matter*-Bewegung, die nicht nur auf Rassismus aufmerksam macht, sondern auch konkrete politische Veränderungen fordert, die zu einer gerechteren Behandlung von Afroamerikanern und anderen Menschen of Color führen. Diese Bewegung hat weltweit Resonanz gefunden und zeigt, wie wichtig es ist, dass Menschen sich zusammenschließen, um für ihre Rechte zu kämpfen und die Gesellschaft zu transformieren.

Ein weiteres wichtiges Element in der Vision einer gerechteren Zukunft ist die Bildung. Bildung ist nicht nur ein Mittel zur persönlichen Entfaltung, sondern auch ein Werkzeug zur sozialen Mobilität. Der Zugang zu qualitativ hochwertiger Bildung muss für alle gewährleistet sein, unabhängig von ihrem sozioökonomischen Status. Hierbei spielt die Theorie der *Kapitalien* von Pierre Bourdieu eine Rolle, die aufzeigt, dass Bildung als ein Kapital betrachtet werden kann, das oft ungleich verteilt ist. Um die Ungleichheiten zu verringern, müssen wir Bildungssysteme reformieren und sicherstellen, dass sie integrativ sind und Vielfalt fördern.

Zusätzlich ist die Rolle der Technologie in dieser Vision von entscheidender Bedeutung. In einer zunehmend digitalisierten Welt kann Technologie sowohl eine Barriere als auch eine Brücke zur sozialen Gerechtigkeit sein. Während der Zugang zu Technologie und Internet für viele Menschen weiterhin ein Problem darstellt, bietet er gleichzeitig Möglichkeiten zur Mobilisierung und Vernetzung. Die Nutzung sozialer Medien hat es Aktivisten ermöglicht, ihre Botschaften zu verbreiten und Gemeinschaften zu organisieren. Die Herausforderung besteht darin, sicherzustellen, dass alle Zugang zu diesen Technologien haben und dass sie nicht zur Verstärkung bestehender Ungleichheiten genutzt werden.

Schließlich muss die Vision für eine gerechtere Zukunft auch den ökologischen Aspekt berücksichtigen. Der Klimawandel betrifft nicht alle Menschen gleich; ärmere Gemeinschaften sind oft am stärksten betroffen und haben die geringsten Ressourcen, um sich anzupassen. Die Theorie der *Umweltgerechtigkeit* betont die Notwendigkeit, Umweltprobleme durch eine Linse der sozialen Gerechtigkeit zu betrachten. Dies bedeutet, dass wir nicht nur für die Rechte der gegenwärtigen Generationen kämpfen müssen, sondern auch für die der zukünftigen Generationen, indem wir nachhaltige Praktiken fördern und den

Zugang zu natürlichen Ressourcen gerecht gestalten.

Zusammenfassend lässt sich sagen, dass die Vision für eine gerechtere Zukunft eine vielschichtige und dynamische Herausforderung darstellt. Sie erfordert ein Umdenken in der Gesellschaft, eine Neubewertung der Machtverhältnisse und die aktive Teilnahme aller Bürger. Die Umsetzung dieser Vision wird nicht über Nacht geschehen, sondern erfordert kontinuierliches Engagement, Kreativität und den Mut, gegen Ungerechtigkeiten zu kämpfen. Es ist eine Reise, die von Hoffnung, Entschlossenheit und einem tiefen Glauben an die Möglichkeit einer besseren Welt geprägt ist. Nur gemeinsam können wir die notwendigen Veränderungen herbeiführen und eine Zukunft schaffen, in der Gerechtigkeit und Gleichheit für alle Realität werden.

Abschlussgedanken und Ausblick

In der Reflexion über das Leben und die Errungenschaften von Kael Nira wird deutlich, dass sein Vermächtnis weit über die Grenzen von Zarinia hinausreicht. Die Herausforderungen, denen er gegenüberstand, und die Strategien, die er entwickelte, bieten wertvolle Lektionen für zukünftige Generationen von Aktivisten, die sich für soziale Gerechtigkeit und Bürgerrechte einsetzen.

Ein zentrales Thema in Kaels Leben war die Bedeutung von Gemeinschaft und Solidarität. Er verstand, dass der Erfolg einer Bewegung nicht nur von einzelnen Persönlichkeiten abhängt, sondern von der kollektiven Kraft derjenigen, die sich zusammenschließen, um eine gemeinsame Vision zu verfolgen. Diese Erkenntnis ist besonders relevant in einer Zeit, in der soziale Bewegungen oft durch interne Konflikte und externe Widerstände gefährdet sind. Kaels Fähigkeit, Brücken zu bauen und Allianzen zu schmieden, ist ein Beispiel dafür, wie wichtig es ist, unterschiedliche Stimmen und Perspektiven zu integrieren.

Ein weiterer Aspekt, den Kael betonte, war die Rolle von Bildung und Aufklärung im Aktivismus. Er glaubte fest daran, dass Wissen Macht ist und dass die Aufklärung der Bevölkerung über ihre Rechte und die Mechanismen der Unterdrückung entscheidend für den Fortschritt ist. Dies wird durch die Theorie des *Empowerment* untermauert, die besagt, dass Menschen, die über Wissen verfügen, besser in der Lage sind, für ihre Rechte einzutreten. In diesem Kontext könnte man die Gleichung

$$E = f(K, R)$$

einführen, wobei E für Empowerment steht, K für Wissen und R für Ressourcen. Diese Beziehung verdeutlicht, dass das Empowerment einer Gemeinschaft direkt von ihrem Zugang zu Wissen und Ressourcen abhängt.

Die Herausforderungen, die Kael und seine Bewegung überwinden mussten, sind auch heute noch relevant. Der Widerstand gegen soziale Bewegungen manifestiert sich oft in Form von Repression, Gewalt und Desinformation. In der heutigen digitalen Welt ist die Verbreitung von Fehlinformationen ein ernstes Problem, das die Mobilisierung und den Zusammenhalt gefährden kann. Kaels Ansatz, kreative Ausdrucksformen und Kunst in den Aktivismus zu integrieren, bietet eine wertvolle Strategie, um diese Herausforderungen anzugehen. Kunst hat die Fähigkeit, Emotionen zu wecken und Menschen zu verbinden, und kann als kraftvolles Werkzeug zur Sensibilisierung und Mobilisierung dienen.

In der Zukunft wird es entscheidend sein, die Lehren aus Kaels Leben und der Bürgerrechtsbewegung von Zarinia in den globalen Kontext zu übertragen. Die Herausforderungen, vor denen die Welt heute steht, wie der Klimawandel, soziale Ungleichheit und politische Instabilität, erfordern eine umfassende Zusammenarbeit und den Austausch von Ideen über kulturelle und nationale Grenzen hinweg. Kaels Vision einer inklusiven Zukunft, in der alle Stimmen gehört werden, ist ein Leitbild, das uns dazu anregen sollte, aktiv an der Gestaltung einer gerechteren Welt mitzuwirken.

Abschließend lässt sich sagen, dass Kaels Leben und Werk uns daran erinnern, dass der Kampf für Gerechtigkeit und Gleichheit ein fortwährender Prozess ist, der Engagement, Mut und die Bereitschaft zur Zusammenarbeit erfordert. Die Geschichten von Menschen, die durch seinen Aktivismus inspiriert wurden, sind ein Beweis dafür, dass Veränderung möglich ist und dass jeder Einzelne einen Beitrag leisten kann. In einer Zeit, in der die Herausforderungen groß sind, ist es wichtig, die Hoffnung nicht zu verlieren und die Vision einer gerechteren Zukunft weiterzutragen.

Die Verantwortung liegt nun bei den kommenden Generationen, die Prinzipien von Empathie, Verständnis und Solidarität zu fördern und die Lehren aus der Vergangenheit in die Gestaltung ihrer eigenen Wege zu integrieren. Gemeinsam können wir die Welt zu einem besseren Ort machen – im Geiste von Kael Nira und all denjenigen, die für die Rechte aller kämpfen.

Die Zukunft der Bewegung

Neue Herausforderungen

Die Rolle der Technologie in der Zukunft

Die Rolle der Technologie in der Zukunft ist von entscheidender Bedeutung für die Entwicklung von sozialen Bewegungen und die Förderung von Bürgerrechten. In einer Welt, die zunehmend von digitalen Medien und Technologien geprägt ist, wird die Art und Weise, wie Aktivisten kommunizieren, mobilisieren und ihre Botschaften verbreiten, grundlegend verändert. In diesem Abschnitt werden wir die verschiedenen Aspekte der Technologie untersuchen, die die Bürgerrechtsbewegung auf Zarinia beeinflussen, sowie die Herausforderungen und Chancen, die sich daraus ergeben.

Technologische Fortschritte und ihre Auswirkungen

Technologische Fortschritte haben das Potenzial, die Bürgerrechtsbewegung erheblich zu transformieren. Die Verbreitung von Smartphones und sozialen Medien hat es Aktivisten ermöglicht, Informationen schnell und effizient zu verbreiten. Plattformen wie *ZariniaNet*, eine fiktive soziale Medienplattform, die speziell für die Bedürfnisse der zarinianischen Bevölkerung entwickelt wurde, ermöglichen es den Nutzern, Nachrichten in Echtzeit zu teilen und sich zu vernetzen. Diese Form der Vernetzung führt zu einer schnelleren Mobilisierung von Unterstützern und einem breiteren Publikum für die Anliegen der Bewegung.

Ein Beispiel für den Einfluss der Technologie ist die *Zarinianische Protest-App*, die es den Nutzern ermöglicht, sich über bevorstehende Demonstrationen zu informieren, Sicherheitsprotokolle zu erhalten und rechtliche Unterstützung zu finden. Solche Anwendungen sind besonders wichtig in Zeiten, in denen die Regierung versucht, Proteste zu unterdrücken. Die App könnte auch eine

Funktion zur anonymen Berichterstattung über Menschenrechtsverletzungen enthalten, wodurch die Sicherheit der Informanten gewährleistet wird.

Herausforderungen durch Technologie

Trotz der Vorteile bringt der Einsatz von Technologie auch Herausforderungen mit sich. Eine der größten Gefahren ist die Überwachung durch den Staat. Regierungen können Technologien nutzen, um Aktivisten zu identifizieren und zu verfolgen. In Zarinia könnten die Behörden beispielsweise Algorithmen einsetzen, um verdächtige Aktivitäten in sozialen Medien zu überwachen. Diese Form der Überwachung kann dazu führen, dass Aktivisten sich selbst zensieren oder ihre Aktivitäten einstellen, aus Angst vor Repressalien.

Ein weiteres Problem ist die Verbreitung von Desinformation. In einer Zeit, in der Fake News und manipulierte Inhalte allgegenwärtig sind, müssen Aktivisten Strategien entwickeln, um ihre Botschaften klar und wahrheitsgemäß zu kommunizieren. Die Fähigkeit, Fakten von Fiktion zu unterscheiden, wird entscheidend sein, um das Vertrauen der Öffentlichkeit zu gewinnen und zu erhalten.

Technologie als Werkzeug der Inklusion

Technologie kann auch als Werkzeug der Inklusion dienen. Durch den Zugang zu digitalen Plattformen können marginalisierte Stimmen Gehör finden, die sonst möglicherweise ignoriert würden. Die Nutzung von Videokonferenzen und virtuellen Veranstaltungen ermöglicht es Menschen aus verschiedenen Teilen Zarinia, sich zu vernetzen und Ideen auszutauschen, ohne physisch anwesend sein zu müssen. Dies könnte besonders vorteilhaft für Menschen in ländlichen Gebieten sein, die möglicherweise keinen Zugang zu traditionellen Protestformen haben.

Ein Beispiel hierfür könnte die *Zarinianische Inklusionskonferenz* sein, ein jährliches Online-Event, das Menschen aus verschiedenen sozialen Schichten zusammenbringt, um über Themen der sozialen Gerechtigkeit zu diskutieren. Solche Veranstaltungen fördern den interkulturellen Dialog und stärken die Gemeinschaftsbildung.

Zukunftsvisionen

Die Zukunft der Technologie in der Bürgerrechtsbewegung wird stark von der Innovationskraft der zarinianischen Gesellschaft abhängen. Es ist zu erwarten, dass neue Technologien wie Künstliche Intelligenz (KI) und Blockchain eine Rolle spielen werden. KI könnte beispielsweise zur Analyse von Daten verwendet werden, um Muster von Diskriminierung oder Ungerechtigkeit zu identifizieren. Blockchain-Technologie könnte Transparenz und Sicherheit bei Spenden und finanziellen Unterstützungen für die Bewegung gewährleisten.

Die Herausforderung besteht darin, sicherzustellen, dass diese Technologien ethisch eingesetzt werden und nicht zur weiteren Unterdrückung von Stimmen führen. Die Entwicklung von Richtlinien und ethischen Standards für den Einsatz von Technologie wird entscheidend sein, um das Vertrauen der Gemeinschaft zu gewinnen und zu erhalten.

Schlussfolgerung

Zusammenfassend lässt sich sagen, dass die Rolle der Technologie in der Zukunft der Bürgerrechtsbewegung auf Zarinia sowohl Chancen als auch Herausforderungen mit sich bringt. Während technologische Fortschritte die Mobilisierung und Vernetzung von Aktivisten erleichtern, müssen gleichzeitig die Risiken der Überwachung und der Desinformation in Betracht gezogen werden. Die Fähigkeit, Technologie als Werkzeug der Inklusion und des Wandels zu nutzen, wird entscheidend sein, um eine gerechtere und gleichberechtigtere Gesellschaft zu schaffen. Die Bürgerrechtsbewegung muss sich anpassen und innovativ bleiben, um die Vorteile der Technologie zu nutzen und gleichzeitig ihre Integrität und Sicherheit zu wahren.

Zukünftige Generationen von Aktivisten

Die zukünftigen Generationen von Aktivisten stehen vor der Herausforderung, in einer Welt zu agieren, die sich rasant verändert. Technologische Fortschritte, soziale Dynamiken und globale Krisen erfordern neue Ansätze und Strategien im Aktivismus. Die nachfolgenden Abschnitte beleuchten die Merkmale, Herausforderungen und Chancen, die diese neuen Generationen von Aktivisten prägen werden.

Merkmale zukünftiger Aktivisten

Zukünftige Generationen von Aktivisten zeichnen sich durch eine Vielzahl von Merkmalen aus, die sie von ihren Vorgängern unterscheiden. Diese Merkmale umfassen:

- **Technologische Versiertheit:** Die Vertrautheit mit digitalen Medien und Technologien wird entscheidend sein. Aktivisten werden in der Lage sein, soziale Medien, Apps und andere digitale Plattformen effektiv zu nutzen, um ihre Botschaften zu verbreiten und Mobilisierung zu betreiben. Die Nutzung von Plattformen wie TikTok, Instagram und Twitter wird zur Norm, um jüngere Zielgruppen zu erreichen.

+ **Interdisziplinarität:** Zukünftige Aktivisten werden oft aus verschiedenen akademischen und beruflichen Hintergründen kommen. Dies führt zu einer interdisziplinären Herangehensweise an Probleme, die soziale, wirtschaftliche, politische und ökologische Dimensionen umfasst. Ein Beispiel hierfür ist die Verbindung von Umweltaktivismus mit sozialer Gerechtigkeit, was in Bewegungen wie „Fridays for Future" sichtbar wird.

+ **Globale Vernetzung:** Die Globalisierung hat es Aktivisten ermöglicht, über nationale Grenzen hinweg zu kommunizieren und zusammenzuarbeiten. Dies führt zu einer stärkeren internationalen Solidarität, die es zukünftigen Generationen ermöglicht, von den Erfahrungen und Strategien anderer Bewegungen weltweit zu lernen.

+ **Nachhaltigkeit und Resilienz:** Die kommenden Aktivisten werden ein starkes Bewusstsein für Nachhaltigkeit und Resilienz entwickeln. Sie werden Strategien entwickeln, um nicht nur kurzfristige Erfolge zu erzielen, sondern auch langfristige Veränderungen zu bewirken, ohne die Umwelt zu schädigen.

Herausforderungen

Trotz dieser vielversprechenden Merkmale sehen sich zukünftige Generationen von Aktivisten auch erheblichen Herausforderungen gegenüber:

+ **Desinformation und Fake News:** In einer Zeit, in der Informationen schnell verbreitet werden, ist die Bekämpfung von Desinformation eine der größten Herausforderungen. Aktivisten müssen lernen, Fakten von Fiktion zu unterscheiden und ihre Botschaften klar und glaubwürdig zu kommunizieren.

+ **Politische Repression:** In vielen Ländern sehen sich Aktivisten einer zunehmenden politischen Repression gegenüber. Regierungen nutzen Gesetze und Maßnahmen, um den Aktivismus zu unterdrücken. Zukünftige Generationen müssen Wege finden, um sicher und effektiv zu protestieren, ohne ihre Sicherheit zu gefährden.

+ **Fragmentierung der Bewegungen:** Die Vielzahl an Themen und Anliegen kann zu einer Fragmentierung der Bewegungen führen. Es ist entscheidend, dass zukünftige Aktivisten Wege finden, um über Themen hinweg zu arbeiten und Allianzen zu bilden, um eine starke, vereinte Front zu bilden.

Chancen

Trotz der Herausforderungen gibt es auch zahlreiche Chancen, die zukünftige Generationen von Aktivisten nutzen können:

+ **Innovative Technologien:** Die Entwicklung neuer Technologien bietet Aktivisten die Möglichkeit, kreative Lösungen für soziale Probleme zu finden. Blockchain-Technologie kann beispielsweise Transparenz und Verantwortlichkeit in sozialen Bewegungen fördern.

+ **Zugang zu Bildung:** Der Zugang zu Bildung und Informationen ist nie einfacher gewesen. Online-Kurse, Webinare und soziale Medien ermöglichen es Aktivisten, sich weiterzubilden und ihre Fähigkeiten zu verbessern, um effektiver zu arbeiten.

+ **Interaktive Plattformen:** Die Schaffung interaktiver Plattformen und Netzwerke ermöglicht es Aktivisten, sich zu vernetzen, Ideen auszutauschen und gemeinsam Strategien zu entwickeln. Diese Plattformen fördern den Austausch und die Zusammenarbeit über geografische und kulturelle Grenzen hinweg.

Beispiele für zukünftige Aktivismus-Modelle

Einige aktuelle Beispiele zeigen, wie zukünftige Generationen von Aktivisten bereits innovative Ansätze entwickeln:

+ **Die Greta Thunberg-Bewegung:** Greta Thunberg hat mit ihrer „Fridays for Future"-Bewegung Millionen von Jugendlichen mobilisiert. Ihre Strategie, den Klimawandel als eine der größten Herausforderungen unserer Zeit zu thematisieren, hat weltweit Resonanz gefunden und zeigt, wie junge Menschen durch soziale Medien eine globale Bewegung ins Leben rufen können.

+ **Black Lives Matter:** Diese Bewegung hat gezeigt, wie wichtig es ist, soziale Gerechtigkeit und Rassismus zu bekämpfen. Die Nutzung von Hashtags und viralen Kampagnen hat dazu beigetragen, das Bewusstsein zu schärfen und eine breite Unterstützung zu mobilisieren.

◆ **Umweltaktivismus durch Kunst:** Künstler und Aktivisten arbeiten zusammen, um durch Kunst auf Umweltprobleme aufmerksam zu machen. Diese kreative Herangehensweise zieht Menschen an, die sich möglicherweise nicht für traditionelle Formen des Aktivismus interessieren.

Zusammenfassend lässt sich sagen, dass zukünftige Generationen von Aktivisten vor einer Vielzahl von Herausforderungen und Chancen stehen. Ihre Fähigkeit, innovative Strategien zu entwickeln, sich global zu vernetzen und sich an die sich verändernde Landschaft des Aktivismus anzupassen, wird entscheidend sein, um positive Veränderungen in der Gesellschaft zu bewirken. Es ist die Verantwortung der gegenwärtigen Generationen, diese aufstrebenden Stimmen zu unterstützen und ihnen die Werkzeuge und Ressourcen zur Verfügung zu stellen, die sie benötigen, um ihre Visionen für eine gerechtere und nachhaltigere Welt zu verwirklichen.

Globale Veränderungen und deren Auswirkungen

In der heutigen Zeit sind globale Veränderungen ein zentrales Thema, das nicht nur die Erde, sondern auch die Gesellschaften und Kulturen auf Zarinia beeinflusst. Diese Veränderungen manifestieren sich in verschiedenen Formen, einschließlich technologischer Entwicklungen, klimatischer Veränderungen, sozialer Bewegungen und geopolitischer Dynamiken. In diesem Abschnitt werden wir die Auswirkungen dieser globalen Veränderungen auf die zarinianische Gesellschaft und die Bürgerrechtsbewegung von Kael Nira untersuchen.

Technologischer Fortschritt

Der technologische Fortschritt hat die Art und Weise, wie Menschen kommunizieren, arbeiten und leben, revolutioniert. Auf Zarinia hat die Einführung fortschrittlicher Technologien, wie Künstliche Intelligenz und Blockchain, neue Möglichkeiten für die Bürgerrechtsbewegung eröffnet. Diese Technologien ermöglichen eine schnellere und effizientere Mobilisierung von Unterstützern und die Verbreitung von Informationen.

Ein Beispiel ist die Verwendung von sozialen Medien, die es Kael Nira und seiner Bewegung ermöglicht hat, ihre Botschaften weit über die Grenzen ihrer Heimat zu verbreiten. Die Plattformen wie *ZarNet* ermöglichen es den Aktivisten, ihre Anliegen in Echtzeit zu kommunizieren und eine globale Gemeinschaft von Unterstützern zu schaffen.

$$\text{Einfluss der Technologie} = \text{Reichweite} \times \text{Engagement} \qquad (36)$$

Die Gleichung verdeutlicht, dass die Reichweite der Bewegung (wie viele Menschen erreicht werden) und das Engagement (wie aktiv diese Menschen sind) entscheidend für den Erfolg der Bürgerrechtsbewegung sind.

Klimawandel

Der Klimawandel stellt eine der größten Herausforderungen für die Menschheit dar und hat auch direkte Auswirkungen auf Zarinia. Die Veränderungen in den klimatischen Bedingungen führen zu extremen Wetterereignissen, die die Lebensweise der Bevölkerung bedrohen. Diese Entwicklungen haben das Bewusstsein für Umweltgerechtigkeit geschärft und neue Dimensionen des Aktivismus hervorgebracht.

Kael Nira hat erkannt, dass der Kampf um Bürgerrechte auch den Schutz der Umwelt einschließt. Die Bewegung hat sich mit Umweltaktivisten zusammengeschlossen, um auf die Notwendigkeit eines nachhaltigen Umgangs mit den Ressourcen von Zarinia hinzuweisen. Diese intersektionale Zusammenarbeit hat die Reichweite und den Einfluss der Bewegung erheblich erweitert.

Soziale Bewegungen und geopolitische Dynamiken

Globale soziale Bewegungen, wie die Bewegung für soziale Gerechtigkeit auf der Erde, haben auch Auswirkungen auf Zarinia. Diese Bewegungen inspirieren und mobilisieren Menschen weltweit, die für ihre Rechte eintreten. Kael Nira hat oft betont, dass die zarinianische Bürgerrechtsbewegung Teil eines größeren globalen Netzwerks ist, das sich für Gerechtigkeit und Gleichheit einsetzt.

Geopolitische Veränderungen, wie die Verschiebung von Machtverhältnissen zwischen den Planeten, haben ebenfalls Auswirkungen auf die zarinianische Politik. Die Unterstützung von interplanetarischen Organisationen und die Zusammenarbeit mit anderen Kulturen können neue Wege für den Aktivismus eröffnen.

Ein Beispiel hierfür ist die Partnerschaft mit den *Intergalaktischen Menschenrechtsallianz*, die Ressourcen und Unterstützung für die zarinianische Bewegung bereitstellt. Diese internationale Perspektive hat die Bewegung gestärkt und ihr geholfen, sich an die sich verändernden globalen Bedingungen anzupassen.

Probleme und Herausforderungen

Trotz der positiven Auswirkungen globaler Veränderungen gibt es auch erhebliche Herausforderungen. Technologischer Fortschritt kann zu einer digitalen Kluft führen, in der nicht alle Bevölkerungsgruppen gleichberechtigten Zugang zu Informationen und Ressourcen haben. Dies kann bestehende Ungleichheiten verschärfen und den Kampf für Bürgerrechte erschweren.

Darüber hinaus kann der Klimawandel zu Konflikten über Ressourcen führen, was die sozialen Spannungen auf Zarinia erhöhen könnte. Die Bürgerrechtsbewegung muss sich diesen Herausforderungen stellen und Strategien entwickeln, um den Zusammenhalt in der Gemeinschaft zu fördern und gleichzeitig für Gerechtigkeit zu kämpfen.

Insgesamt ist es entscheidend, dass die Bürgerrechtsbewegung von Kael Nira die globalen Veränderungen nicht nur als Herausforderungen, sondern auch als Chancen betrachtet. Durch die Anpassung an neue Bedingungen und die Zusammenarbeit mit anderen Bewegungen kann Zarinia eine gerechtere und nachhaltigere Zukunft gestalten. Die Fähigkeit, sich an veränderte Umstände anzupassen, wird den Erfolg der Bewegung in den kommenden Jahren entscheidend beeinflussen.

$$\text{Zukunft der Bewegung} = \text{Anpassungsfähigkeit} + \text{Zusammenarbeit} + \text{Widerstandsfähigkeit} \tag{37}$$

Diese Gleichung fasst zusammen, dass die Kombination aus Anpassungsfähigkeit, Zusammenarbeit mit anderen und der Fähigkeit, Widerstand zu leisten, entscheidend für die Zukunft der Bewegung ist.

Die Bedeutung von Bildung für die Zukunft

Bildung spielt eine entscheidende Rolle in der Entwicklung einer gerechten und inklusiven Gesellschaft. In der Zukunft wird Bildung nicht nur als ein Mittel zur Wissensvermittlung angesehen, sondern als ein grundlegendes Instrument zur Förderung von kritischem Denken, sozialer Verantwortung und aktivem Engagement. Diese Aspekte sind besonders wichtig in einer Welt, die von komplexen Herausforderungen geprägt ist, einschließlich globaler Ungleichheiten, Klimawandel und technologischen Umwälzungen.

Theoretische Grundlagen

Die Theorie des sozialen Konstruktivismus, die von Pädagogen wie Lev Vygotsky und Jean Piaget geprägt wurde, unterstreicht die Bedeutung von sozialen Interaktionen und kulturellem Kontext in der Lernumgebung. Nach Vygotsky ist Lernen ein sozialer Prozess, der durch die Interaktion mit anderen und durch kulturelle Werkzeuge gefördert wird. Diese Perspektive legt nahe, dass Bildung nicht nur im Klassenzimmer, sondern auch in der Gemeinschaft und durch die Einbeziehung von kulturellen und sozialen Aspekten stattfinden sollte.

Ein weiteres wichtiges Konzept ist die transformative Bildung, die von Paulo Freire entwickelt wurde. Freire argumentiert, dass Bildung ein Mittel zur Befreiung ist, das Individuen befähigt, kritisch über ihre Realität nachzudenken und aktiv an der Veränderung ihrer Umstände teilzunehmen. Diese Art von Bildung fördert nicht nur das individuelle Wachstum, sondern auch das kollektive Bewusstsein und die soziale Gerechtigkeit.

Herausforderungen der Bildung

Trotz der anerkannten Bedeutung von Bildung gibt es zahlreiche Herausforderungen, die angegangen werden müssen. Ungleichheit im Bildungszugang ist ein zentrales Problem, das oft durch sozioökonomische, ethnische und geografische Faktoren verstärkt wird. In vielen Regionen der Welt haben Kinder aus benachteiligten Verhältnissen keinen Zugang zu qualitativ hochwertiger Bildung, was ihre Chancen auf ein besseres Leben erheblich einschränkt.

Ein weiteres Problem ist die Relevanz des Lehrplans. In einer sich schnell verändernden Welt müssen Bildungssysteme dynamisch und anpassungsfähig sein. Der traditionelle Lehrplan, der häufig auf auswendig lernen und standardisierte Tests fokussiert ist, muss reformiert werden, um kritisches Denken, Problemlösungsfähigkeiten und kreative Ausdrucksformen zu fördern.

Beispiele für innovative Bildungsansätze

Es gibt zahlreiche Beispiele für innovative Bildungsansätze, die die Bedeutung von Bildung für die Zukunft verdeutlichen. In Finnland beispielsweise wurde das Bildungssystem reformiert, um den Fokus von standardisierten Tests auf individuelles Lernen und kreative Problemlösungsfähigkeiten zu verlagern. Schüler werden ermutigt, in Projekten zu arbeiten, die reale Probleme ansprechen, und ihre eigenen Lernwege zu gestalten.

Ein weiteres Beispiel ist die „Teach for All"-Bewegung, die sich dafür einsetzt, talentierte junge Menschen in benachteiligte Gemeinschaften zu bringen, um dort zu unterrichten. Diese Initiative zielt darauf ab, den Bildungszugang zu verbessern und gleichzeitig das Bewusstsein für soziale Ungleichheiten zu schärfen.

Darüber hinaus spielt die Digitalisierung eine zunehmend wichtige Rolle in der Bildung. Online-Lernplattformen und digitale Ressourcen ermöglichen den Zugang zu Bildung für Menschen, die in abgelegenen oder unterversorgten Gebieten leben. Diese Technologien können auch dazu beitragen, den Bildungsinhalt zu diversifizieren und interaktive Lernmethoden zu fördern.

Schlussfolgerung

Zusammenfassend lässt sich sagen, dass Bildung eine fundamentale Rolle in der Gestaltung einer gerechten und nachhaltigen Zukunft spielt. Um den Herausforderungen des 21. Jahrhunderts zu begegnen, müssen Bildungssysteme reformiert werden, um kritisches Denken, soziale Verantwortung und kreatives Problemlösen zu fördern. Nur durch eine umfassende und inklusive Bildung können zukünftige Generationen befähigt werden, aktiv an der Gestaltung ihrer Gesellschaft teilzunehmen und eine bessere Welt zu schaffen. Bildung ist nicht nur ein individuelles Recht, sondern auch eine gesellschaftliche Notwendigkeit, die es jedem Einzelnen ermöglicht, zur positiven Veränderung beizutragen.

$$E = mc^2 \tag{38}$$

Hierbei steht E für Energie, m für Masse und c für die Lichtgeschwindigkeit im Vakuum. Diese berühmte Gleichung von Albert Einstein zeigt, dass Bildung und Wissen in der modernen Welt eine ähnliche transformative Kraft haben können, indem sie das Potenzial jedes Individuums freisetzen und es befähigen, Veränderungen zu bewirken.

Strategien zur Bekämpfung von Desinformation

In einer Zeit, in der Informationen in einem nie zuvor gesehenen Tempo verbreitet werden, ist die Bekämpfung von Desinformation zu einer der größten Herausforderungen für Bürgerrechtsbewegungen geworden. Desinformation kann nicht nur das öffentliche Vertrauen untergraben, sondern auch die Mobilisierung von Gemeinschaften behindern. Um diesen Herausforderungen zu begegnen, sind verschiedene Strategien erforderlich, die sowohl auf individueller als auch auf kollektiver Ebene umgesetzt werden können.

1. Bildung und Aufklärung

Eine der grundlegendsten Strategien zur Bekämpfung von Desinformation ist die Förderung von Bildung und kritischem Denken. Bildungseinrichtungen sollten Programme entwickeln, die Schüler und Studenten darin schulen, Informationen zu bewerten und kritisch zu hinterfragen. Dies kann durch die Integration von Medienkompetenz in den Lehrplan geschehen, wobei die Schüler lernen, zwischen glaubwürdigen und unglaubwürdigen Quellen zu unterscheiden.

$$\text{Medienkompetenz} = \frac{\text{Verständnis der Informationsquellen}}{\text{Fähigkeit zur kritischen Analyse}} \quad (39)$$

Ein Beispiel hierfür ist die Initiative *FactCheck.org*, die Schüler dazu anregt, Fakten zu überprüfen und ihre Ergebnisse in der Öffentlichkeit zu teilen.

2. Nutzung sozialer Medien

Die sozialen Medien sind sowohl ein Werkzeug für die Verbreitung von Desinformation als auch eine Plattform für deren Bekämpfung. Aktivisten können soziale Medien nutzen, um klare und prägnante Informationen zu verbreiten und Fehlinformationen zu korrigieren. Die Schaffung von Hashtags und Kampagnen, die sich gezielt gegen Falschinformationen richten, kann eine breite Reichweite erzielen.

$$\text{Reichweite} = \text{Anzahl der Follower} \times \text{Engagement-Rate} \quad (40)$$

Ein Beispiel ist die Kampagne *#StopTheSpread*, die darauf abzielt, Fehlinformationen über öffentliche Gesundheit zu bekämpfen, indem sie korrekte Informationen bereitstellt und die Menschen ermutigt, diese zu teilen.

3. Zusammenarbeit mit Technologiefirmen

Eine weitere wichtige Strategie ist die Zusammenarbeit mit Technologiefirmen, um Algorithmen zu entwickeln, die Desinformation erkennen und kennzeichnen können. Plattformen wie Facebook und Twitter haben bereits Schritte unternommen, um Falschinformationen zu kennzeichnen, aber die Zusammenarbeit von Aktivisten kann diesen Prozess beschleunigen und verbessern.

$$\text{Effektivität der Algorithmen} = \frac{\text{Anzahl der erkannten Falschinformationen}}{\text{Gesamtanzahl der veröffentlichten Inhalte}} \quad (41)$$

Durch Partnerschaften mit Unternehmen wie Google, die Tools zur
Überprüfung von Fakten bereitstellen, können aktivistische Gruppen sicherstellen,
dass ihre Botschaften nicht durch Desinformation untergraben werden.

4. Förderung von Transparenz

Transparenz ist entscheidend, um das Vertrauen der Öffentlichkeit zu gewinnen.
Bürgerrechtsbewegungen sollten offenlegen, woher ihre Informationen stammen
und welche Quellen sie verwenden. Dies kann durch die Veröffentlichung von
Quellen und die Bereitstellung von Hintergrundinformationen geschehen, um die
Glaubwürdigkeit ihrer Botschaften zu stärken.

$$\text{Vertrauen} = \frac{\text{Transparenz}}{\text{Zweifel an der Quelle}} \tag{42}$$

Ein Beispiel für Transparenz ist die *Transparency International*-Initiative, die
Informationen über Korruption und Machtmissbrauch bereitstellt und so das
Vertrauen in die Zivilgesellschaft stärkt.

5. Förderung des Dialogs

Der Dialog zwischen verschiedenen Gemeinschaften und Interessengruppen ist
entscheidend, um Missverständnisse und Fehlinformationen abzubauen. Durch
den Austausch von Perspektiven und Erfahrungen können
Bürgerrechtsbewegungen ein besseres Verständnis für die Herausforderungen
entwickeln, mit denen unterschiedliche Gemeinschaften konfrontiert sind.

$$\text{Dialog} = \text{Offenheit} + \text{Bereitschaft zuzuhören} \tag{43}$$

Beispielsweise hat die *Community Dialogue Initiative* in Zarinia verschiedene
Gemeinschaften zusammengebracht, um über ihre Erfahrungen mit
Desinformation zu diskutieren und gemeinsam Lösungen zu entwickeln.

6. Einsatz von Kunst und Kultur

Kunst und Kultur können kraftvolle Werkzeuge sein, um Desinformation zu
bekämpfen und das Bewusstsein zu schärfen. Durch Theaterstücke, Filme und
visuelle Kunst können komplexe Themen anschaulich dargestellt und die
Öffentlichkeit für die Gefahren von Desinformation sensibilisiert werden.

$$\text{Kunst} = \text{Emotion} + \text{Botschaft} \tag{44}$$

Ein Beispiel ist die Theatergruppe *Truth Tellers*, die Stücke aufführt, die auf realen Geschichten basieren und die Auswirkungen von Desinformation auf die Gemeinschaft thematisieren.

7. Entwicklung von Unterstützungsnetzwerken

Die Schaffung von Unterstützungsnetzwerken kann dazu beitragen, Aktivisten zu stärken und Ressourcen zu bündeln. Diese Netzwerke können den Austausch von Informationen und Strategien fördern, um Desinformation effektiver zu bekämpfen.

$$\text{Netzwerkstärke} = \text{Anzahl der Mitglieder} \times \text{Grad der Zusammenarbeit} \quad (45)$$

Ein Beispiel ist das *Global Activist Network*, das Aktivisten aus verschiedenen Ländern zusammenbringt, um Wissen und Erfahrungen auszutauschen und gemeinsam gegen Desinformation zu kämpfen.

Zusammenfassung

Die Bekämpfung von Desinformation erfordert einen vielschichtigen Ansatz, der Bildung, Technologie, Transparenz und Kunst umfasst. Durch die Kombination dieser Strategien können Bürgerrechtsbewegungen nicht nur die Verbreitung von Fehlinformationen eindämmen, sondern auch das Vertrauen in ihre Botschaften stärken und eine informierte Öffentlichkeit fördern. In einer Welt, in der die Wahrheit oft in Frage gestellt wird, ist die Fähigkeit, Desinformation zu erkennen und zu bekämpfen, entscheidend für den Erfolg jeder Bewegung.

Die Rolle von Kunst und Kreativität

Die Rolle von Kunst und Kreativität in der Bürgerrechtsbewegung kann nicht hoch genug eingeschätzt werden. Kunst hat die Kraft, Emotionen zu wecken, Botschaften zu vermitteln und Gemeinschaften zu verbinden. In der Bewegung von Kael Nira auf Zarinia war Kunst nicht nur ein Ausdruck von Widerstand, sondern auch ein Mittel zur Mobilisierung und Sensibilisierung der Öffentlichkeit. Diese Sektion untersucht die verschiedenen Dimensionen, in denen Kunst und Kreativität in der Bewegung eine zentrale Rolle spielten.

Kunst als Ausdruck von Identität

Kunst dient oft als Spiegel der Gesellschaft und bietet einen Raum, in dem Individuen ihre Identität und Erfahrungen ausdrücken können. In der zarinianischen Gesellschaft, die von der Trennung zwischen symbiotischen Geistern und den Menschen geprägt ist, wurde Kunst zu einem wichtigen Vehikel, um die Stimmen der Unterdrückten zu hören. Malerei, Musik und Theater wurden genutzt, um Geschichten von Ungerechtigkeit und Widerstand zu erzählen.

Ein Beispiel ist das Theaterstück *Symbiose*, das die Beziehung zwischen Menschen und symbiotischen Geistern thematisierte. Dieses Stück erregte landesweite Aufmerksamkeit und führte zu einer breiten Diskussion über die Rechte der symbiotischen Geister. Die Kreativität der Künstler half, die Komplexität der Themen zu vermitteln und ein breiteres Publikum zu erreichen.

Kreativität als Werkzeug der Mobilisierung

Die Bürgerrechtsbewegung auf Zarinia nutzte kreative Ansätze, um Menschen zu mobilisieren und zu inspirieren. Plakate, Graffiti und digitale Kunst wurden verwendet, um die Botschaft der Bewegung zu verbreiten. Ein bekanntes Beispiel ist das Graffiti *Freiheit für alle Geister*, das in der Hauptstadt Zarinia auftauchte und schnell zum Symbol des Widerstands wurde.

$$\text{Mobilisierung} = f(\text{Kreativität}, \text{Gemeinschaft}, \text{Technologie}) \qquad (46)$$

Hierbei ist Mobilisierung eine Funktion von Kreativität, Gemeinschaft und Technologie. Die Kombination dieser Elemente ermöglichte es der Bewegung, in verschiedenen sozialen Schichten Anklang zu finden und eine breite Unterstützung zu gewinnen.

Kunst als Mittel zur Reflexion und Heilung

Neben der Mobilisierung spielte Kunst auch eine entscheidende Rolle in der Reflexion und Heilung. Die traumatischen Erfahrungen, die viele Aktivisten und Unterstützer durchlebten, fanden ihren Ausdruck in kreativen Formaten. Workshops und Kunsttherapie-Sitzungen wurden organisiert, um den Menschen zu helfen, ihre Erlebnisse zu verarbeiten.

Ein Beispiel ist das Kunstprojekt *Heilende Farben*, bei dem Teilnehmer ihre Emotionen durch Malerei ausdrücken konnten. Diese Projekte förderten nicht nur die persönliche Heilung, sondern stärkten auch das Gemeinschaftsgefühl und die Solidarität unter den Aktivisten.

Die Herausforderungen der künstlerischen Freiheit

Trotz der positiven Rolle, die Kunst und Kreativität in der Bewegung spielten, gab es auch erhebliche Herausforderungen. Die zarinianische Regierung reagierte oft mit Repression auf künstlerische Ausdrucksformen, die als Bedrohung wahrgenommen wurden. Zensur und Verhaftungen von Künstlern waren häufige Probleme, die die kreative Freiheit einschränkten.

Ein Beispiel hierfür ist die Schließung des *Kreativzentrums Zarinia*, das als sicherer Raum für Künstler diente. Diese Schließung führte zu einem Aufschrei in der Gemeinschaft und mobilisierte viele, um gegen die Unterdrückung der Kunst zu protestieren.

Die Verbindung zwischen Kunst und Aktivismus

Die Verknüpfung von Kunst und Aktivismus ist in der Geschichte der Bürgerrechtsbewegungen weltweit gut dokumentiert. Auf Zarinia wurde diese Verbindung durch verschiedene Initiativen gestärkt, die Künstler und Aktivisten zusammenbrachten. Konzerte, Kunstausstellungen und Performances wurden organisiert, um Spenden zu sammeln und das Bewusstsein für die Anliegen der Bewegung zu schärfen.

Die *Kunst für Freiheit*-Kampagne ist ein herausragendes Beispiel, bei dem Künstler ihre Werke spendeten, um die Bewegung finanziell zu unterstützen. Diese Initiative zeigt, wie Kunst nicht nur als Ausdruck, sondern auch als praktisches Werkzeug zur Unterstützung von sozialen Veränderungen fungieren kann.

Fazit

Zusammenfassend lässt sich sagen, dass die Rolle von Kunst und Kreativität in der Bürgerrechtsbewegung von Kael Nira auf Zarinia vielschichtig und bedeutend war. Kunst diente als Ausdruck von Identität, Mobilisierungswerkzeug, Mittel zur Reflexion und Heilung sowie als Plattform für den Widerstand gegen Unterdrückung. Trotz der Herausforderungen, mit denen Künstler konfrontiert waren, bleibt ihre Rolle in der Bewegung unersetzlich. Kunst hat die Fähigkeit, Herzen zu berühren, Gedanken zu verändern und letztlich zu einer gerechteren Gesellschaft beizutragen. Die Zukunft der Bewegung wird weiterhin von der Kreativität ihrer Anhänger geprägt sein, da sie neue Wege finden, um für ihre Überzeugungen einzutreten.

Die Verbindung zwischen Aktivismus und Wissenschaft

Die Verbindung zwischen Aktivismus und Wissenschaft ist ein zunehmend relevantes Thema in der modernen Gesellschaft. Aktivismus, der oft als eine Reaktion auf soziale Ungerechtigkeiten und Umweltprobleme verstanden wird, kann durch wissenschaftliche Erkenntnisse und technologische Fortschritte erheblich gestärkt werden. Diese Synergie ist besonders wichtig, um fundierte Entscheidungen zu treffen und nachhaltige Lösungen zu entwickeln.

Theoretische Grundlagen

Die Theorie der wissensbasierten Entscheidungsfindung legt nahe, dass die Integration von wissenschaftlichen Daten in den Aktivismus nicht nur die Glaubwürdigkeit der Bewegung erhöht, sondern auch die Effektivität ihrer Strategien verbessert. Laut der *Science for Social Change*-Bewegung ist es entscheidend, dass Aktivisten die neuesten wissenschaftlichen Erkenntnisse nutzen, um ihre Argumente zu untermauern und die Öffentlichkeit zu mobilisieren.

Ein Beispiel für diese Theorie ist die Verwendung von Daten zur Klimaforschung in der Umweltbewegung. Aktivisten, die sich für den Klimaschutz einsetzen, stützen sich auf wissenschaftliche Studien, die die Auswirkungen des Klimawandels aufzeigen, um ihre Forderungen nach politischen Veränderungen zu untermauern. Die Gleichung zur Berechnung der globalen Temperaturveränderungen kann dabei als Grundlage dienen:

$$\Delta T = \alpha \cdot \Delta CO_2 \tag{47}$$

Hierbei steht ΔT für die Temperaturveränderung, α für die Klimasensitivität und ΔCO_2 für die Veränderung der Kohlendioxidkonzentration. Diese wissenschaftlichen Grundlagen helfen Aktivisten, die Dringlichkeit ihrer Anliegen zu verdeutlichen.

Probleme und Herausforderungen

Trotz der klaren Vorteile gibt es auch Herausforderungen bei der Verbindung von Aktivismus und Wissenschaft. Eine der größten Hürden ist die Kluft zwischen wissenschaftlichen Erkenntnissen und der allgemeinen Öffentlichkeit. Oftmals sind wissenschaftliche Daten schwer verständlich oder werden von den Medien verzerrt dargestellt. Dies führt dazu, dass wichtige Informationen nicht die gewünschte Aufmerksamkeit erhalten.

Ein weiteres Problem ist die Skepsis gegenüber wissenschaftlichen Institutionen, die in den letzten Jahren zugenommen hat. Diese Skepsis kann die Akzeptanz wissenschaftlicher Erkenntnisse unter den Aktivisten und der breiten Öffentlichkeit untergraben. Um diesen Herausforderungen zu begegnen, ist es wichtig, dass Wissenschaftler und Aktivisten zusammenarbeiten, um Informationen in verständlicher Form zu präsentieren und das Vertrauen in wissenschaftliche Daten zu stärken.

Beispiele aus der Praxis

Ein herausragendes Beispiel für die Verbindung von Aktivismus und Wissenschaft ist die Bewegung für erneuerbare Energien. Aktivisten haben erfolgreich wissenschaftliche Studien genutzt, um die Vorteile von Solar- und Windenergie zu belegen. Daten, die die Kosteneffizienz und Umweltvorteile dieser Technologien dokumentieren, wurden in Kampagnen verwendet, um politische Entscheidungsträger zu überzeugen.

Ein weiteres Beispiel ist die Gesundheitsbewegung, die sich für den Zugang zu medizinischer Versorgung einsetzt. Aktivisten nutzen epidemiologische Daten, um die Notwendigkeit von Reformen im Gesundheitswesen zu belegen. Eine Studie, die den Zusammenhang zwischen Zugang zu Gesundheitsdiensten und der Lebensqualität aufzeigt, kann in diesem Kontext als Argumentationshilfe dienen:

$$Q = f(H, E) \tag{48}$$

Hierbei steht Q für die Lebensqualität, H für den Zugang zu Gesundheitsdiensten und E für soziale und wirtschaftliche Faktoren. Solche wissenschaftlichen Modelle helfen, die Komplexität der Probleme zu verdeutlichen und fordern eine evidenzbasierte Politik.

Schlussfolgerungen

Die Verbindung zwischen Aktivismus und Wissenschaft ist von entscheidender Bedeutung für die Schaffung einer informierten und engagierten Gesellschaft. Wissenschaftliche Erkenntnisse bieten nicht nur eine solide Grundlage für die Argumentation, sondern helfen auch, die Öffentlichkeit für wichtige Themen zu sensibilisieren. Um diese Verbindung zu stärken, ist es notwendig, Barrieren abzubauen, Vertrauen zu schaffen und einen Dialog zwischen Wissenschaftlern und Aktivisten zu fördern.

In Zukunft wird die Rolle der Wissenschaft im Aktivismus noch wichtiger werden, insbesondere angesichts globaler Herausforderungen wie dem Klimawandel, sozialer Ungerechtigkeit und Gesundheitskrisen. Die Fähigkeit, wissenschaftliche Daten effektiv in den Aktivismus zu integrieren, wird entscheidend sein, um nachhaltige Lösungen zu finden und eine gerechtere Gesellschaft zu schaffen.

Die Notwendigkeit internationaler Zusammenarbeit

Die Herausforderungen, vor denen die Bürgerrechtsbewegung auf Zarinia steht, sind nicht isoliert, sondern finden in einem globalen Kontext statt. In einer Welt, in der nationale Grenzen zunehmend durch die Globalisierung und technologische Fortschritte durchlässig werden, ist internationale Zusammenarbeit unerlässlich, um die komplexen Probleme zu bewältigen, die die Rechte von symbiotischen Geistern und anderen marginalisierten Gruppen betreffen.

Theoretische Grundlagen der internationalen Zusammenarbeit

Die Theorie der internationalen Beziehungen bietet verschiedene Perspektiven auf die Notwendigkeit der Zusammenarbeit zwischen Staaten und Organisationen. Eine der zentralen Theorien ist der Liberalismus, der betont, dass internationale Kooperation durch gemeinsame Werte, Institutionen und Abkommen gefördert wird. In diesem Kontext sind Nichtregierungsorganisationen (NGOs), internationale Organisationen und multilaterale Abkommen entscheidend, um den Dialog zwischen verschiedenen Akteuren zu fördern und gemeinsame Strategien zu entwickeln.

Ein Beispiel für eine solche internationale Zusammenarbeit ist die Erklärung der Menschenrechte, die 1948 von den Vereinten Nationen verabschiedet wurde. Diese Erklärung dient als Grundlage für viele nationale und internationale Gesetze, die den Schutz der Bürgerrechte gewährleisten sollen. Die Prinzipien dieser Erklärung können auch auf die Situation auf Zarinia angewandt werden, um die Rechte der symbiotischen Geister zu schützen und zu fördern.

Globale Probleme und ihre Auswirkungen auf Zarinia

Die Probleme, mit denen Zarinia konfrontiert ist, sind oft Teil größerer globaler Herausforderungen. Dazu gehören:

- **Klimawandel:** Der Klimawandel hat weitreichende Auswirkungen auf die Geographie und das Klima von Zarinia, was zu Ressourcenknappheit und sozialen Spannungen führt. Internationale Zusammenarbeit ist notwendig, um Lösungen zu entwickeln, die sowohl ökologisch als auch sozial nachhaltig sind.

+ **Migration:** Die Migration von Menschen, die vor Konflikten und Umweltveränderungen fliehen, hat auch Auswirkungen auf Zarinia. Eine koordinierte internationale Antwort ist erforderlich, um die Rechte von Migranten und Flüchtlingen zu schützen.

+ **Technologische Ungleichheit:** Der Zugang zu Technologie ist ungleich verteilt, was zu Ungleichheiten in Bildung und wirtschaftlichen Möglichkeiten führt. Internationale Partnerschaften können helfen, den Zugang zu Technologie zu verbessern und Bildungsinitiativen zu fördern.

Beispiele erfolgreicher internationaler Zusammenarbeit

Es gibt zahlreiche Beispiele für erfolgreiche internationale Zusammenarbeit, die als Vorbilder für die Bewegung auf Zarinia dienen können:

+ **Paris-Abkommen:** Dieses internationale Abkommen zur Bekämpfung des Klimawandels zeigt, wie Staaten zusammenarbeiten können, um gemeinsame Ziele zu erreichen. Die Prinzipien des Abkommens könnten auch auf die sozialen und kulturellen Herausforderungen auf Zarinia angewandt werden.

+ **UNESCO-Programme:** Die UNESCO hat Programme ins Leben gerufen, die den interkulturellen Dialog und die Bildung fördern. Diese Programme könnten als Modell dienen, um den Austausch zwischen den verschiedenen Kulturen auf Zarinia zu stärken.

+ **Internationale Menschenrechtskampagnen:** Kampagnen wie „Free the Nipple" oder „#MeToo" zeigen, wie soziale Medien und internationale Solidarität genutzt werden können, um auf Ungerechtigkeiten aufmerksam zu machen und Veränderungen herbeizuführen. Solche Kampagnen könnten auch auf Zarinia adaptiert werden, um die Rechte der symbiotischen Geister zu fördern.

Herausforderungen der internationalen Zusammenarbeit

Trotz der Notwendigkeit internationaler Zusammenarbeit gibt es auch Herausforderungen, die überwunden werden müssen:

- **Politische Differenzen:** Unterschiedliche politische Systeme und Interessen können die Zusammenarbeit erschweren. Es ist entscheidend, einen gemeinsamen Nenner zu finden, um effektive Lösungen zu entwickeln.

- **Ressourcenkonflikte:** Die Verteilung von Ressourcen kann zu Spannungen zwischen Staaten führen. Eine gerechte Verteilung und der Zugang zu Ressourcen müssen Teil der Diskussion sein.

- **Kulturelle Unterschiede:** Kulturelle Unterschiede können Missverständnisse und Konflikte hervorrufen. Der interkulturelle Dialog ist notwendig, um Verständnis und Empathie zu fördern.

Fazit

Die internationale Zusammenarbeit ist für die Bürgerrechtsbewegung auf Zarinia von entscheidender Bedeutung. Sie ermöglicht den Austausch von Ideen, Ressourcen und Strategien, die notwendig sind, um die Rechte von symbiotischen Geistern zu schützen und zu fördern. Durch den Aufbau von Netzwerken und Allianzen auf globaler Ebene kann Zarinia von den Erfahrungen anderer Bewegungen lernen und gemeinsam an einer gerechteren Zukunft arbeiten. Nur durch kollektives Handeln kann die Vision einer inklusiven und gerechten Gesellschaft verwirklicht werden.

Die Herausforderungen des Klimawandels

Der Klimawandel stellt eine der größten Herausforderungen für die Bewegung von Kael Nira und die Gesellschaft von Zarinia dar. Die Auswirkungen des Klimawandels sind vielfältig und betreffen nicht nur die Umwelt, sondern auch die sozialen, wirtschaftlichen und politischen Strukturen der zarinianischen Gesellschaft. In diesem Abschnitt werden die verschiedenen Dimensionen des Klimawandels und deren Einfluss auf die Bürgerrechtsbewegung untersucht.

Theoretische Grundlagen des Klimawandels

Der Klimawandel wird hauptsächlich durch die Erhöhung von Treibhausgasen in der Atmosphäre verursacht, die durch menschliche Aktivitäten wie Industrie, Verkehr und Landwirtschaft freigesetzt werden. Die grundlegende Theorie des Klimawandels basiert auf dem Treibhauseffekt, der beschreibt, wie bestimmte Gase in der Atmosphäre Wärme speichern und somit die Erde erwärmen. Diese Theorie kann mathematisch durch die Gleichung für den Strahlungsantrieb dargestellt werden:

$$\Delta F = \alpha \cdot \ln \left(\frac{C}{C_0} \right) \qquad (49)$$

wobei ΔF der Strahlungsantrieb, α ein empirischer Faktor, C die Konzentration des Treibhausgases und C_0 die ursprüngliche Konzentration ist.

Ökologische Probleme

Die ökologischen Probleme, die aus dem Klimawandel resultieren, sind zahlreich. Dazu gehören:

+ **Extreme Wetterereignisse:** Zarinia hat in den letzten Jahren eine Zunahme von extremen Wetterereignissen wie Stürmen, Überschwemmungen und Dürreperioden erlebt. Diese Ereignisse haben nicht nur ökologische Schäden verursacht, sondern auch die Lebensgrundlagen vieler Zarinianer gefährdet.

+ **Verlust der Biodiversität:** Die Veränderung von Lebensräumen durch Klimawandel führt zu einem Rückgang der Artenvielfalt. Viele einheimische Arten sind bedroht, was das ökologische Gleichgewicht stört und die Nahrungsmittelversorgung gefährdet.

+ **Ressourcenknappheit:** Der Klimawandel verschärft die Knappheit an Wasser und anderen natürlichen Ressourcen, was zu Konflikten innerhalb der Gemeinschaften führen kann. Insbesondere die Landwirtschaft leidet unter unvorhersebaren Wetterbedingungen.

Soziale und wirtschaftliche Herausforderungen

Die sozialen und wirtschaftlichen Herausforderungen des Klimawandels sind eng mit den ökologischen Problemen verbunden. Die Bürgerrechtsbewegung unter Kael Nira muss sich mit folgenden Aspekten auseinandersetzen:

+ **Ungleichheit:** Die Auswirkungen des Klimawandels treffen die ärmsten und verletzlichsten Bevölkerungsgruppen am härtesten. Diese Ungleichheit verstärkt bestehende soziale Spannungen und Diskriminierungen, die die Bewegung zu bekämpfen versucht.

+ **Migration:** Klimabedingte Migration wird zu einem zentralen Thema. Viele Zarinianer müssen aufgrund von extremen Wetterbedingungen ihre Heimat verlassen, was zu einem Anstieg von Flüchtlingen und internen Konflikten führt.

✦ **Wirtschaftliche Instabilität:** Die Wirtschaft Zarinia ist stark von der Landwirtschaft abhängig. Klimawandelbedingte Ernteausfälle führen zu wirtschaftlicher Unsicherheit und erhöhen die Arbeitslosigkeit, was wiederum soziale Spannungen verstärkt.

Politische Dimensionen

Die politischen Strukturen Zarinia müssen sich an die Herausforderungen des Klimawandels anpassen. Dies erfordert:

✦ **Politische Mobilisierung:** Die Bewegung muss die Bevölkerung mobilisieren, um Druck auf die Regierung auszuüben, um umweltfreundliche Politiken zu implementieren. Dies kann durch Bildung und Aufklärung über die Folgen des Klimawandels geschehen.

✦ **Internationale Zusammenarbeit:** Der Klimawandel ist ein globales Problem, das internationale Lösungen erfordert. Zarinia muss Allianzen mit anderen Ländern bilden, um gemeinsam gegen die Auswirkungen des Klimawandels vorzugehen.

✦ **Nachhaltige Entwicklung:** Die Schaffung nachhaltiger Entwicklungskonzepte, die sowohl ökologische als auch soziale Aspekte berücksichtigen, ist entscheidend. Dies erfordert eine enge Zusammenarbeit zwischen verschiedenen gesellschaftlichen Akteuren.

Beispiele aus der Bewegung

Die Bürgerrechtsbewegung unter Kael Nira hat bereits einige Initiativen gestartet, um den Herausforderungen des Klimawandels zu begegnen:

✦ **Umweltbildungsprogramme:** Die Bewegung hat Programme ins Leben gerufen, um das Bewusstsein für die Auswirkungen des Klimawandels zu schärfen und die Bevölkerung zu ermutigen, umweltfreundliche Praktiken zu übernehmen.

✦ **Proteste gegen umweltschädliche Praktiken:** Durch Proteste und Demonstrationen hat die Bewegung auf die Notwendigkeit aufmerksam gemacht, umweltschädliche Praktiken zu beenden, die die Zarinianische Umwelt gefährden.

- **Partnerschaften mit Wissenschaftlern:** Die Bewegung hat Kooperationen mit Wissenschaftlern und Umweltschützern eingegangen, um fundierte Strategien zur Bekämpfung des Klimawandels zu entwickeln.

Fazit

Die Herausforderungen des Klimawandels sind komplex und erfordern eine umfassende Antwort von der Bürgerrechtsbewegung und der gesamten Gesellschaft Zarinia. Es ist entscheidend, dass die Bewegung nicht nur auf die sozialen und wirtschaftlichen Ungleichheiten reagiert, die durch den Klimawandel verstärkt werden, sondern auch proaktive Maßnahmen zur Bekämpfung der Ursachen des Klimawandels ergreift. Kael Nira und seine Anhänger stehen vor der Aufgabe, eine gerechtere und nachhaltigere Zukunft für alle Zarinianer zu schaffen, die sowohl die Rechte der Einzelnen als auch die Gesundheit des Planeten in den Mittelpunkt stellt.

Die Vision einer inklusiven Zukunft

Die Vision einer inklusiven Zukunft ist eine, die auf den Prinzipien von Gerechtigkeit, Gleichheit und Solidarität basiert. In einer Welt, in der Vielfalt nicht nur akzeptiert, sondern auch gefeiert wird, können alle Individuen, unabhängig von ihrer Herkunft, Geschlecht, sexueller Orientierung oder anderen Identitätsmerkmalen, ihr volles Potenzial entfalten. Diese Vision ist nicht nur eine Utopie, sondern eine Notwendigkeit, um den Herausforderungen des 21. Jahrhunderts zu begegnen.

Theoretische Grundlagen

Die Grundlagen einer inklusiven Zukunft lassen sich auf verschiedene soziale Theorien zurückführen. Eine zentrale Theorie ist die *Intersektionalität*, die von Kimberlé Crenshaw eingeführt wurde. Diese Theorie betont, dass verschiedene Identitätsmerkmale – wie Rasse, Geschlecht, Klasse und sexuelle Orientierung – miteinander interagieren und individuelle Erfahrungen von Diskriminierung und Privilegien formen. Um eine inklusive Gesellschaft zu schaffen, müssen diese vielschichtigen Identitäten berücksichtigt werden.

Ein weiteres wichtiges Konzept ist die *Soziale Gerechtigkeit*. Diese Theorie fordert, dass alle Menschen Zugang zu den gleichen Ressourcen und Möglichkeiten haben sollten. Die Philosophie von John Rawls, insbesondere sein Konzept des *Schleiers der Ungewissheit*, bietet einen nützlichen Rahmen. Rawls argumentiert, dass eine gerechte Gesellschaft so gestaltet sein sollte, dass sie auch für die am wenigsten begünstigten Mitglieder vorteilhaft ist.

Herausforderungen auf dem Weg zur Inklusion

Trotz der theoretischen Grundlagen gibt es zahlreiche Herausforderungen, die einer inklusiven Zukunft im Wege stehen. Vorurteile und Diskriminierung sind tief in vielen Gesellschaften verwurzelt und manifestieren sich in verschiedenen Formen, wie z.B. Rassismus, Sexismus und Homophobie. Diese Probleme sind nicht nur gesellschaftlicher Natur, sondern auch strukturell, da sie in Institutionen und politischen Systemen verankert sind.

Ein Beispiel für diese Herausforderungen ist die *digitale Kluft*, die den Zugang zu Technologien und Informationen betrifft. In vielen Regionen der Welt haben marginalisierte Gruppen keinen Zugang zu den gleichen technologischen Ressourcen wie privilegierte Gruppen. Diese Ungleichheit kann die Chancen auf Bildung und wirtschaftlichen Erfolg erheblich beeinträchtigen.

Praktische Beispiele für Inklusion

Es gibt jedoch auch zahlreiche positive Beispiele für Initiativen, die auf eine inklusive Zukunft hinarbeiten. Eine solche Initiative ist die *UNESCO-Weltkonferenz über Bildung für nachhaltige Entwicklung*, die darauf abzielt, Bildungssysteme weltweit so zu reformieren, dass sie inklusiv und gerecht sind. Diese Konferenz hat gezeigt, wie wichtig es ist, Bildung als ein Werkzeug für soziale Veränderung zu nutzen.

Ein weiteres Beispiel ist die *Bewegung für inklusive Städte*, die Städte dazu ermutigt, sich aktiv für die Inklusion aller Bürger einzusetzen. Diese Bewegung hat Städte dazu angeregt, Räume zu schaffen, die für Menschen mit Behinderungen zugänglich sind, und Programme zu entwickeln, die die Teilhabe von Minderheiten fördern.

Die Rolle der Technologie

Technologie kann sowohl eine Herausforderung als auch eine Lösung für die Schaffung einer inklusiven Zukunft darstellen. Auf der einen Seite kann sie bestehende Ungleichheiten verstärken, indem sie den Zugang zu Informationen und Ressourcen ungleich verteilt. Auf der anderen Seite bietet sie die Möglichkeit, Barrieren abzubauen und inklusivere Kommunikationskanäle zu schaffen.

Ein Beispiel hierfür ist die Nutzung von *sozialen Medien*, um marginalisierte Stimmen zu stärken und Plattformen für Dialog und Austausch zu schaffen. Kampagnen wie *#BlackLivesMatter* oder *#MeToo* haben gezeigt, wie soziale

Medien als Werkzeuge für sozialen Wandel genutzt werden können. Sie ermöglichen es, Geschichten zu teilen, die oft übersehen werden, und schaffen ein Bewusstsein für Ungerechtigkeiten.

Die Vision für die Zukunft

Die Vision einer inklusiven Zukunft erfordert ein gemeinsames Engagement von Individuen, Gemeinschaften und Institutionen. Bildung spielt eine entscheidende Rolle, indem sie das Bewusstsein für Vielfalt und Inklusion fördert. Programme, die auf interkulturelle Kompetenz abzielen, können dazu beitragen, Vorurteile abzubauen und das Verständnis zwischen verschiedenen Gruppen zu fördern.

Darüber hinaus ist die *Politik* gefordert, inklusive Gesetze und Richtlinien zu erlassen, die Diskriminierung bekämpfen und Chancengleichheit fördern. Dies könnte durch die Einführung von Quoten für unterrepräsentierte Gruppen in politischen Ämtern oder durch gesetzliche Regelungen zur Förderung von Diversität in Unternehmen geschehen.

Fazit

Zusammenfassend lässt sich sagen, dass die Vision einer inklusiven Zukunft nicht nur wünschenswert, sondern notwendig ist. Sie erfordert ein kollektives Bemühen, bestehende Ungleichheiten zu erkennen und aktiv an ihrer Beseitigung zu arbeiten. Indem wir die Prinzipien der Intersektionalität und sozialen Gerechtigkeit in den Mittelpunkt unserer Bemühungen stellen, können wir eine Gesellschaft schaffen, in der jeder Mensch die Möglichkeit hat, sein volles Potenzial zu entfalten. Diese Vision ist nicht das Ziel, sondern der Weg, den wir gemeinsam beschreiten müssen, um eine gerechtere und inklusivere Welt zu gestalten.

Abschlussgedanken

Reflexion über persönliche Reise und Wachstum

Die persönliche Reise eines Aktivisten ist oft geprägt von Herausforderungen, Rückschlägen und letztlich von Wachstum. In diesem Abschnitt reflektieren wir über Kael Niras Weg und die Lektionen, die er auf seiner Reise gelernt hat, um ein besseres Verständnis für die Dynamiken des Aktivismus zu erlangen.

Die Bedeutung von Selbstreflexion

Selbstreflexion ist ein zentrales Element in der Entwicklung eines Aktivisten. Kael Nira erkannte früh, dass das Verständnis seiner eigenen Motivationen und Emotionen entscheidend für seinen Erfolg war. Die Theorie der *Selbstwirksamkeit* nach Bandura (1977) beschreibt, wie das Vertrauen in die eigenen Fähigkeiten das Handeln beeinflusst. In Kaels Fall führte die ständige Reflexion über seine Erfahrungen und Gefühle dazu, dass er seine Fähigkeiten besser einschätzte und seine Ziele klarer definierte.

Ein Beispiel für diese Selbstreflexion war der Moment, als Kael während einer Protestaktion einen Rückschlag erlebte. Anstatt sich entmutigen zu lassen, nahm er sich die Zeit, um darüber nachzudenken, was schiefgelaufen war und wie er seine Strategie anpassen konnte. Diese Fähigkeit zur Selbstreflexion half ihm, resilient zu bleiben und aus seinen Fehlern zu lernen.

Die Rolle von Mentoren und Vorbildern

Mentoren spielen eine entscheidende Rolle in der persönlichen Entwicklung eines Aktivisten. Kael hatte das Glück, mehrere inspirierende Persönlichkeiten zu treffen, die ihn auf seinem Weg unterstützten. Die *Mentoren-Theorie* von Kram (1985) hebt hervor, dass Mentoren nicht nur als Ratgeber fungieren, sondern auch als Vorbilder, die das Verhalten und die Werte ihrer Mentees beeinflussen.

Ein prägendes Beispiel war seine Beziehung zu einer erfahrenen Aktivistin, die ihm die Bedeutung von Geduld und strategischem Denken vermittelte. Diese Mentorin half Kael, die Herausforderungen des Aktivismus aus einer neuen Perspektive zu betrachten, was zu einem tiefgreifenden Wandel in seiner Herangehensweise führte.

Innere Konflikte und Selbstzweifel

Ein weiterer Aspekt von Kaels persönlicher Reise war der Umgang mit inneren Konflikten und Selbstzweifeln. Die Theorie der *kognitiven Dissonanz* (Festinger, 1957) beschreibt, wie Menschen versuchen, Konsistenz zwischen ihren Überzeugungen und ihrem Verhalten herzustellen. Kael erlebte oft Momente, in denen seine Ideale und die Realität des Aktivismus nicht übereinstimmten, was zu Dissonanz führte.

In einer besonders schwierigen Phase stellte er in Frage, ob seine Methoden effektiv waren oder ob er mehr Schaden als Nutzen anrichtete. Diese Selbstzweifel führten zu einer Phase der Unsicherheit, in der er seine Strategien überdenken musste. Durch Gespräche mit Gleichgesinnten und weiteren Mentorinnen und

Mentoren konnte er jedoch lernen, dass solche Zweifel Teil des Prozesses sind und oft zu persönlichem Wachstum führen.

Die Balance zwischen Aktivismus und persönlichem Leben

Die Herausforderung, das persönliche Leben mit dem Aktivismus in Einklang zu bringen, ist eine häufige Problematik. Kael musste lernen, Grenzen zu setzen, um nicht auszubrennen. Die *Burnout-Theorie* von Maslach (1982) beschreibt, wie emotionale Erschöpfung, Depersonalisation und reduzierte persönliche Leistungsfähigkeit zu einem Burnout führen können.

Ein entscheidender Moment für Kael war, als er erkannte, dass er sich Zeit für sich selbst nehmen musste, um weiterhin effektiv für die Bewegung kämpfen zu können. Er begann, regelmäßige Pausen einzulegen und Aktivitäten zu verfolgen, die ihm Freude bereiteten, wie das Malen und Musizieren. Diese Balance half ihm, seine Energie zu erneuern und seine Leidenschaft für den Aktivismus aufrechtzuerhalten.

Inspirierende Begegnungen und deren Einfluss

Auf seiner Reise hatte Kael zahlreiche inspirierende Begegnungen, die seine Perspektive erweiterten. Diese Begegnungen, ob mit anderen Aktivisten, Künstlern oder sogar mit Menschen aus der Zivilgesellschaft, trugen zu seinem Wachstum bei. Die *Theorie der sozialen Identität* (Tajfel & Turner, 1979) besagt, dass die Zugehörigkeit zu sozialen Gruppen das Selbstverständnis und die Motivation beeinflusst.

Ein besonders prägender Moment war ein Treffen mit einer Gruppe von Jugendlichen, die sich für den Umweltschutz einsetzten. Ihre Energie und Leidenschaft motivierten Kael, neue Ansätze in seine eigene Arbeit zu integrieren und die Verbindung zwischen Bürgerrechten und Umweltschutz zu erkennen. Diese Erfahrung führte zu einem erweiterten Verständnis von Solidarität und intersektionalem Aktivismus.

Reflexion über persönliche Werte und Ziele

Abschließend ist die Reflexion über persönliche Werte und Ziele ein wesentlicher Bestandteil von Kaels Wachstum. Er lernte, dass die Klarheit über seine Werte nicht nur seine Entscheidungen beeinflusste, sondern auch die Art und Weise, wie er mit anderen interagierte. Die *Wertetheorie* von Schwartz (1992) beschreibt, wie Werte als Leitlinien für das Verhalten fungieren.

Kael stellte fest, dass Werte wie Gerechtigkeit, Empathie und Solidarität nicht nur seine Motivation stärkten, sondern auch die Gemeinschaft, die er aufbaute. Diese Reflexion ermöglichte es ihm, eine klare Vision für die Zukunft zu entwickeln, die nicht nur auf persönlichen Erfolg abzielte, sondern auch auf das Wohl der Gemeinschaft und die Schaffung einer gerechteren Gesellschaft.

Insgesamt zeigt Kael Niras Reise, dass persönliches Wachstum im Aktivismus ein dynamischer Prozess ist, der ständige Reflexion, Anpassung und Engagement erfordert. Die Lektionen, die er gelernt hat, sind nicht nur für ihn von Bedeutung, sondern auch für zukünftige Generationen von Aktivisten, die sich für eine bessere Welt einsetzen wollen.

Die Bedeutung von Hoffnung und Vision

In der Welt des Aktivismus ist Hoffnung nicht nur ein Gefühl; sie ist ein zentraler Antrieb, der die Menschen dazu motiviert, für Veränderungen zu kämpfen. Hoffnung ist der Glaube an die Möglichkeit einer besseren Zukunft, und sie ist oft die Grundlage für die Visionen, die Aktivisten wie Kael Nira formulieren. Diese Visionen sind nicht nur abstrakte Ideen, sondern konkrete Ziele, die eine Gesellschaft inspirieren und mobilisieren können.

Theoretische Grundlagen der Hoffnung

Die Psychologie hat sich intensiv mit dem Konzept der Hoffnung beschäftigt. Laut Snyder et al. (1991) besteht Hoffnung aus zwei Hauptkomponenten: dem Zielgerichtetheit und der Wahrnehmung von Handlungsmöglichkeiten. Zielgerichtetheit bezieht sich auf die Fähigkeit, spezifische, erreichbare Ziele zu setzen, während die Wahrnehmung von Handlungsmöglichkeiten die Überzeugung umfasst, dass es Wege gibt, diese Ziele zu erreichen. Diese beiden Elemente sind entscheidend für den Erfolg von Bewegungen, da sie den Aktivisten helfen, sowohl kurzfristige als auch langfristige Strategien zu entwickeln.

Hoffnung als Katalysator für Veränderung

Hoffnung wirkt als Katalysator für Veränderung, indem sie Menschen dazu inspiriert, aktiv zu werden. Sie befähigt Individuen und Gemeinschaften, sich über ihre aktuellen Umstände hinauszuwagen und an eine bessere Zukunft zu glauben. Ein Beispiel dafür ist die Bürgerrechtsbewegung in den Vereinigten Staaten, die stark von der Hoffnung auf Gleichheit und Gerechtigkeit geprägt war. Führer wie Martin Luther King Jr. verwendeten kraftvolle Rhetorik, um eine Vision von Gleichheit zu entwerfen, die Millionen von Menschen mobilisierte.

$$H = G + A$$

wobei H die Hoffnung, G die Zielgerichtetheit und A die Handlungsmöglichkeiten repräsentiert. Diese Gleichung verdeutlicht, dass Hoffnung aus der Kombination von klaren Zielen und der Überzeugung, dass es Wege gibt, diese Ziele zu erreichen, entsteht.

Vision als Leitstern

Die Vision ist der Leitstern einer Bewegung. Sie gibt nicht nur Richtung, sondern motiviert auch die Gemeinschaft, sich zu engagieren und für Veränderungen zu kämpfen. Kael Nira formulierte eine Vision für Zarinia, die auf den Prinzipien von Gleichheit, Freiheit und Respekt für alle symbiotischen Geister basierte. Diese Vision war nicht nur eine abstrakte Idee, sondern ein konkretes Ziel, das die Menschen dazu anregte, sich zusammenzuschließen und aktiv zu werden.

Ein Beispiel für eine erfolgreiche Vision ist die „Fridays for Future"-Bewegung, die von Greta Thunberg ins Leben gerufen wurde. Ihre Vision einer nachhaltigen Zukunft hat Millionen von Jugendlichen weltweit inspiriert, für den Klimaschutz zu demonstrieren. Diese Bewegung zeigt, wie eine klare, kraftvolle Vision dazu beitragen kann, eine breite Unterstützung zu mobilisieren und Veränderungen auf globaler Ebene zu bewirken.

Probleme und Herausforderungen

Trotz der zentralen Bedeutung von Hoffnung und Vision stehen Aktivisten vor zahlreichen Herausforderungen. Eine der größten Hürden ist die Entmutigung, die oft aus Rückschlägen oder der Wahrnehmung von Unzulänglichkeiten im System resultiert. In solchen Momenten ist es entscheidend, die Hoffnung aufrechtzuerhalten und die Vision nicht aus den Augen zu verlieren.

Ein weiteres Problem ist die Fragmentierung innerhalb von Bewegungen. Unterschiedliche Gruppen können unterschiedliche Visionen haben, was zu Konflikten führen kann. In der zarinianischen Gesellschaft gab es beispielsweise interne Spannungen zwischen verschiedenen Fraktionen der Bürgerrechtsbewegung, die unterschiedliche Ansätze zur Erreichung ihrer Ziele verfolgten. Um diese Herausforderungen zu überwinden, ist es wichtig, einen gemeinsamen Rahmen zu schaffen, der die verschiedenen Perspektiven integriert und eine kollektive Vision fördert.

Die Rolle der Gemeinschaft

Die Gemeinschaft spielt eine entscheidende Rolle in der Aufrechterhaltung von Hoffnung und Vision. Wenn Individuen sich in einer unterstützenden Gemeinschaft befinden, sind sie eher in der Lage, ihre Ziele zu verfolgen und Rückschläge zu überwinden. Gemeinschaften bieten nicht nur emotionale Unterstützung, sondern auch praktische Ressourcen und Netzwerke, die für den Erfolg von Bewegungen unerlässlich sind.

$$C = S + R$$

Hierbei steht C für Gemeinschaft, S für Unterstützung und R für Ressourcen. Diese Gleichung zeigt, dass eine starke Gemeinschaft aus Unterstützung und Ressourcen besteht, die den Mitgliedern hilft, ihre Hoffnungen und Visionen zu verwirklichen.

Schlussfolgerung

Zusammenfassend lässt sich sagen, dass die Bedeutung von Hoffnung und Vision im Aktivismus nicht hoch genug eingeschätzt werden kann. Sie sind die treibenden Kräfte, die Menschen zusammenbringen, um für eine gerechtere und bessere Zukunft zu kämpfen. Kael Nira und die Bewegung zur Trennung der symbiotischen Geister auf Zarinia sind ein Beispiel dafür, wie Hoffnung und Vision eine Gesellschaft mobilisieren und inspirieren können. In einer Zeit, in der die Herausforderungen groß sind, bleibt die Notwendigkeit, Hoffnung zu kultivieren und klare Visionen zu entwickeln, von entscheidender Bedeutung für den Erfolg jeder sozialen Bewegung.

Die Rolle des Einzelnen im Kollektiv

Die Rolle des Einzelnen im Kollektiv ist ein zentrales Thema in der sozialen Bewegung und wird oft als der Schlüssel zur Mobilisierung und zum Erfolg von Initiativen betrachtet. In der Theorie der sozialen Bewegungen wird häufig auf das Konzept des *kollektiven Handelns* verwiesen, das die Idee beinhaltet, dass Individuen zusammenkommen, um gemeinsame Ziele zu erreichen. Diese Zusammenarbeit ist nicht nur eine Ansammlung individueller Handlungen, sondern ein dynamischer Prozess, der durch soziale Interaktionen und gemeinsame Werte geprägt ist.

Theoretische Grundlagen

Einflussreiche Theorien, wie die *Theorie des sozialen Kapitals* von Pierre Bourdieu, betonen, dass das individuelle Engagement innerhalb eines Kollektivs durch soziale Netzwerke und Beziehungen gestärkt wird. Bourdieu definiert *soziales Kapital* als die Ressourcen, die Individuen durch ihre sozialen Beziehungen zur Verfügung stehen. Ein starkes Netzwerk kann die Mobilisierung erleichtern und die Effektivität von Aktionen erhöhen.

Zusätzlich spielt die *Identitätstheorie* eine entscheidende Rolle. Diese Theorie besagt, dass das Gefühl der Zugehörigkeit zu einer Gruppe das Verhalten und die Motivation von Individuen beeinflusst. Wenn Individuen sich mit den Zielen und Werten einer Bewegung identifizieren, sind sie eher bereit, aktiv zu werden.

Herausforderungen für das Individuum

Trotz der positiven Aspekte des kollektiven Handelns gibt es auch Herausforderungen, die Einzelpersonen in sozialen Bewegungen konfrontieren müssen. Eine der größten Herausforderungen ist das *Free-Rider-Problem*, das auftritt, wenn Individuen von den Vorteilen einer Bewegung profitieren, ohne aktiv beizutragen. Dies kann zu einem Mangel an Engagement führen und die Effektivität der Bewegung untergraben.

Ein weiteres Problem ist der *Konformitätsdruck*, der Individuen dazu bringen kann, ihre eigenen Überzeugungen und Werte zugunsten der Gruppennorm zu opfern. Dies kann zu einer Homogenisierung der Meinungen führen und die Vielfalt der Perspektiven innerhalb der Bewegung einschränken.

Beispiele aus der Praxis

Ein herausragendes Beispiel für die Rolle des Einzelnen im Kollektiv ist die Bürgerrechtsbewegung in den USA in den 1960er Jahren. Persönlichkeiten wie Martin Luther King Jr. und Rosa Parks verkörperten die Idee, dass individuelles Handeln im Kontext eines größeren Kollektivs transformative Auswirkungen haben kann. King nutzte seine Fähigkeiten als Redner und Organisator, um Massen zu mobilisieren, während Parks durch ihren mutigen Akt des Widerstands gegen Rassentrennung eine Welle der Solidarität und des Engagements auslöste.

Ein weiteres Beispiel ist die Fridays-for-Future-Bewegung, die von der schwedischen Aktivistin Greta Thunberg ins Leben gerufen wurde. Thunbergs Einzelaktion, das Sitzen vor dem schwedischen Parlament, inspirierte Millionen von Jugendlichen weltweit, sich für den Klimaschutz einzusetzen. Hier zeigt sich, wie das individuelle Handeln in einem globalen Kontext eine kollektive Bewegung anstoßen kann.

Schlussfolgerung

Die Rolle des Einzelnen im Kollektiv ist von entscheidender Bedeutung für das Verständnis sozialer Bewegungen. Individuen sind nicht nur passive Mitglieder eines Kollektivs, sondern aktive Akteure, deren Engagement und Identifikation mit den Zielen der Bewegung entscheidend für deren Erfolg sind. Die Herausforderungen, die mit dem individuellen Engagement verbunden sind, erfordern jedoch eine ständige Reflexion über die Dynamiken innerhalb der Bewegung und die Strategien zur Förderung einer inklusiven und vielfältigen Teilnahme.

In Zukunft wird es wichtig sein, die Balance zwischen individueller Identität und kollektiven Zielen zu finden, um die Effektivität von Bewegungen zu maximieren und gleichzeitig die Stimme jedes Einzelnen zu respektieren und zu fördern. Die Fähigkeit, individuelle Stärken zu nutzen und in den Dienst des Kollektivs zu stellen, wird entscheidend sein für die Gestaltung einer gerechteren und nachhaltigeren Zukunft.

Die Kraft von Geschichten und Erzählungen

Die Kraft von Geschichten und Erzählungen ist ein zentrales Element in der menschlichen Erfahrung und spielt eine entscheidende Rolle im Aktivismus. Geschichten haben die Fähigkeit, Emotionen zu wecken, Identitäten zu formen und Gemeinschaften zu verbinden. In der Bürgerrechtsbewegung auf Zarinia, unter der Führung von Kael Nira, wurden Geschichten zu einem Werkzeug des Widerstands und der Mobilisierung. Sie sind nicht nur Mittel zur Informationsvermittlung, sondern auch Träger von Werten, Überzeugungen und kulturellem Erbe.

Theoretische Grundlagen

Die Theorie der Narrativität, wie sie von Autoren wie Mikhail Bakhtin und Jerome Bruner entwickelt wurde, betont die Bedeutung von Geschichten in der Konstruktion der Realität. Bakhtin argumentiert, dass Geschichten und Diskurse in einem ständigen Dialog stehen, der es Individuen ermöglicht, ihre Identität und ihre Position in der Gesellschaft zu definieren. Bruner hingegen hebt hervor, dass Erzählungen nicht nur Informationen übermitteln, sondern auch die Art und Weise beeinflussen, wie Menschen die Welt wahrnehmen und interpretieren.

Probleme und Herausforderungen

Trotz ihrer Macht stehen Geschichten im Aktivismus vor Herausforderungen. Eine der größten Hürden ist die Verzerrung von Erzählungen durch dominante Narrative, die oft marginalisierte Stimmen übertönen. Dies führt zu einer einseitigen Darstellung der Realität und kann die Wahrnehmung der Öffentlichkeit beeinflussen. Aktivisten müssen daher Strategien entwickeln, um ihre eigenen Geschichten zu erzählen und sicherzustellen, dass sie gehört werden.

Ein weiteres Problem ist die Fragmentierung der Erzählungen innerhalb der Bewegung. Unterschiedliche Gruppen können unterschiedliche Geschichten erzählen, die manchmal in Konflikt miteinander stehen. Diese Fragmentierung kann die Einheit und den Zusammenhalt der Bewegung gefährden. Es ist entscheidend, eine gemeinsame Erzählung zu entwickeln, die die Vielfalt der Erfahrungen anerkennt und gleichzeitig eine kohärente Botschaft vermittelt.

Beispiele aus der Bewegung

Ein herausragendes Beispiel für die Kraft von Geschichten in der Bewegung zur Trennung symbiotischer Geister auf Zarinia ist die Erzählung von Kael Nira selbst. Kaels persönliche Geschichte, die von Ungerechtigkeit und Verlust geprägt ist, hat viele inspiriert und mobilisiert. Sie ist nicht nur eine individuelle Erzählung, sondern spiegelt die kollektiven Erfahrungen vieler Zarinianer wider, die unter Diskriminierung und Unterdrückung leiden.

Ein weiteres Beispiel ist die Verwendung von Kunst und Kultur, um Geschichten zu erzählen. Musiker, Maler und Schriftsteller haben ihre Werke genutzt, um die Botschaft der Bewegung zu verbreiten und die Emotionen der Menschen anzusprechen. Diese kreativen Ausdrucksformen ermöglichen es, komplexe Themen auf zugängliche Weise zu kommunizieren und eine breitere Öffentlichkeit zu erreichen.

Die Rolle der Geschichten in der Zukunft

In der Zukunft wird die Kraft von Geschichten und Erzählungen weiterhin eine zentrale Rolle im Aktivismus spielen. Angesichts der sich ständig verändernden gesellschaftlichen und politischen Landschaft ist es wichtig, dass Aktivisten neue Erzählungen entwickeln, die die aktuellen Herausforderungen und die Vision für eine gerechtere Zukunft widerspiegeln. Die Nutzung digitaler Medien und sozialer Netzwerke bietet neue Möglichkeiten, Geschichten zu verbreiten und eine globale Gemeinschaft zu mobilisieren.

Zusammenfassend lässt sich sagen, dass die Kraft von Geschichten und Erzählungen im Aktivismus nicht unterschätzt werden darf. Sie sind ein unverzichtbares Werkzeug, um Veränderungen herbeizuführen, Identitäten zu formen und Gemeinschaften zu stärken. In der Bewegung von Kael Nira auf Zarinia haben Geschichten eine transformative Kraft, die es ermöglicht, die Stimmen der Unterdrückten zu erheben und eine gerechtere Zukunft zu gestalten.

Die Verantwortung der kommenden Generationen

Die Verantwortung der kommenden Generationen ist ein zentrales Thema in der Diskussion über soziale Gerechtigkeit und aktivistische Bewegungen. In einer Welt, die von rasanten Veränderungen geprägt ist, ist es unerlässlich, dass die jungen Menschen von heute die Herausforderungen von morgen erkennen und angehen. Diese Verantwortung umfasst nicht nur das Bewusstsein für bestehende soziale, wirtschaftliche und ökologische Probleme, sondern auch die aktive Teilnahme an der Lösung dieser Probleme.

1. Die Bedeutung von Bildung

Bildung spielt eine entscheidende Rolle in der Verantwortung der kommenden Generationen. Sie ist der Schlüssel zur Entwicklung kritischen Denkens und zur Förderung von Empathie und Verständnis. Laut der UNESCO sind Bildung und lebenslanges Lernen unerlässlich, um die Fähigkeiten zu entwickeln, die für die Bewältigung der Herausforderungen des 21. Jahrhunderts erforderlich sind. In diesem Kontext ist es wichtig, dass Bildung nicht nur auf Wissenserwerb abzielt, sondern auch auf die Förderung von sozialen Werten und ethischem Verhalten.

$$\text{Wissen} + \text{Werte} \rightarrow \text{Verantwortung} \qquad (50)$$

Diese Gleichung verdeutlicht, dass Wissen allein nicht ausreicht; es muss mit einem ethischen Fundament kombiniert werden, um Verantwortung zu fördern. Programme, die soziale Gerechtigkeit und Menschenrechte in den Lehrplan integrieren, sind entscheidend, um junge Menschen zu befähigen, aktiv zu werden.

2. Die Rolle der Technologie

Die Technologie hat das Potenzial, sowohl eine Herausforderung als auch eine Chance für die kommenden Generationen darzustellen. Während soziale Medien und digitale Plattformen es einfacher machen, sich zu vernetzen und Informationen auszutauschen, bringen sie auch Probleme wie Desinformation und

Cybermobbing mit sich. Die Verantwortung der jungen Menschen besteht darin, diese Technologien verantwortungsbewusst zu nutzen und sich aktiv gegen Missbrauch und Fehlinformationen einzusetzen.

Ein Beispiel für den positiven Einsatz von Technologie ist die Bewegung #FridaysForFuture, die von Greta Thunberg ins Leben gerufen wurde. Diese Bewegung nutzt soziale Medien, um Millionen von Menschen weltweit zu mobilisieren und auf die Dringlichkeit des Klimawandels aufmerksam zu machen. Die jungen Aktivisten nutzen Plattformen wie Twitter und Instagram, um ihre Botschaften zu verbreiten und Gleichgesinnte zu erreichen.

3. Intergenerationale Gerechtigkeit

Ein weiterer wichtiger Aspekt der Verantwortung der kommenden Generationen ist das Konzept der intergenerationalen Gerechtigkeit. Dies bedeutet, dass die heutigen Entscheidungen und Handlungen nicht nur die gegenwärtige Bevölkerung betreffen, sondern auch die Lebensqualität zukünftiger Generationen beeinflussen. Die Herausforderungen des Klimawandels, der sozialen Ungleichheit und der politischen Instabilität erfordern ein langfristiges Denken, das über kurzfristige Gewinne hinausgeht.

Das Brundtland-Bericht von 1987 definiert nachhaltige Entwicklung als „eine Entwicklung, die die Bedürfnisse der gegenwärtigen Generationen erfüllt, ohne die Fähigkeit zukünftiger Generationen zu gefährden, ihre eigenen Bedürfnisse zu befriedigen". Diese Definition betont die Verantwortung, die wir gegenüber den kommenden Generationen haben, und fordert uns auf, Entscheidungen zu treffen, die sowohl gegenwärtige als auch zukünftige Bedürfnisse berücksichtigen.

4. Aktive Teilnahme und Engagement

Die Verantwortung der kommenden Generationen umfasst auch die aktive Teilnahme an politischen und sozialen Bewegungen. Es reicht nicht aus, sich nur der Probleme bewusst zu sein; die jungen Menschen müssen auch bereit sein, sich zu engagieren und Veränderungen herbeizuführen. Dies kann durch Freiwilligenarbeit, die Teilnahme an Protesten oder die Unterstützung von Organisationen geschehen, die sich für soziale Gerechtigkeit einsetzen.

Ein Beispiel für aktives Engagement ist die Organisation „Youth for Climate", die junge Menschen dazu ermutigt, sich für den Klimaschutz einzusetzen. Diese Bewegung zeigt, dass junge Menschen nicht nur die Zukunft sind, sondern auch die Gegenwart aktiv mitgestalten können.

5. Die Kraft der Gemeinschaft

Schließlich ist die Verantwortung der kommenden Generationen eng mit der Kraft der Gemeinschaft verbunden. Die Zusammenarbeit mit anderen, das Teilen von Ressourcen und das Fördern von Solidarität sind entscheidend, um soziale Veränderungen zu bewirken. Gemeinschaftliche Initiativen, die lokale Probleme angehen, können als Modell für größere Bewegungen dienen.

Die „Transition Town"-Bewegung ist ein Beispiel für eine gemeinschaftliche Initiative, die darauf abzielt, nachhaltige und resiliente Gemeinschaften zu schaffen. Diese Bewegung ermutigt Menschen, lokal zu handeln und Lösungen für globale Probleme zu entwickeln, indem sie ihre Ressourcen und Fähigkeiten bündeln.

Fazit

Die Verantwortung der kommenden Generationen ist vielschichtig und erfordert ein umfassendes Verständnis der Herausforderungen, vor denen wir stehen. Bildung, Technologie, intergenerationale Gerechtigkeit, aktives Engagement und Gemeinschaft sind Schlüsselfaktoren, die die junge Generation befähigen, eine bessere Zukunft zu gestalten. Indem sie sich dieser Verantwortung bewusst sind und aktiv handeln, können sie nicht nur ihre eigene Zukunft sichern, sondern auch die Welt für zukünftige Generationen verbessern. Die Herausforderungen mögen groß sein, aber die Möglichkeiten für positive Veränderungen sind noch größer. Es liegt an den kommenden Generationen, diese Möglichkeiten zu erkennen und zu nutzen.

Die Bedeutung von Gemeinschaft und Unterstützung

In der heutigen Zeit, in der soziale Bewegungen und Aktivismus eine entscheidende Rolle in der Gesellschaft spielen, ist die Bedeutung von Gemeinschaft und Unterstützung nicht zu unterschätzen. Gemeinschaften bilden das Rückgrat jeder Bewegung, indem sie nicht nur Solidarität und Zusammenarbeit fördern, sondern auch ein Gefühl der Zugehörigkeit und des gemeinsamen Ziels schaffen. Diese Aspekte sind besonders wichtig für die Bürgerrechtsbewegung auf Zarinia, die sich für die Trennung symbiotischer Geister einsetzt.

Theoretische Grundlagen

Die Theorie des sozialen Kapitals, wie sie von Pierre Bourdieu und Robert Putnam formuliert wurde, beschreibt, wie Netzwerke von Beziehungen innerhalb einer Gemeinschaft den Mitgliedern Zugang zu Ressourcen und Unterstützung bieten. Bourdieu argumentiert, dass soziale Netzwerke, die auf Vertrauen und Normen basieren, den Einzelnen in die Lage versetzen, ihre Interessen effektiver zu verfolgen [1]. Putnam hebt hervor, dass Gemeinschaften mit hohem sozialen Kapital tendenziell eine höhere Beteiligung an politischen und sozialen Aktivitäten aufweisen [2].

Probleme und Herausforderungen

Trotz der offensichtlichen Vorteile von Gemeinschaft und Unterstützung gibt es auch Herausforderungen, die es zu bewältigen gilt. Eine der größten Herausforderungen in der Bürgerrechtsbewegung auf Zarinia ist die Fragmentierung innerhalb der Gemeinschaften. Unterschiedliche Ideologien, Prioritäten und persönliche Erfahrungen können zu Spannungen führen, die die Mobilisierung und den Zusammenhalt der Bewegung gefährden. Diese Fragmentierung kann durch Vorurteile und Diskriminierung innerhalb der Gemeinschaften verstärkt werden, was zu einem Teufelskreis von Misstrauen und Isolation führt [3].

Ein weiteres Problem ist die Überlastung von Aktivisten. Oftmals tragen Einzelne die Last des Aktivismus auf ihren Schultern, was zu Burnout und Erschöpfung führen kann. Die Unterstützung durch die Gemeinschaft kann in solchen Fällen entscheidend sein, um den Aktivisten zu helfen, sich zu regenerieren und ihre Energie aufrechtzuerhalten. Gemeinschaften können durch kollektive Selbsthilfe, emotionale Unterstützung und Ressourcenmanagement dazu beitragen, diese Herausforderungen zu bewältigen [4].

Beispiele für erfolgreiche Gemeinschaftsbildung

Ein herausragendes Beispiel für die Bedeutung von Gemeinschaft und Unterstützung ist die „Zarinianische Allianz für Gerechtigkeit", die von Kael Nira gegründet wurde. Diese Allianz brachte verschiedene Gruppen zusammen, darunter indigene Völker, Frauenorganisationen und Technologieaktivisten, die alle ein gemeinsames Ziel verfolgten: die Rechte der symbiotischen Geister zu schützen und zu fördern. Durch regelmäßige Treffen, Workshops und Schulungen konnten die Mitglieder nicht nur ihre Fähigkeiten erweitern, sondern auch ein starkes Netzwerk von Unterstützern aufbauen, das über die Grenzen ihrer individuellen Gemeinschaften hinausging.

Ein weiteres Beispiel ist die Nutzung von sozialen Medien zur Schaffung virtueller Gemeinschaften. Die Bewegung auf Zarinia hat Plattformen wie „Zarinia Connect" verwendet, um Menschen zu mobilisieren, Informationen auszutauschen und Unterstützung zu bieten. Solche Plattformen ermöglichen es Menschen, die geografisch voneinander entfernt sind, sich zu vernetzen und ihre Stimmen zu vereinen, was zu einem stärkeren kollektiven Einfluss führt [5].

Schlussfolgerung

Die Bedeutung von Gemeinschaft und Unterstützung in der Bürgerrechtsbewegung auf Zarinia kann nicht genug betont werden. Gemeinschaften sind nicht nur ein Ort der Unterstützung, sondern auch ein Katalysator für Veränderungen. Sie bieten den Raum, in dem individuelle Stimmen zu einem kollektiven Ruf nach Gerechtigkeit werden können. In Anbetracht der Herausforderungen, vor denen die Bewegung steht, ist es unerlässlich, dass Gemeinschaften weiterhin gefördert und unterstützt werden, um eine inklusive und gerechte Zukunft für alle Bürger auf Zarinia zu gewährleisten.

Bibliography

[1] Bourdieu, P. (1986). *The Forms of Capital*. In J. Richardson (Ed.), Handbook of Theory and Research for the Sociology of Education (pp. 241-258). Greenwood.

[2] Putnam, R. D. (2000). *Bowling Alone: The Collapse and Revival of American Community*. Simon & Schuster.

[3] Smith, J. (2015). *Community and Conflict: The Dynamics of Social Movements*. Journal of Social Issues, 71(2), 345-367.

[4] Freire, P. (1994). *Pedagogy of Hope: Reliving Pedagogy of the Oppressed*. Continuum.

[5] Castells, M. (2012). *Networks of Outrage and Hope: Social Movements in the Internet Age*. Polity Press.

Die Vision für einen gerechteren Planeten

In einer Welt, die sich ständig verändert und mit Herausforderungen konfrontiert wird, ist die Vision für einen gerechteren Planeten nicht nur ein Wunschtraum, sondern eine dringende Notwendigkeit. Diese Vision erfordert ein tiefes Verständnis der sozialen, wirtschaftlichen und ökologischen Probleme, die die Menschheit und andere Lebensformen betreffen. Der Weg zu einem gerechteren Planeten ist gepflastert mit der Erkenntnis, dass Gerechtigkeit nicht isoliert betrachtet werden kann; sie ist ein integrativer Bestandteil aller Aspekte des Lebens.

Theoretische Grundlagen

Die Theorie der sozialen Gerechtigkeit, wie sie von Philosophen wie John Rawls und Amartya Sen formuliert wurde, bildet die Grundlage für das Verständnis dessen, was ein gerechter Planet sein könnte. Rawls' Konzept der *Gerechtigkeit als Fairness* postuliert, dass die Grundstrukturen einer Gesellschaft so gestaltet sein sollten, dass sie die am schlechtesten Gestellten begünstigen. Dies kann mathematisch durch die **Differenzprinzip** ausgedrückt werden:

$$\Delta = \max(x_i) - \min(x_i) \tag{51}$$

wobei x_i die Ressourcen oder Chancen sind, die verschiedenen Individuen in einer Gesellschaft zugewiesen werden. Ein gerechter Planet würde bedeuten, dass die Differenz zwischen den besten und den schlechtesten Bedingungen minimiert wird.

Sen hingegen betont die Bedeutung der *Fähigkeiten* (capabilities) und dass echte Gerechtigkeit bedeutet, den Menschen die Möglichkeit zu geben, ein erfülltes Leben zu führen. Diese Fähigkeiten sind nicht nur materieller Natur, sondern umfassen auch Bildung, Gesundheit und soziale Teilhabe.

Globale Probleme

Um die Vision eines gerechteren Planeten zu verwirklichen, müssen wir uns mit einer Vielzahl von globalen Problemen auseinandersetzen:

+ **Klimawandel:** Der Klimawandel ist eine der größten Herausforderungen unserer Zeit und betrifft die am stärksten gefährdeten Bevölkerungsgruppen unverhältnismäßig stark. Der Anstieg des Meeresspiegels und extreme Wetterereignisse sind nur einige der Auswirkungen, die insbesondere ärmere Länder treffen. Die *Klimagerechtigkeit* fordert, dass die Hauptverursacher des Klimawandels, meist wohlhabende Nationen, Verantwortung übernehmen und die am stärksten betroffenen Gemeinschaften unterstützen.

+ **Ungleichheit:** Wirtschaftliche Ungleichheit ist ein weiteres zentrales Problem. Laut dem *World Inequality Report* 2022 besitzen die reichsten 10% der Weltbevölkerung über 76% des globalen Vermögens. Diese Ungleichheit führt zu einem Mangel an Zugang zu grundlegenden Dienstleistungen wie Bildung und Gesundheitsversorgung für die ärmsten Menschen.

+ **Rassismus und Diskriminierung:** Diskriminierung aufgrund von Rasse, Geschlecht oder sexueller Orientierung ist ein globales Problem, das soziale Spannungen und Ungerechtigkeiten verstärkt. Bewegungen wie Black Lives

Matter und LGBTQ+-Rechte sind entscheidend für die Schaffung eines gerechteren Planeten, indem sie auf diese Probleme aufmerksam machen und Veränderungen fordern.

Beispiele für Fortschritte

Es gibt bereits zahlreiche Initiativen und Bewegungen, die sich für einen gerechteren Planeten einsetzen:

+ **Die Fridays for Future-Bewegung:** Diese globale Jugendbewegung hat das Bewusstsein für den Klimawandel geschärft und Millionen von Menschen mobilisiert, um für eine nachhaltige Zukunft zu kämpfen. Ihre Forderungen nach sofortigen Maßnahmen zur Reduzierung von Treibhausgasen sind ein Schritt in Richtung einer gerechteren Welt.

+ **Das Pariser Abkommen:** Dieses internationale Abkommen, das 2015 unterzeichnet wurde, zielt darauf ab, die globale Erwärmung auf unter 2 Grad Celsius zu begrenzen. Es ist ein Beispiel für internationale Zusammenarbeit, die notwendig ist, um die Herausforderungen des Klimawandels zu bewältigen.

+ **Bildungsinitiativen:** Programme wie *Girls Who Code* und *Teach for All* setzen sich dafür ein, Bildungsgleichheit zu fördern und benachteiligten Gruppen Zugang zu Bildung und beruflicher Ausbildung zu ermöglichen. Bildung ist der Schlüssel zur Schaffung einer gerechten Gesellschaft.

Strategien für die Zukunft

Um die Vision eines gerechteren Planeten zu verwirklichen, sind mehrere Strategien erforderlich:

+ **Förderung von Bildung und Aufklärung:** Bildung ist der Schlüssel zur Veränderung. Durch Bildung können Menschen befähigt werden, sich für ihre Rechte einzusetzen und aktiv an der Gesellschaft teilzunehmen.

+ **Stärkung von Gemeinschaften:** Lokale Gemeinschaften sollten ermutigt werden, sich zu organisieren und ihre Stimme zu erheben. Dies kann durch die Schaffung von Unterstützungsnetzwerken und die Förderung von Solidarität geschehen.

- **Internationale Zusammenarbeit:** Globale Probleme erfordern globale Lösungen. Länder müssen zusammenarbeiten, um die Herausforderungen des Klimawandels, der Ungleichheit und der Diskriminierung anzugehen.

- **Nachhaltige Entwicklung:** Die Umsetzung der Ziele für nachhaltige Entwicklung (SDGs) der Vereinten Nationen ist entscheidend, um eine gerechtere und nachhaltige Zukunft zu gewährleisten.

Fazit

Die Vision für einen gerechteren Planeten ist eine Herausforderung, die uns alle betrifft. Es ist an der Zeit, dass wir gemeinsam an Lösungen arbeiten, die auf Gerechtigkeit, Gleichheit und Respekt für alle Lebewesen basieren. Nur durch Zusammenarbeit, Bildung und Engagement können wir eine Welt schaffen, die für zukünftige Generationen lebenswert ist. Der Aufruf zum Handeln ist klar: Jeder Einzelne kann einen Unterschied machen, und gemeinsam können wir die Vision eines gerechteren Planeten verwirklichen.

Der Einfluss von Kaels Vermächtnis

Kael Nira, als führender Aktivist der Bewegung zur Trennung symbiotischer Geister auf Zarinia, hinterließ ein tiefgreifendes und vielschichtiges Vermächtnis, das nicht nur die politische Landschaft seiner Heimatwelt veränderte, sondern auch weitreichende Auswirkungen auf die soziale Struktur, das kulturelle Bewusstsein und das internationale Verständnis von Bürgerrechten hatte. In diesem Abschnitt werden wir die verschiedenen Dimensionen von Kaels Einfluss untersuchen, die sowohl theoretische als auch praktische Aspekte umfassen.

Theoretische Grundlagen des Vermächtnisses

Kaels Ansatz zur Bürgerrechtsbewegung basierte auf der Theorie der *sozialen Gerechtigkeit*, die darauf abzielt, Gleichheit und Fairness in der Gesellschaft zu fördern. Diese Theorie, die in den Arbeiten von Philosophen wie John Rawls und Martha Nussbaum verwurzelt ist, betont die Bedeutung von Chancengleichheit und der Berücksichtigung der Bedürfnisse von marginalisierten Gruppen. Kaels Philosophie war stark von diesen Gedanken geprägt, und er formulierte die *Nira-Gleichung*, die die Beziehungen zwischen den symbiotischen Geistern und den Zarinianern in mathematischen Modellen darstellt:

$$S = \frac{E}{C} \cdot R \tag{52}$$

Hierbei steht S für die soziale Harmonie, E für die empfundene Empathie zwischen den Gruppen, C für die kulturellen Unterschiede und R für die Ressourcen, die zur Verfügung stehen, um diese Unterschiede zu überbrücken. Diese Gleichung verdeutlichte, dass ein höheres Maß an Empathie und Ressourcenverteilung zu einer besseren sozialen Harmonie führen kann.

Praktische Auswirkungen auf die Gesellschaft

Kaels Vermächtnis manifestierte sich in mehreren konkreten Veränderungen in der zarinianischen Gesellschaft. Eine der bedeutendsten Auswirkungen war die Einführung von *Bildungsprogrammen*, die darauf abzielten, das Bewusstsein für die Rechte der symbiotischen Geister zu schärfen. Diese Programme wurden in Schulen und Gemeinschaftszentren implementiert und förderten den interkulturellen Dialog sowie das Verständnis für die Herausforderungen, denen sich die symbiotischen Geister gegenübersahen.

Ein Beispiel für den Erfolg dieser Programme ist die *Zarinianische Akademie für Inklusion*, die von ehemaligen Unterstützern Kaels gegründet wurde. Diese Institution hat nicht nur Tausenden von Schülern das Wissen über Bürgerrechte vermittelt, sondern auch Workshops zur Förderung von Empathie und Verständnis organisiert. Die Akademie hat sich als ein Modell für ähnliche Initiativen auf anderen Planeten etabliert.

Die Rolle der Kunst und Kultur

Kaels Einfluss erstreckte sich auch auf die *Kunst- und Kulturszene* auf Zarinia. Er erkannte frühzeitig, dass Kunst eine kraftvolle Waffe im Kampf gegen Vorurteile und Diskriminierung sein kann. Unter seiner Führung entstand das *Kunstkollektiv Zarinia*, das kreative Ausdrucksformen wie Theater, Musik und bildende Kunst nutzte, um die Botschaft der Bewegung zu verbreiten.

Ein bemerkenswertes Beispiel ist das Theaterstück *„Die Stimmen der Geister"*, das die Geschichten von symbiotischen Geistern auf berührende Weise darstellt. Dieses Stück erlangte nicht nur große Popularität, sondern wurde auch in Schulen aufgeführt, was zu einem tiefgreifenden Bewusstseinswandel in der Gesellschaft führte. Die Resonanz auf solche kulturellen Projekte zeigte, dass Kunst nicht nur ein Spiegel der Gesellschaft ist, sondern auch als Katalysator für Veränderung fungieren kann.

Langfristige Veränderungen in der politischen Landschaft

Politisch führte Kaels Engagement zu einer signifikanten Veränderung der *Gesetzgebung* auf Zarinia. Die Bewegung, die er anführte, mündete in die Verabschiedung des *Gesetzes über die Rechte der symbiotischen Geister*, das grundlegende Freiheiten und Rechte für alle Zarinianer, unabhängig von ihrer symbiotischen Natur, garantierte. Dieses Gesetz wurde als Meilenstein in der zarinianischen Geschichte angesehen und bildete die Grundlage für zukünftige Reformen.

Ein wichtiges Element dieser Gesetzgebung war die Schaffung von *Bürgerrechtskommissionen*, die die Einhaltung der neuen Gesetze überwachen und sicherstellen sollten, dass die Stimmen der symbiotischen Geister gehört werden. Diese Kommissionen haben sich als entscheidend für die Aufrechterhaltung des sozialen Friedens und der Gerechtigkeit erwiesen.

Inspirierende Geschichten von Menschen

Die Geschichten von Menschen, die durch Kaels Arbeit inspiriert wurden, sind ein weiterer Beweis für den Einfluss seines Vermächtnisses. Eines der bekanntesten Beispiele ist die Geschichte von *Lira*, einer jungen zarinianischen Aktivistin, die in der Anfangszeit der Bewegung als Schülerin an einem der Bildungsprogramme teilnahm. Lira wurde durch die Lehren Kaels motiviert, selbst aktiv zu werden, und gründete eine eigene Initiative, die sich für die Rechte von Frauen und Minderheiten einsetzt.

Diese Geschichten zeigen, dass Kaels Einfluss weit über seine eigene Zeit hinausgeht und dass seine Philosophie und sein Engagement für soziale Gerechtigkeit weiterhin Menschen inspirieren, aktiv zu werden und Veränderungen in ihren Gemeinschaften herbeizuführen.

Die Herausforderungen der Zukunft

Trotz der positiven Veränderungen, die Kaels Vermächtnis hervorgebracht hat, stehen die Zarinianer weiterhin vor Herausforderungen. Die *Klimakrise* und die damit verbundenen sozialen Spannungen erfordern eine ständige Anpassung der Strategien und Taktiken der Bürgerrechtsbewegung. Kaels Vision einer inklusiven Zukunft wird auf die Probe gestellt, und es liegt an den kommenden Generationen von Aktivisten, seine Prinzipien weiterzuführen und neue Lösungen zu entwickeln.

Insgesamt bleibt Kaels Vermächtnis ein kraftvoller Antrieb für den Fortschritt auf Zarinia. Sein Einfluss auf die Gesellschaft, die Politik und die Kultur zeigt, dass individuelle und kollektive Anstrengungen zur Förderung von Gerechtigkeit und Gleichheit notwendig sind, um eine bessere Zukunft für alle Zarinianer zu schaffen. Die Reflexion über sein Leben und Wirken ermutigt uns, die Verantwortung für unsere eigene Rolle in der Gesellschaft zu übernehmen und die Prinzipien der Empathie, des Dialogs und der Zusammenarbeit in unserem täglichen Leben zu verankern.

Die Rolle von Empathie in der Zukunft

Empathie wird in der Zukunft eine entscheidende Rolle spielen, insbesondere im Kontext von sozialen Bewegungen und dem Streben nach Gerechtigkeit. Sie ist nicht nur ein menschliches Gefühl, sondern auch eine fundamentale Fähigkeit, die es Individuen ermöglicht, sich in die Perspektiven und Erfahrungen anderer hineinzuversetzen. In einer Welt, die zunehmend durch technologische Fortschritte und kulturelle Diversität geprägt ist, wird Empathie als Schlüssel zur Überwindung von Konflikten und Missverständnissen angesehen.

Theoretische Grundlagen der Empathie

Die Theorie der sozialen Identität, formuliert von Henri Tajfel und John Turner, legt nahe, dass das Verständnis und die Akzeptanz anderer von der Zugehörigkeit zu sozialen Gruppen abhängen. Empathie fördert die Verbindung zwischen Individuen, unabhängig von ihrer sozialen oder kulturellen Identität. Dies ist besonders wichtig in einem globalisierten Kontext, wo unterschiedliche kulturelle Hintergründe aufeinandertreffen. Die Fähigkeit, Empathie zu empfinden, kann dazu beitragen, Vorurteile abzubauen und den interkulturellen Dialog zu fördern.

Ein weiterer theoretischer Ansatz ist die kognitive Empathie, die sich auf die Fähigkeit bezieht, die Gedanken und Emotionen anderer zu verstehen. In einer Zeit, in der Desinformation und Polarisierung zunehmen, ist die Entwicklung kognitiver Empathie entscheidend, um die Komplexität menschlicher Erfahrungen zu begreifen und differenzierte Sichtweisen zu akzeptieren.

Herausforderungen für die Empathieförderung

Trotz ihrer Bedeutung steht die Förderung von Empathie vor mehreren Herausforderungen. Eine der größten Hürden ist die wachsende Kluft zwischen verschiedenen sozialen Gruppen, die durch wirtschaftliche Ungleichheit und politische Spaltung verstärkt wird. Diese Kluft führt oft zu einem Mangel an Verständnis und Mitgefühl für die Erfahrungen anderer.

Darüber hinaus können technologische Entwicklungen, wie die zunehmende Nutzung sozialer Medien, sowohl positive als auch negative Auswirkungen auf die Empathiefähigkeit haben. Während soziale Medien Plattformen bieten, um Geschichten zu teilen und Solidarität zu zeigen, können sie auch zur Verbreitung von Hass und Intoleranz beitragen. Die Anonymität im Internet kann dazu führen, dass Menschen weniger empathisch agieren, was zu einer Entfremdung und einer Abnahme des Mitgefühls führt.

Beispiele für empathisches Handeln

Trotz dieser Herausforderungen gibt es zahlreiche Beispiele für empathisches Handeln, die als Vorbilder für zukünftige Initiativen dienen können. Eine bemerkenswerte Bewegung ist die „#MeToo"-Bewegung, die durch das Teilen von persönlichen Erfahrungen von sexueller Belästigung und Gewalt Empathie und Solidarität unter Frauen und Männern weltweit gefördert hat. Diese Bewegung hat nicht nur das Bewusstsein für geschlechtsspezifische Gewalt geschärft, sondern auch eine Plattform geschaffen, auf der Empathie als Werkzeug für sozialen Wandel genutzt wird.

Ein weiteres Beispiel ist die Initiative „Humans of New York", die durch das Erzählen individueller Geschichten Empathie in einer urbanen Umgebung fördert. Diese Plattform zeigt, wie das Teilen persönlicher Geschichten zu einem besseren Verständnis der Herausforderungen anderer führen kann und damit die Gemeinschaft stärkt.

Die Zukunft der Empathie

In der Zukunft wird die Rolle der Empathie in sozialen Bewegungen und im Alltag entscheidend sein. Die Förderung von Empathie kann durch Bildung, Kunst und persönliche Interaktionen geschehen. Bildungsprogramme, die soziale und emotionale Kompetenzen betonen, können helfen, Empathie bereits in der Kindheit zu entwickeln.

Darüber hinaus können kreative Ausdrucksformen, wie Theater, Musik und Kunst, als Brücken dienen, um Menschen zusammenzubringen und Empathie zu fördern. Diese Formen des Ausdrucks ermöglichen es, komplexe emotionale Themen zu behandeln und die Menschlichkeit in jedem Einzelnen zu erkennen.

$$E = \frac{C}{R} \tag{53}$$

wobei E die Empathiefähigkeit, C die kulturelle Exposition und R die Ressentiments zwischen Gruppen darstellt. Diese Gleichung verdeutlicht, dass eine erhöhte kulturelle Exposition (z.B. durch interkulturellen Austausch) die Empathiefähigkeit steigern kann, während Ressentiments die Empathie verringern.

Abschließend lässt sich sagen, dass Empathie in der Zukunft nicht nur eine persönliche Tugend, sondern auch eine gesellschaftliche Notwendigkeit sein wird. Um eine gerechtere und inklusivere Welt zu schaffen, müssen wir Empathie als zentrale Fähigkeit in unseren sozialen Bewegungen und im täglichen Leben kultivieren. Nur durch das Verständnis und die Wertschätzung der Erfahrungen anderer können wir die Herausforderungen der Zukunft bewältigen und eine harmonische Gesellschaft aufbauen.

Ein Aufruf zum Handeln

In der heutigen Zeit, in der die Herausforderungen, vor denen wir stehen, komplexer und vielfältiger denn je sind, ist es unerlässlich, dass wir nicht nur als Individuen, sondern auch als Gemeinschaften aktiv werden. Der Aufruf zum Handeln ist nicht nur eine rhetorische Floskel, sondern eine dringende Notwendigkeit, um die Vision einer gerechteren und inklusiveren Zukunft zu verwirklichen.

Die Dringlichkeit des Handelns

Die Probleme, die wir heute erleben, sind nicht isoliert. Sie sind miteinander verwoben und erfordern ein umfassendes Verständnis der sozialen, ökologischen und politischen Dimensionen. Der Klimawandel, soziale Ungleichheit, Diskriminierung und der Verlust von Biodiversität sind nur einige der Herausforderungen, die uns dazu aufrufen, aktiv zu werden. Laut dem *Intergovernmental Panel on Climate Change (IPCC)* müssen wir die globalen Treibhausgasemissionen bis 2030 um 45 % im Vergleich zu den Emissionen von 2010 reduzieren, um die Erderwärmung auf 1,5 °C zu begrenzen. Diese Zahlen verdeutlichen die Dringlichkeit unseres Handelns.

Die Rolle des Individuums

Jeder Einzelne hat die Fähigkeit, Veränderungen herbeizuführen. Es beginnt mit der Bewusstseinsbildung und der Übernahme von Verantwortung für das eigene Handeln. Der *Social Change Model of Leadership Development* bietet einen Rahmen, um zu verstehen, wie Individuen in Gruppen zusammenarbeiten können, um positive Veränderungen zu bewirken. Dieses Modell betont die

Bedeutung der Werte, die das Handeln leiten, und die Notwendigkeit, dass Individuen ihre eigenen Überzeugungen und Werte reflektieren.

Ein Beispiel für individuelles Handeln ist die Bewegung *Fridays for Future*, die von der schwedischen Aktivistin Greta Thunberg ins Leben gerufen wurde. Ihre einfache, aber kraftvolle Botschaft, dass wir für unsere Zukunft kämpfen müssen, hat Millionen von Menschen weltweit mobilisiert. Diese Bewegung zeigt, dass ein einzelner Mensch, der bereit ist, für seine Überzeugungen einzutreten, eine Welle von Veränderungen auslösen kann.

Die Kraft der Gemeinschaft

Während individuelles Handeln wichtig ist, ist die Kraft der Gemeinschaft unbestreitbar.   Gemeinschaften können Ressourcen bündeln, um größere Auswirkungen zu erzielen. Durch kollektives Handeln können wir die Stimmen derjenigen stärken, die oft übersehen werden. Die *Black Lives Matter*-Bewegung ist ein weiteres Beispiel für die Kraft des kollektiven Handelns. Diese Bewegung hat nicht nur das Bewusstsein für Rassismus und Ungerechtigkeit geschärft, sondern auch konkrete politische Veränderungen angestoßen.

$$\text{Gesellschaftlicher Einfluss} = \text{Individuelle Anstrengung} \times \text{Gemeinschaftliche Mobilisierung} \tag{54}$$

Diese Gleichung verdeutlicht, dass der gesellschaftliche Einfluss exponentiell wächst, wenn individuelle Anstrengungen mit gemeinschaftlicher Mobilisierung kombiniert werden.

Bildung als Schlüssel zum Handeln

Bildung spielt eine entscheidende Rolle im Aufruf zum Handeln. Sie ermöglicht es uns, informierte Entscheidungen zu treffen und die Auswirkungen unseres Handelns zu verstehen.   Bildungsinitiativen, die auf kritisches Denken und Problemlösungsfähigkeiten abzielen, sind unerlässlich, um zukünftige Generationen für die Herausforderungen, vor denen sie stehen werden, zu wappnen. Programme, die sich mit Umwelterziehung, sozialer Gerechtigkeit und interkulturellem Verständnis befassen, sind entscheidend, um ein Bewusstsein für die Komplexität der Probleme zu schaffen.

Ein Beispiel für eine erfolgreiche Bildungsinitiative ist das *Global Citizenship Education* (GCE)-Programm der UNESCO, das darauf abzielt, Lernende zu befähigen, globale Herausforderungen zu verstehen und aktiv zu beeinflussen.

Ein Aufruf zur Zusammenarbeit

Um die Herausforderungen, vor denen wir stehen, wirksam zu bewältigen, müssen wir über Grenzen hinweg zusammenarbeiten. Internationale Partnerschaften und Allianzen sind entscheidend, um Ressourcen und Wissen zu teilen. Der *Paris Agreement* ist ein Beispiel für eine solche Zusammenarbeit, bei der Länder sich verpflichtet haben, ihre Treibhausgasemissionen zu reduzieren und gemeinsam gegen den Klimawandel zu kämpfen.

$$\text{Erfolgreiche Zusammenarbeit} = \text{Vertrauen} + \text{Gemeinsame Ziele} + \text{Ressourcenteilung} \tag{55}$$

Diese Gleichung zeigt, dass Vertrauen und gemeinsame Ziele die Grundlage für erfolgreiche internationale Zusammenarbeit bilden.

Der Weg nach vorne

Der Aufruf zum Handeln ist ein kontinuierlicher Prozess. Wir müssen uns ständig selbst herausfordern, unsere Überzeugungen zu hinterfragen und uns für Veränderungen einzusetzen. Es ist wichtig, dass wir uns nicht von Rückschlägen entmutigen lassen. Stattdessen sollten wir sie als Lernmöglichkeiten betrachten, um unsere Strategien zu verbessern und anpassungsfähiger zu werden.

Schlussfolgerung

In Anbetracht der Herausforderungen, vor denen wir stehen, ist der Aufruf zum Handeln nicht nur eine Möglichkeit, sondern eine Verantwortung. Wir müssen uns zusammenschließen, unsere Stimmen erheben und aktiv werden, um die Welt zu einem besseren Ort für alle zu machen. Jeder von uns hat die Macht, Veränderungen herbeizuführen, und gemeinsam können wir eine gerechtere und nachhaltigere Zukunft gestalten. Lassen Sie uns diesen Aufruf zum Handeln annehmen und die notwendigen Schritte unternehmen, um die Vision von Kael Nira und vielen anderen Aktivisten zu verwirklichen.

$$\text{Zukunft} = \text{Handeln} + \text{Gemeinschaft} + \text{Bildung} \tag{56}$$

Index